自主生长式教师专业发展研究

ZIZHU SHENGZHANGSHI
JIAOSHI ZHUANYE FAZHAN YANJIU

潘海燕 著

華中師範大學出版社

新出图证（鄂）字10号

图书在版编目（CIP）数据

自主生长式教师专业发展研究/潘海燕著. —武汉：华中师范大学出版社，2018.8（2020.5重印）

ISBN 978-7-5622-8161-0

Ⅰ.①自…　Ⅱ.①潘…　Ⅲ.①师资培养—研究　Ⅳ.①G451.2

中国版本图书馆CIP数据核字（2018）第064625号

自主生长式教师专业发展研究

©潘海燕　著

责任编辑：陈良军　**责任校对：**王　炜　**封面设计：**胡　灿

出版发行：华中师范大学出版社有限责任公司

社址：湖北省武汉市洪山区珞喻路152号

电话：027-67863280/3426（发行部）　027-67861321（邮购）

传真：027-67863291

网址：http://press.ccnu.edu.cn　**电子信箱：**press@mail.ccnu.edu.cn

印刷：湖北新华印务有限公司　**督印：**刘　敏

字数：250千字

开本：710mm×1000mm　1/16　**印张：**16.75

版次：2018年8月第1版　**印次：**2020年5月第2次印刷

定价：40.00元

欢迎上网查询、购书

敬告读者：欢迎举报盗版，请打举报电话027-67867353

自序：一生做好一个课题，足矣

（一）

1988年7月，笔者作为华南师范大学教育基本理论首届硕士研究生毕业后，带着导师邹有华教授的“吾道北也”的题词，就径直来到了当时的湖北教育学院。该院主要是做校长培训与教师培训的，师资队伍大部分来源于有中小学实践经验的一线优秀老师，其氛围完全不同于我刚刚离开的师范大学，深感不适与恐慌。随着现实工作中一些成功的案例给我的启发，意识到教师培训绝不是凭他们简单的经验能解决问题的，我坚信有理论的经验才是真正的“解药”，我开始直面问题，寻求新的解决之道。值得庆幸的是，1995年，我获得了由联合国教科文组织资助到澳大利亚新英格兰大学进修一年的机会。新英格兰大学以远程教育、教师教育闻名于世，原本是指派我来进修成人教育学的，了解到他们在教师专业发展上已有成熟的经验，许多做法正有助于解决我在国内教学过程中遇到的问题与困惑，我毅然调整了学习方向，主攻教师专业发展问题。回国后，我接连发表《澳大利亚师范教育的改革与启示》（《中小学教师培训》1997年第2期）、《发达国家中小学教师继续教育发展趋势》（《中小学教师培训》1999年第2期，此文后来被人大复印资料中心全文转载）、《澳大利亚中小学师资培训概述》（《湖北大学成人教育学报》2002年第6期）、《澳大利亚继续教育中的“协调员”介评》（《培训与研究（湖北教育学院学报）》1996年第1期），梳理了发达国家教师教育的基本经验与走向。

从1993年开始，我国相继开展了小学教师基本功训练、小学骨干教师培训，1999年出台了《中小学教师继续教育规定》，同时启动了“中小学教师继续教育工程”（1999—2002），开启了全员性、制度化教师培训。但实际的反响完全出乎人们的意料。记得《现代教育报》2002年9月13日以“教师继续教育如何赢得人心”为题，整版对一些地方教师继续教育中存在的问题进行了痛斥。2003年“两会”期间，《中国教育报》2003年3月15日以“政协委员为教师继续教育把脉”为题，将当时的教师继续教育中存在的问题归纳为7个方面，即目标发生偏离、机构设置单一、师资遴选不严格、形式单一、内容陈旧、手段单一、激励机制不完善，呼吁加强教师专业发展的理论引导。我当时作为湖北省中小学继续教育中心副主任、理论研究室主任，一直奋斗在第一线。同时我还兼任教育部民族贫困地区实施中小学教师综合素质培训项目“教师科研素质提高”专家组的负责人（在“中小学继续教育工程”的实施过程中，民族贫困地区地广人稀、工学矛盾较为突出，为此，教育部特别成立了民族贫困地区实施中小学教师综合素质培训项目办公室，允许这一块另辟新路），也是湖北省该项目的负责人，深感责任重大。也就是在2002—2003年，我在承担教育部师范司“中国—澳大利亚中小学教师继续教育比较研究”课题时，就萌生了以当时最前沿的教师教育理论为指导，以基层学校的校本研修为基地，开展脚踏实地的实践研究。没想到的是，我的动议得到了不少基层学校的响应。经过一段时间的理论准备［主要是出版《中小学教师继续教育自修——反思培训模式研究》（2002年6月）、《中小学教师继续教育培训模式研究》（2003年1月）两部专著的策划与出版］，首个课题（“教师科研素质及其提高”）终于于2003年11月9日在武汉市首义宾馆开题了。记得那天阴雨绵绵，行走在百年前革命先烈激战过的首义路上，我心情很是庄严与沉重，科教兴国也是先贤百年前的画卷之一。我没想到这天的天气并没有影响大家的热望，更没想到的是，我们这个课题组由首义路出发，竟然越走越远，忙忙碌碌走了许多年了。首义宾馆已不复存在，代之而起的是高层居民小区，我现在的住房就镶嵌在其中。我现在已到快退休的年龄了，也在思考我发起的这场“运动”如何结束，如何发展，如何给多年相伴而行的朋友们一个交代。最近我写了一首小诗：“心底存有梦，何言千斤重。面向真性情，无须问西东。”算是我的心声吧。但愿我辈能建构新时代具有中国特色的教师专业发展理论，树立新时代中国教育的理论自信，形成中国教育理论走向世界的软实力。

根据我当时掌握的信息，从国内外教师专业发展研究的取向看大致可分为两种：一是以“理念—更新”为主的“外铄”型研究取向，即主张在外部社会组织的推动和制度的规约下，以技术能力的训练提升和知识的充实完善为目标，通过各类培训和讲座，向教师传播各种现代教育理论，使教师通过更新理念实现专业发展；二是以“实践—反思”为主的“内塑”型研究取向，即主张以教师个体自身需要和价值追求为动力，以个性情感的陶冶和整个生命的体验提升为目的，通过自觉地对自我教学经验进行总结和反思实现专业发展。从实际来看，“外铄”取向中教师个体容易处于被动消极状态，“内塑”取向中容易忽视外部环境对教师个体发展所形成的激励与引导，两者都没完全解决问题。据此，我们觉得应调和二者，以“外铄＋内塑”取向的教师专业发展研究作为我们研究的主要方向。因此，我们选择了以基层学校的校本研修为研究突破口。可见，完全可以说，现实需要与理论缺乏是促成自主生长式教师专业发展理论出现的时代背景。

（二）

我联合华南师范大学、湖北师范大学、长沙教育学院、荆州教育学院及一批教师进修学校与中小学的朋友，开始了“行动研究”。我们的主要做法有：

1. 理论引领

2002 年，我组建专班，对前期实践进行了总结与反思，发表系列研究论文，出版了多部专著，提出了从亲身体验中提炼“事例经验”—在系列事例经验中整合“类经验”—通过“成果整理”形成自己的经验体系—并在课堂里应用自己的教育思想，形成教育智慧的构想。

2. 课题探路

由我领衔的“中国—澳大利亚中小学教师继续教育比较研究”（教育部课题）、“为基础教育课程改革服务的教师继续教育内容体系研究”（全国“十五”规划课题的子课题）、“教师科研素质及其提高”（湖北省教育学会重点课题）、“中小学校本研修制度建设”（湖北省教育厅课题）、“中小学名师成长个案经验提炼与推广研究”（湖北省教育科学“十二五”规划课题）、“自主生长式教师专业发展理论与实践”（湖北教师教育研究中心课题）等课题组，把前期理论构想与学校校本研修实践结合起来进行研究。2003—2010 年，主要是构建成一种体现“让教师立足自我经验自主生长自己的教育思想”的校本研修模式，即自修—反思式校本研修模式，先后在湖北、湖南、广东等地的 90 多所中小学进行了实验。在研究期间，实验教师撰写反思案例数万份。课题组整理出版了《教育科研与教师专业发展》（2006 年 8 月）、《教师校本学习论》（2006 年 9 月）、《教师继续教育专职培训者必读》（2006 年 11 月）、《中小学教师如何选课题与做课题》（2008 年 2 月）、《中小学教师如何做行动与叙事研究》（2008 年 9 月）、《中小学教师如何写案例和论文》（2009 年 9 月）、《中小学教师如何转化与应用教科研成果》（2010 年 1 月）7 本专著。课题组还编写了 30 多本校本培训教材，其中《骨干教师成长秘诀》（2007 年）、《教师十大素养·专业素养》（2008 年）、《新教师应知应会》（2009 年）、《班主任培训读本》（2007 年）等成为畅销书。此外，课题组还创办《校本行动》刊物，共编辑 14 期，见证了其研究的全过程。

3. 反复实验

2011 年以来，课题组进一步提出“让教师在自己的课堂里充分应用自己的教育思想”思路，即“自主生长课堂”模式的构建问题。在武汉市洪山区、新洲区、东湖新技术开发区的部分中小学进行实验。

从 2009 年开始，课题组就开始用“自主生长式”教师教育理念引领湖北第二师范学院小学教育本科专业发展。特别是 2012 年以来，课题组借助湖北第二师范学院小学教育专业被列为湖北省本科高校“专业综合改革试点”项目（我为该项目负责人）的机会，提出了构建“自主生长取向的师范生培养模式”的构想，也就是在职前师范教育中应用我们的前期成果。目前，在湖北第二师范学院小学教育专业已初步建立了“三位一体、协同创新”的师范生培养体制与师范生自我导向学习的条件与机制。建立了 8 所教师专业发展学校与一个教师素质自主修炼营；开发了一组为师范生自主生长式发展打底色的自主生长课程，如“教育专业观察”、“小学综合实践活动”、“教师专业技能训练与教育实习”等；形成了“双标双驱”的教学管理体制。这也标志着我们的理论构想与教师教育职前与职后一体化趋势高度契合。

4. 多角度研讨

十多年来，课题组基本上是半年一个现场会，一年一次学术研讨会，两年一个校本培训者培训班。武汉市《成才》杂志于 2015 年 5 月为我们团队的研究成果开辟了专栏。2015 年 12 月、2016 年 12 月、2017 年 10 月，在湖北教师教育研究中心的资助下，召开了三届全国性自主生长式教师专业发展理论学术研讨会，海内外学者对我们的前期研究进行了研讨分享。笔者发表在《中国教育学刊》2017 年第 5 期的《论教师的自我经验及其作用》一文，已被人大复印资料中心全文转载（《中小学教育》2017 年第 8 期）。本理论主要创始人应邀讲课的足迹已遍及湖北、辽宁、天津、河南、重庆、湖南、广东、广西、云南、福建、新疆、宁夏等地。有关成员数十次应邀到全国性教学学术会议上作主题发言，去学校交流。值得一提的是，我于 2017 年 2 月被选派到新疆博尔塔拉职业技术学院“援疆”（2017年2月—2018年7月），其间，农垦五师高级中学、博乐市第八中学也参与进来了。另获各类立项课题26项；出版专著、教材48本；公开发表相关论文111篇（其中37篇核心）；实验学校在《成才》杂志的“自主生长式教师专业发展”专栏里发表研究报告、教师成长案例60多篇。2017年11月，该成果已获得湖北第二师范学院第八届校级教学成果特等奖，目前正申报2018年国家级教学成果奖。

在2017年10月14日第三届自主生长式教师专业发展理论学术研讨会上，我代表团队做了总结发言。我们认为，随着教师“自我经验”概念的丰满，“自修—反思”式校本研修模式、中小学自主生长课堂模式、自主生长取向的师范生培养模式三种实践范式的探索完成，一系列研究成果的发表，自主生长式教师专业发展理论基本成型。未来要站在学科建设高度，借助多学科视角，进一步研究自主生长式教师专业发展理论，努力将其打造成具有中国味道的教师教育理论流派。

（三）

功夫不负有心人，我们一路走来，不断有一些成绩相随与鼓励。本研究的主要成果可概括为两点：

一是提出了让教师立足“自我经验”自主生长式发展的构想。教师如何学习与发展？在二十世纪七八十年代，很多学者在探讨这个问题的时候，都试图从教师教育内容的角度，罗列一系列教师需要学习的知识与技能，但再多的总结也难以做到全面，同时，教师的能力也难以还原为相互独立的知识与技能。后来，受建构主义学习观的影响，人们对教师学习的理解也发生了变化，认为教师学习不是知识的线性累加，而是在与环境、与他人的交互作用中，不断地构建知识框架的过程。与此同时，一些有关教师实践知识的研究，情境学习理论的发展，对教师职业实践智慧的认同，都在改变着有关教师学习的认识。有学者认为教师的学习与发展是一个格式塔式的整体变化过程，除了知识学习之外，还要受环境、行为、主体态度等多种因素的影响，同时，教师的态度、观念、能力、行为等的变化也是一个整体的变化过程。还有一些学者在自己的教师教育实践中总结了一些教师学习的框架。我们在发现和分析“自我经验”这一原创性概念基础上，总结出了教师立足“自我经验”自主生长式发展的基本路径，即从亲身体验中提炼“事例经验”—在系列事例经验中整合出“类经验”—凝练系列“类经验”而形成自己的“经验体系”—在课堂里应用自己的“经验体系”，形成“教育实践智慧”。课题组揭示了“教师的自我经验”、“教师专业发展共同体”、“教师校本学习”、“师范生自我导向学习”等关键概念的内涵与作用。课题组用“发生认识论”、“学习型组织理论”、“成人与教师学习理论”等前沿教育理论对“自我经验”进行分析，提出了教师专业发展要以教师的“自我经验”为起点，以真实问题为主轴来架构研修内容，以“校本研修”为主要研修形式，以“教育反思”为主要研修方法，以教师专业发展共同体为组织依托等一系列全新观点，基本完成了自主生长式教师专业发展理论的构建。

本课题组的研究成果特别强调以下四点：

(1) 教师是有着丰富的“自我经验”的人。“自我经验”，又称“个人经验”，是指个体通过对亲身体验进行反思所获得的感悟。感悟是在大量体验基础上产生的一种领悟，是生长性的，而非移植的。感悟意味着个体对某个问题的认识上升到理性阶段，对个体的后续行为起自觉的指导作用。感悟需要丰富的体验和较好的感悟力。感悟的言语表达是极富个性化的，极富创意的，最容易产生令人拍案叫绝的至理名言。感悟有积极和消极之分，这取决于体验的性质和个体自身，常常表现为自己的真性情、土办法。与“自我经验”相关概念，有个人经历、个人理论等。但这几个概念与“自我经验”还是有一定差异的，“自我经验”强调体验是前提，感悟是不可或缺的。个人经历强调了体验，忽视了感悟；个人理论是系统化了的个人经验，是个人经验的高级阶段，教师的专业发展之初，能够凭借的只有自我经验或个人经验，暂时还无法关注自己的个人理论。教育学关注的是教师个人理论，但教师教育学更关注教师的自我经验。教师的自我经验又以多种形态而存在，从其嬗变过程看，一般呈现为“事例经验”—“类经验”—“个人经验体系”—“教育实践智慧”。“事例经验”依附具体案例而存在；多个同类的事例经验经过小组互动，则可组成“类经验”；系列类经验经过成果整理则可凝练为“个人经验体系”；再在实践中反复应用，经过熟能生巧，则可完成巧能生慧、转识成智的过程。

“立足教师自我经验的自主生长式专业发展”，就是引领教师深入、持久地对自己的教学实践进行反思，让教师在这个过程中系统化自己的自我经验，进而形成一定的操作体系，并使之成为教师个人行之有效的教学方法和教学设计的理论，对自己的教育教学产生持续而深远的影响。

（2）教师发展的最终目标是专业自我的形成。教师从事教育职业活动的过程，是一个逐渐认识教育职业并认识其自身的过程。在这一过程中，教师基于社会的期望、自身对教育活动的认识以及教育经验的累积，逐渐建构出一个专业自我。所谓教师专业自我，是指教师在教育教学活动中逐渐形成的，对教育教学专业及其自身的自我感知形象，它使教师对教育教学问题随时处于敏感、准备状态，它强调教师自身独特的个性与教学风格，强调教师自己的感悟与反思。教师专业自我具有重要的意义，它是教师专业发展的必然结果与必经途径，是合格教师的必备要件以及优秀教师的显著标志，教师专业自我的形成有助于提高教师的教育教学水平。按理，应依据教师专业自我的独特性、阶段性、不同步性、可塑性等特征，挖掘教师自身的优势和资源；而现实中不少教师专业发展理论和教师培训理论陷入了程式化、模式化的弊端，把教师专业发展看成是一个同质化、同步调的过程，大多采取“讲授—接受”、“我讲你听”的培训模式，或者找一些优秀教师的范例，让受培训者加以模仿。自主生长式教师专业发展理论却是根据教师自身的个性与独特性，深入挖掘教师自身的优势和资源，在此基础上形成教师专业自我，这也是形成智慧型教师的基础。

（3）教师培训者的着力点主要是创造条件与程序，诱导教师内在的创造潜能，引导教师学会“行走”。所有的教师专业发展引领者，都应研究教师成长与发展的基本规律，熟悉各类教师发展的可能路径。在熟知教师个体的主要问题后，能够以问题为主轴来架构研修内容，以问题为中心来组织培训资源。最重要的是量体裁衣式地构建教师专业发展模式，找出最佳路径，帮助教师在“行走”中改变行走方式。

（4）教育案例是教师教育思想生长的载体，是教师最好的互动平台，教师从写案例到写论文是中小学教师完成科研的过程。中小学教师具体事情多，时间少，如果用高校教师和专职科研人员的要求去指导他们的科研活动（尤其是写表达自己教育思想的论文），的确是难为他们了。中小学教师的教育思想的形成过程及载体是很多样和复杂的，行动研究与叙事研究的发展与传播，给中小学教师提供了新的、经济实用的思路。写案例是中小学教师开始研究的最初形态，也是最佳形态，案例是写论文的前提和必要准备，案例起提供素材、提出问题、引发思考、积累“事例经验”的作用。写论文就是将“事例经验”归类成“类经验”，再形成自己的经验体系。这条路看起来走得慢，但实际上是一条可控的途径。

二是构建出了具体的实施范式。本成果在职后教师教育段，研制了自主生长式教师专业发展理论在中小学教师校本研修中的最佳实现范式——“自修—反思”式校本研修模式；在中小学课堂中的最佳实现范式——自主生长课堂教学模式。在职前教师教育段，研制了自主生长式教师专业发展理论在师范教育中的有效实现范式——自主生长取向的师范生培养模式。这三种模式都具有原创性，步骤明晰，好操作，增强了一线教师创建个人教育理论的自信，探索出了普通教师加速成长为教育专家的可行路径。从一些成功的实验学校反映的情况来看，自主生长式教师专业发展理论主张教师发展立足于教师已有的自我经验与学校的实际，研究教师身边的问题，促进手头的工作的理念很接地气，受到了实验学校普遍好评。参与实验的教师自主学习、合作学习能力增强了，反思习惯形成了；学校校本研修机制建立起来了，学校学习型组织的水准提升了；有力促进了新课程的实施，促进了学生的发展，促进了教学质量的提高，湖北第二师范学院小学教育专业也因此成功获批为湖北省高校综合改革试点专业与荆楚卓越教师协同育人计划专业。

（四）

我国教师教育领域，“接受性”思维积习严重，忽视教师的“自我经验”的作用，致使教师培训与专业发展的实效性受到诟病。在“发生认识论”、“学习型组织理论”、“行动研究与叙事研究方法”、“成人与教师学习理论”等前沿教育理论的指引下，我们重点研究了教师校本学习的理论与策略，中小学教师培训模式的构建原理与方法，发现教师的“自我经验”与教育反思案例在中小学教师专业发展中具有不可或缺的作用，以中小学校本研修制度建设、现代学校组织建设、现代教师教育体制下的师范生培养模式变革等为着力点，以引领教师深入、持久地对自己的教学实践进行反思，让教师在这个过程中系统化自己的“自我经验”，进而形成一定的操作体系，并应用于自己的教育实践，达到自主生长式专业发展。

我们这些年最主要的创新是，发现了教师“自我经验”这一全新概念的内涵与嬗变规律，探索出了在校本研修、课堂教学、师范生培养等几个主要领域立足“自我经验”的教师专业发展的主要路径。“自我经验”长期没有被人明确觉察到，或重视不够。比如教育学专家田慧生研究员在 2005 年就断言：“凡在一线产生大的影响、真正被大家所接受的高水平的优秀教师，基本上都是立足于个体优秀教学经验的提炼、概括和总结中，即在实践智慧的提升中，逐步形成一套自己的完整教学主张并为大家所接受的。”（《教育研究》2005 年第 2 期）田老师显然已触及“教学经验”这个问题，但田老师本人或他的团队后来没有进一步跟踪这方面的研究。本研究发现了这一现象，并通过实验揭示了“自我经验”嬗变的基本规律，即“事例经验”—“类经验”—“个人经验体系”—“教育实践智慧”；探索出了在校本研修、课堂教学、师范生培养等几个主要领域立足“自我经验”的教师专业发展的主要路径，并揭示出了这种立足“自我经验”的教师专业发展的“自主生长式”的性质特点。这样就克服了教师专业发展“外铄”取向中教师个体容易处于被动消极状态，“内塑”取向中忽视了外部环境对教师个体发展所形成的激励与引导的问题，形成了以“外铄＋内塑”取向的教师专业发展新取向，为教师专业成长提供了新的理论基础，为校本研修、学校发展指明了“自主生长式”的新方向。这样就解决了两个问题：

一是增强了一线教师（包括师范生）的话语权，改变了教师教育领域由舶来理论一统天下的局面。立足“自我经验”的自主生长式教师专业发展活动，让一线教师（包括师范生）都能以“资源携有者”、“参与者”的身份参与进来，有话可说。

二是为一线学校抓教师专业发展提供了新抓手，增强了教师专业发展的针对性、操作性与实效性。“自修—反思”式校本研修模式”与“自主生长课堂模式”的实施，让参与本研究的一些实验学校成功建立了“内生性”校本研修制度，发挥了学校相关部门、校长与一线专家的作用；“自主生长取向师范生培养模式”促进了师范生培养“三位一体、协同创新”机制的建立，让师范生学会“自我导向学习”。这些对其他学校具有借鉴作用。

尽管我们的研究还有这样或那样的不足，但研究成果在以下几个方面是独树一帜的：

1. 提出了自我经验、自主、生长、反思、合作等具有鲜明时代特点的理念

（1）自主生长式教师专业发展理论反对脱离教师当下的教育活动和教育体验的空洞、形式化的教师发展活动，强调教师的发展是一个立足于“自我经验”的内在自主生长过程，是通过自主学习和有效反思来实现的。

（2）自主生长式教师专业发展理论重视教师在过程中的感受和体验，强

调教师源于自身教育体验的成果整理，在丰富的教育体验基础上生发出自己的教育思想，通过对教师教育感悟能力的培养促进教师的专业成长。

(3) 自主生长式教师专业发展理论主张在使每一位教师具有学习和研究的主动权和自主权的基础上，让教师从对自己的教学经验进行反思和概念化中获得专业成长，体会到职业内在的尊严和欢乐，最终形成个人教育理论。

(4) 自主生长式教师专业发展理论强调教师与同事、专家、领导的合作共赢，强调学习环境的营造。要求每位教师实现自主学习，实现个性化发展，培训者重在提供学习资源、组织培训活动，指导、参与和帮助教师学习。

2. 教师的专业发展活动针对各自学校的实际，努力与学校已有工作相结合

(1) 自主生长式教师专业发展的内容就源于工作中的问题，主张教师个体通过问题的解决而构建过程性知识，即通过自主学习，以自己教育教学活动过程中的教育现象为思考内容，对自己的教育行为进行研究，并在反复的实践中获得新的策略，解决新的问题。这体现了理论与实践的统一，有效防止教育研究与实践脱节的问题。

(2) 自主生长式教师专业发展立足教师已有的“自我经验”基础，让教师说自己的话，有话可说。教师可根据自己的学习基础和个性特点，制订计划，确定重点，实现个人的研究目标。教师自我监督、自我调节、自我激励、自我强化、自我创新，觉察和发现自己教学中需要改革的东西，从而产生新的教学理念，新的教学方法，新的教学思路。

(3) 自主生长式教师专业发展理论强调教师与师范生学习活动的出发点是自我导向的，学习过程是自控的，学习的结果是自知的。

3. 将最前沿的教育理论进行了有机整合，便于学校综合操作

整个实施流程走下来，很自然地创造了一个适宜教师与学生发展的环境，努力变教师为研究者，变教室为研究室，不断改变教师的心智模式，把教师内在的创造潜能诱导出来，让教师动起来，真切地、逐步地形成自己的教育观。

(1) 实施的目标有层次性，重视过程导向。对教师而言，首先是帮助教师掌握自修—反思的技术，养成合作学习与反思习惯，提高综合素质。对学校而言，可逐步建立学校校本研修制度，提升学习型组织建设水平。

(2) 采用了“借鸡生蛋”的运行机制。它与教师现有的工作相结合，不另起炉灶，减少了教师负担，便于操作。

（3）立足于教师可持续发展，越久越见功效。它从提高教师的觉察能力入手，着眼于让教师学会学习、学会研究和养成良好习惯。它让教师逐步建立新的学习观、科研观、教学观。它主张教师的学习是一种以问题为驱动的行动学习，以案例为支撑的情境学习，在实践经验上的反思性学习，以主体构建为追求的研究性学习，以群体为基础的合作学习。它提倡教师在实际问题中提炼课题，用行动研究法做课题，在同事中组建合作研究小组。它促进教师注重教学过程，注重多元化结果，开展反思性的教学。

当然，教师专业发展是一个极其广阔与复杂的过程，没有一个理论学派能够全方位反映其发展全过程。我们的自主生长式教师专业发展理论也只能反映我们的研究取向与研究范围内的认识成果。

古人早就有言："人生有涯，而学无涯。"笔者才疏学浅，深感一生做好一个课题，足矣。但愿后来者，百尺竿头更进一步。这既是祝愿，也是必然，更是我泱泱中华民族立于世界民族之林的基础。

潘海燕

2018 年 2 月

目　　录

上篇：自主生长式教师专业发展理论形成前的基础研究

中篇：自主生长式教师专业发展理论形成的足迹

下篇：自主生长式教师专业发展理论形成后的相关应用研究

附录

上篇：自主生长式教师专业发展理论形成前的基础研究

发达国家中小学教师继续教育发展趋势

随着国际竞争加剧，特别是由于信息技术等现代科学技术的迅猛发展与广泛运用，知识经济的出现，世界经济、政治格局乃至教育正在发生着前所未有的深刻变化。现代科学技术既对中小学教师继续教育提出了崭新的要求，也为中小学教师继续教育本身提供了先进的物质条件。近10年来，发达国家中小学教师继续教育正表现出前所未有的共同发展趋势，现综述如下：

一、从国家利益的高度来认识中小学教师继续教育的重要性

自第二次世界大战以后，世界各国政治、经济、军事的竞争都从根本上集中表现为教育的竞争，教育的竞争又逐步反映到中小学教师队伍的建设上。教师职前培养经过近300年的实践探索，基本上形成了较稳定的模式，人们便将注意力集中到了教师的职后培训上。在发达国家，在终身教育思想影响下，中小学教师继续教育便在20世纪60年代应运而生。如果说当时中小学教师继续教育的概念的出现主要来源于流行的终身教育思潮的话，那么，在20世纪80年代中期以后，中小学教师继续教育则主要是从教师在未来社会中的作用、未来教师的素质决定着国家命运这一角度来思考的。这一点在美国近10年的教育改革中表现得很明显。早在1983年，美国公布了《国家处于危险之中，教育改革势在必行》的调查报告，该报告疾呼，美国正在被日益严重的成绩平庸状况所侵蚀，这种状况使国家已经处于危险之中。而这种状况产生的原因之一，便是教师短缺、师资来源不足，且质量很低。此报告发表后，美国上下为之震惊，在此之后，一系列重大研究报告相继发表，这些报告都密切关注着教师队伍的建设问题。如1986年美国卡内基基金会的《国家为21世纪的教师做准备》的报告就明确指出，“只有保留和造就最优秀的教师，这个国家才能摆脱它所陷入的困境”。这样，美国新一轮师范教育改革就在这种浓厚的国家利益的氛围中拉开了序幕。

二、在继续教育目标与内容上强调针对性、实用性和全面性

从历史角度看，中小学教师继续教育目标与内容经过较长时间的变迁，已从某单一学科知识的传授扩展到现代教育理论知识的掌握。现在的目标已超越学科知识、教育理论和教学能力范围，扩展到作为教师的所有方面，包括更新教育观念，提高教育教学、教育评价等方面能力及发展教师个性的一切活动。如法国的继续教育目标除常规要求外，还包括了解学校的社会环境和经济环境的知识。美国的继续教育目标还包括教师的个性品质、社会能力、理智行为、健康体魄、渊博的知识、独立思考的能力，对儿童的热爱和了解，对学校和社会的责任感，以及对教育事业和美国生活方式的忠诚等。

近年来，由于计算机多媒体技术、交互网络等技术的发展，以计算机使用技能为核心的现代教育技术培训正成为各发达国家探讨的热点。法国于1986年设立“国家教育信息资料中心”，英国启动“IT”（信息技术）培训工程，美国各州都开设了“计算机辅助教学”课程，澳大利亚等国广泛开设“微格教学”课程。继续教育的内容结构、体系更加合理，体现出全面性。如英国就将中小学教师进修课程按程度不同划分为五种形式，即补习课程、高级研究文凭课程、教育学学士课程、硕士学位课程和短训课程。

三、形成了系统配套的继续教育模式

继续教育模式是使继续教育目标与内容落到实处的具体组织形式。由于受训教师需求的多样化，培训模式的多样化就显得特别重要。当前发达国家中小学教师继续教育模式在呈现多样化特征的同时，基本形成了四种比较稳定又相互补充的模式。

第一种模式是“培训机构本位”模式。英国创办的“教师中心”，日本建立的“教育大学”，美国开办的“暑期学校”，澳大利亚的“教师职业发展中心”等，都是专司教师继续教育的培训机构，且已形成独立的运作方式。

第二种模式是“研训一体”模式，即继续教育与各学科教学研究紧密结合。澳大利亚各州都设有各种学科的研究协会，这些协会名义上是民间的，但实际上是受州教育部领导。州教育部提供一个专职人士的工资，其余人士都是通过协会筹集的资金聘请的兼职人员。州教育部为协会的活动提供专门的场所和部分经费。协会的主要任务是培训各地区的学科带头人和协调人，然后通过这些人对一般教师进行专业发展的工作，如果中小学有要求，协会

可安排专业人员直接到该中小学开设讨论讲座或研讨会。

第三种模式是“高校本位”模式。高等院校除保留传统的脱产进修高学历外，还开办“教育诊断医院”、“教师专业发展学校”，大力推行远距离教育，送教上门。如美国宾夕法尼亚州州立大学利用自办教育电视台、计算机中心、远距离教育中心等大面积培训教师，通过个体学习等方式培养与脱产进修质量同规格的教师。北卡罗来纳州州立大学“科学馆”利用优越的实验设备组织“巡回实验室”。澳大利亚墨尔本大学与一些中小学共同开展“西部圆桌合作”研究项目，把大学的学术研究与中小学的实践紧密结合起来。

第四种模式是“学校本位”模式。由教师任职学校自主指定培训规划，自主组织培训活动。如澳大利亚维多利亚州，每年按每个教师250澳元的数额，直接拨给学校，每学年初，每个教师须确定自己的专业发展计划，校长年终根据这个计划来考核和评估教师的工作。培训者可以是本校有某一特长的教师，也可以请校外的有关专家。

四、正在建设开放性的学习网络

各发达国家除了传统的面授教学方式方法外，更多的是开发现代化的远程教育。除了继续实施邮寄资料这一传统办法外，大力发展电视教学、电话教学、网络教学等多种现代教学技术，不少课程完全在办公室或家里完成。一个现代化的开放性学习网络正在形成之中。

五、建立适应继续教育特点的培训管理机制

继续教育是现代信息社会的产物。据现代管理组织学研究，在信息社会里，现代管理组织普遍将由工业社会所形成的“直线式”、“职能型”的垂直管理组织向网络状的矩阵管理组织转化。矩阵组织即是在原有的直线指挥系统的基础上，又建立起一种横向的领导系统，两者结合组成一个矩阵。这种纵横交错的组织结构打破了传统的一个职员只属一个部门领导的管理原则，使管理组织中纵的联系和横的联系、集权与分权有机地结合起来，这样有利于信息的立体联系。发达国家正是根据信息社会这一特点来构建中小学教师继续教育管理组织。例如，澳大利亚为了确保培训机构管理的良性运转，不少培训中心都在培训主任之下设有“协调员”这一职位，独立负责具体学科培训的研究、管理和教学工作。这一职位的设置，有利于解决教师继续教育中日益激增的信息知识和教师、学员有限的学习时间之间的矛盾。

六、继续教育工作者的职业化程度明显提高

中小学教师继续教育工作是一种集学术、教学、研究、实践为一体的综合性工作，是现代社会的一项新的分工。在20世纪六七十年代，各国幼儿教师、小学教师与中学教师一般分别在不同教育水平的教育机构里培训。现在由于各国中小学教师资格的学历层次差别的取消，各级教师培训机构的规格和教育水平已基本趋同。这些机构经过几十年的发展，师资与管理制度已相对稳定，各类培训机构的联系加强，优势互补，正逐步取得高等职业教育的地位。各国在培训过程中也形成了较为规范的工作程序，英国中小学教师培训一般分为四个基本环节，即查明需要—制订和执行总体规划—评估计划的效益—扩大培训效果。加拿大的培训过程是：准备—计划—培训—实践—保持—评价。美国威斯康星大学的培训工作程序是：下基层调查研究—选择课题—聘请专家编写教材—登记招生—收费注册—上课实习—收集反映、分析效果—研究下一期的课程内容和改进办班方法。

另外，各国正大力加强继续教育理论研究，加强对教师培训现象的理论说明，出版继续教育理论研究专门刊物。

（原载《中小学教师培训》1999年第2期，此文被人大复印资料中心全文转载）

澳大利亚师范教育的改革与启示

笔者受联合国开发计划署资助，于1995年前往澳大利亚新英格兰大学高等成人教育研究和管理系进修学习，除了理论课程学习外，还参观考察了40多个教育机构。在学习考察中，笔者亲身感受到澳大利亚联邦政府非常重视中小学教师队伍的建设，在吸收欧美现代师资培训理论和经验的基础上锐意改革，逐步形成了自己的特色，为世界所瞩目。现将澳大利亚近10年来师范教育的改革与发展情况介绍如下：

一、历史回顾

澳大利亚与其他发达国家一样，其师范教育工作已几经变迁。首先，澳大利亚教育界对“师范教育”（Teacher Education，又称教师教育）概念有了新的认识。20世纪70年代以前，师范教育分为培养与培训两个相对独立的阶段。随着终身教育理论的传播，特别是在70年代初，英国教育家詹姆斯·波特“师资培训三段论”发表后（即1972年，詹姆斯·波特在《詹姆斯报告》中提出，现代师范教育体制应分为三个阶段：第一阶段为个人教育，即大学两年的基础教育；第二阶段为准备教育，即参加工作的试用阶段；第三阶段为在职教育，即录用为教师后的继续教育），他们也开始把教师的职前培养和职后培训看作一个连续不断的过程，并且在1980年8月发表的《全国师范教育调查报告》中提出，澳大利亚师范教育包含三个方面，即职前培训、对新教师进行的导入教育和对在职教师进行的再教育。

其次，从教师培养培训机构来看，在20世纪70年代以前，学前教育和小学教育的师资主要由当时的师范院校培养，中等教育师资主要由大学及其内部设置的专门系科来培养。20世纪60年代中期，联邦政府采纳了澳大利亚高等教育前途委员会关于改革师范教育和建立新型高校的建议，逐步把专门性师范院校改造成具有多科性质和综合性质的高级教育学院（有自治权，公开招聘教师，具有高等教育性质）。这样就突破了师范院校和大学分开、培养与培训分开的格局，形成了由高级教育学院与大学共同培养培训基础教育师资的新格局。

二、主要改革

1. 新教师培训

拥有证书或学位的人，只要到当地教育管理部门备案，便有了做新教师的应聘资格。随着招聘工作开始，作为新教师的培训工作也随之开始了，如应聘时的面谈，上岗前了解本地本校情况的会议都依培训计划安排得井井有条。在工作第一年，学校会减少10%的常规工作量，有计划地安排新教师听其他教师的课，去邻近学校观摩教学，参加各种教研组织举办的活动。在1年结束时，由州教委部门和学校组织评估考核，目前的评估考核主要依据一本全国通用的《评估指导手册》。评估考核合格者发给教师证书；不合格者可留用，但不能超过3年。

2. 在职教师培训

澳大利亚在职教师的培训，在20世纪70年代之前主要是进行教师基本职业技能的训练，80年代以来的主要目标是专业职业教育和教师全面素质准备，故在职培训又称教师职业发展，包括更新教育观念、提高教育教学、钻研教材及教育评价方面能力的一切活动。并且，政府规定，中小学教师每6～7年就有一个学期的带薪进修假期，每年至少有5天的脱产进修时间。

从进修的主办机构看，除大学和高级教育学院外，各州、地区还建立了大小不一的教师培训与发展中心、教学资源中心，遍及全国各地的继续职业技术学院，以及一些专业团体、宗教团体、私人组织也参加了教师的在职培训活动。一般而言，大学和高级教育学院提供较为系统的中长期培训，而一些短期进修与研讨活动则由其他组织承担。从进修的形式看，有学历教育和非学历教育。从目前的情况看，参加学历教育的势头在上涨。

一是因为学历教育与经济待遇挂钩。如在维多利亚州，经过3年培训仅取得教师证书的教师的工资从第5级算起，最高只能到12级，而四年制的毕业生的工资则从第7级算起，可升至14级，每级工资差额较大。

二是一些短期培训通过的课程可以折合为大学相应的课程学分，并且可以全国通用。这也为学历教育在较大范围实现提供了方便。从进修内容看，有学术性的，也有休闲性的。目前较多强调的是少些理论，多些技能，多些学科知识和实践活动。

从培训手段看，有传统的面授，也有现代化的远距离教育。澳大利亚幅员辽阔，经济发达，为远距离教育手段广泛使用提供了机会。各地参加远距离教育的学员大大超过在校学生。如新英格兰大学，1995 年在校生为 5 000 名，校外生为 10 000 名。远距离教育的手段很多，除了邮寄资料这一传统办法外，电视教学、电话教学、计算机辅助教学已很普遍；另外，互联网、可视电话也已用于教学。培训中心内部管理运转灵活。在职培训要面向全体教师，人多、需求多，管理工作自然较为重要和复杂，为了使管理跟上，不少培训中心都在培训主任之下设有“协调员”（Coordinator）这一职位。其职责是教师、管理人员、研究人员三方面的角色的统一，这样使工作人员大为减少。如新南威尔士州教师培训与发展中心仅 11 人，其中 6 人为协调员，其职责为：

（1）关于培训计划方面：①评估教学计划与申请人的需求；②与申请人协商；③传达教师培训和发展中心关于改进培训工作的意见，确定本州教师培训的需求；④传达其他政府部门关于改进培训工作的意见；⑤安排学期教学计划；⑥为培训手册撰写材料。

（2）关于校内课程方面：①通过电话或亲自回答有关校内课程的问题；②为有特殊要求的团体组织撰写课程建议；③组织工作：提供适宜学员的课程、资料和费用咨询。

（3）推销工作：①通过广告、信件、邮件推销学习资料；②通过电话和面对面进行个人接触。

（4）管理工作：①组织课程、学员和资料；②传递课程信息；③回答参与学习者提出的问题；④收集整理数据资料。

三、几点启示

1. 教师的职前培养与职后培训应一体化

信息社会迫近，新的知识信息层出不穷，纷至沓来，学习化的社会即将出现，教育将贯穿于人的一生。职前培养与职后培训如何沟通，这一直是一个世界性的话题和难题。澳大利亚自 20 世纪 70 年代以来不断扩大师范教育改革，把教师的职前培养与职后培训一体化问题作为一个重要目标，在培训观念、课程设置、学分管理、培养基地建设等方面采取了种种措施，并取得了实效。我们认为，根据我国前不久召开的全国师范会议关于教师职前培养和职后培训“两手抓”的精神，我国中小学教师的职前培养与职后培训如何沟通是非常关键的。

2. 应树立开放性的大师范教育观念

在市场经济条件下，社会各部门的横向联系只会加强，你中有我，我中有你。为了把优秀人才吸引进“太阳底下最光辉的职业”中来，澳大利亚在取消师范院校的同时，树立起了大师范教育观念，在招生、培训与任用制度上采取了种种吸引与便利措施，从而保证了教师队伍的质量。我国目前也应抓住机遇，运用立法、教师资格证书、工资改革等措施来吸引优秀人才从教，促进从教人员自身不断发展、提高。

3. 尽力加强教师培训手段和管理机制现代化

新的科学技术是新的教育模式产生的技术基础。澳大利亚成功地将计算机、微格教学等现代技术手段引进师范教育。同时，其还相应设置了灵活的管理机制，这些都是使其新观念和新理论得以成为现实的关键。我国目前师范教育中现代化培训手段还急需加强，培训管理组织多为“垂直状”（每一级只能接受上一级的指令），对横向培训资源难以协调和利用，重复和浪费严重。

（原载《中小学教师培训》1997 年第 2 期）

澳大利亚中小学师资培训概述

澳大利亚在职中小学教师的培训，在20世纪70年代以前主要是进行教师基本职业技能的训练（Vocational Training），80年代以来的主要目标是专门职业教育（Professional Education）和教师全面素质准备（Preparation for Competent Practitioners），故在职培训又称教师专业发展（Teachers' Professional Development），其内容包括更新教育观念、提高教育教学、钻研教材及提高教育评价能力等诸多方面。并且，政府规定，中小学教师每6～7年就有一个学期的带薪进修假期，每年至少有5天的脱产进修时间。

一、培训的目的

澳大利亚教师培训的目的，与我们国内正逐步展开的中小学教师继续教育类似：更新教育观念和学科知识，介绍最新教学改革动态，提高在职中小学教师的教育教学能力、教育评价能力，促进教育思想、观念和方法的转变，把握中小学学生心理特点，掌握各类现代教育教学媒体和高性能计算机、计算机多媒体技术、Internet及全球信息资源网在教学中的应用，全面提高中小学教师素质。

二、培训机构

澳大利亚在职中小学教师培训的主办机构，除大学及高级教育学院外，还包括各州、地区教育部门建立的大小不一的教师培训与发展中心、教学资源中心，遍及全国各地的TAFE，以及一些专业团体、宗教团体。教师所在学校、私人组织也参加了教师的在职培训活动。一般而言，大学和高级教育学院提供较为系统的中长期培训，如研究生学历教育或其他特殊项目，而一些短期进修与研讨活动则由其他组织承担。

三、培训形式

澳大利亚在职教师进修形式多样，有学历教育和非学历教育两种，适合不同层次教师专业发展的需要。非学历教育以参加职业发展活动为主，教师主要通过阅读专业杂志及教学评价类书籍，参加学校教材开发，参加协会组织的短期培训、研讨班、学术交流会等形式来提高自己的能力与素质。

从目前的情况看，参加提高学历层次教育的势头在上涨。以学历提高为目的的培训工作主要由各大学的教育学院承担。例如，在教育比较发达的维多利亚州，有相当多的小学教师是从以往独立设置三年制的教育学院培养出来的（相当于我们的大专水平）。为了使这些教师的学历得到进一步的提升，让这些教师通过在职进修，获得学士学位。中小学教师为提高学历而去大学学习，经费通常由教师个人承担。造成目前学历热的原因之一是学历补偿教育与经济待遇挂钩。如在维多利亚州，经过 3 年培训仅取得教师证书的教师工资从第 5 级算起，最高只能达到 12 级；而四年制毕业生的工资从第 7 级算起，可升至 14 级，每级差额较大，见表 1。

表 1　1989 年维多利亚州中小学教师年薪情况（单位：澳元）

级别	第 5 级	第 6 级	第 7 级	第 8 级	第 9 级
年薪	21 688	22 462	23 294	24 133	25 274
级别	第 10 级	第 11 级	第 12 级	第 13 级	第 14 级
年薪	26 354	27 427	28 820	30 213	31 546

澳大利亚中小学教师一般要接受四个方面的培训：第一种是由政府资助的各学科协会进行的培训；第二种是学校所在地区或学区组织的培训；第三种是以学校为基地的培训，可以是校内有经验的教师，也可以是请有关专家或请大学教授来做讲座；第四种是到大学接受培训，可以是短期的专题研讨会，也可以是学历补偿教育或攻读双学位或研究生学位，前者通常是由学校提供经费，后者则由教师自己承担费用。目前的主要形式有：

（1）通过学科协会开展职后培训。各州都设有各种学科的研究协会，这些协会名义上是民间的，但实际上是受州教育行政部门领导的。例如，维多利亚州共有18 个协会，包括英语、数学、科学、教育技术等。州教育部提供一个专职人士的工资，其余人大多是兼职的，或通过协会筹集的资金聘请的。协会的宗旨是以教育部颁布的课程与标准的框架为依据，为教师进行专业发展提供渠道，提高教师的业务水平和教学能力。州教育行政部门为协会的活动提供专门的场所和部分经费。协会的主要经费还是来自会员的会费。协会每年召开一次年会，开展教学经验交流，定期出版刊物。协会的主要任务是培训各地区的学科带头人和协调员，然后再通过这些人对一般教师进行专业发展的工作。如果有些中小学有要求，协会可安排专业人员直接到该中小学开展讨论讲座或研讨会。

（2）强化大学与中小学的配合。为了有效培训教师，充分发挥中小学教师在教学过程中积极参与的作用，维多利亚州墨尔本大学与一些中小学共同展开了“西部圆桌合作”研究计划。该项目的目标是把维多利亚州西部地区的大学的学术研究与中小学的实践紧密联系起来，最终达到提高学生学习的结果。该研究项目的目的是让中小学教师对课堂教学内容的组织、教学过程的实施、新教学方法和技术的使用等广泛参与研究。这实际上是教师专业发展的一种新形式。大学与中小学教师共同配合，使整个研究具有较高的学术性和针对性，从而起到了提高教师实际教学效果的作用。

（3）以中小学为基础的专业发展。在考察期间，我们对澳大利亚以中小学为基础的在职培训留下深刻的印象。各州教育行政部门对师资培训极为关注。根据规定，每位教师在学年初须制订自己专业发展的计划，旨在协助学校实现年度目标。年终时，校长要根据这个计划来考核和评估教师的工作。校长通常利用每年每位教师 4 天的学术假期组织在职培训。培训者可以是本校有某一特长的教师，也可以是校外的有关专家。州教育行政部门拨给一定的教师培训经费。例如维多利亚州每个教师每年的培训经费为 250 澳元。

（4）注重对新教师的上岗培训。拥有教师资格证书的人，只要到当地教育管理部门备案，便有了新教师的应聘资格。随着招聘工作的开始，作为新教师的培训工作也随之开始了，如应聘时的面谈，上岗前了解本地本校情况的会议都依培训计划安排得井井有条，在工作第一年，学校会减少 10%的常规工作量，有计划地安排新教师听其他教师的课，去邻近学校观摩教学，参加各种教研组举办的活动。在一年结束时，由州教育行政部门和学校组织评估考核，目前的评估考核主要依据一本全国通用的《评估指导手册》。评估考核合格者发给教师证书，不合格者可留用，但不能超过 3 年。在这 3 年里，学校一般会通过各种渠道帮助该教师提高教学水平，譬如送该教师回大学继续学习等。

四、培训内容

从培训内容看，有学术性的，也有休闲性的。目前较多强调的是少些理论，多些技能、学科知识和实践活动。从由各大学的教育学院承担学历提高培训来看，层次有本科证书班（Graduate Certificate）、本科文凭班（Graduate Diploma）、研究生文凭班（Postgraduate Diploma）、教育硕士学位班（Master of Education）、教育博士学位班（Doctor of Education）等。

各层次班均要求学生已具有本科及以上相应学位，课程内容设置与中小学教育密切相关。例如，墨尔本大学教育学院开设的“数学教育本科生文凭班”(Graduate Diploma in Mathematics Education)，招收对象为有 3 年以上教学经历的非数学专业毕业但想从事数学教学的在职教师，学制全脱产 1 年，半脱产 2 年，共开设核心课程 3 门，专业必修课程 1 级 2 门，2 级 2 门，选修课程 5 门（任选 2 门）；要求学生全脱产 1～2 年、半脱产 2～4 年内修满 100 学分。具体课程设置见表 2。

表 2　墨尔本大学教育学院数学本科生文凭班课程设置情况

课程类型	课程名称	课程内容	学时	学分
核心课	数学教育 5～9 年级	5～9 年级数学概念教学、教法、学法、计算机、音像等教辅材料及教具的使用	8	3
核心课	数学教育 10～12 年级	10～12 年级数学教学知识结构、教学内容、培养目标，有效利用技术资源	8	3
核心课	数学教与学研究	数学教与学的当前研究热点，引导带动教师开展数学课堂研究的方法	8	3
专业课：1 级	数学研究：代数与概率	代数论、概率论的基本概念及其应用	12	5
专业课：1 级	数学研究：微积分	微积分学的基本概念、基本方法	12	5
专业课：2 级	数学研究：分析	数学分析基础知识	16	7
专业课：2 级	数学研究：数学	有限数基础	16	7
任选课	数学之应用	数学理论的应用，激发学生学习数学的兴趣，教辅材料的准备与评价	8	3
任选课	数学的历史进展	中小学数学的历史、文化、社会、科学展望、数学欣赏	8	3
任选课	数学补偿教育	如何帮助和转化学困生	8	3
任选课	计算机在数学教育中的应用	数学教学软件的使用与评价	8	3
任选课	学科教学方案设计	导师指导下完成 5 000 字专业课题报告	8	3

短期培训内容以现代教育技术培训、学科知识更新与拓宽、教法学法问

题研讨等为主。特别是近年来，由于计算机多媒体技术、交互网络技术的发展，以计算机实用操作技能为核心的现代教育技术培训正成为各学科短期培训、经验交流的热点。如从1996年昆士兰州协会组织的4次“一日培训会”（One-day Conference）来看，均与电脑有关：①如何使用Internet？②如何在网上获取、发布信息？③如何建立校园网？④多功能图形计算器的使用。从澳大利亚理科教师年会、澳大利亚数学教师年会来看，教师交流的论文中谈计算机网络的利用占20%以上，例如，怎样利用国际互联网的功能进行学术探讨与交流，如何有效利用国际信息资源网获取学科最新信息、采集调查数据，如何利用网络进行课外辅导，如何开办网上学校等。

五、培训手段

从培训手段看，有传统的面授，更有现代化的远距离教育。澳大利亚幅员辽阔，经济发达，为远距离教育手段广泛使用提供了机会。各地参加远距离教育的学员数量大大超过在校学生。如新英格兰大学，1995年在校生为5 000名，校外生为10 000名。远距离教育手段很多，除了邮寄资料这一传统办法外，电视教学、录像教学、广播教学、计算机辅助教学等方法已经广泛运用，例如，澳大利亚偏远地区学生的学习除寄宿就读、在家函授外，可通过具有双向交流功能的无线电“空中学校”在家学习，特别是近年来，随着“信息高速公路”计划的实施，国际互联网络的连通，给各级教育部门带来的冲击不亚于一场革命。1996—1997年各州教师培训的核心内容之一便是计算机网络技术。国际互联网络、国际信息资源网、可视电话等由于其无与伦比的交互功能，越来越受到广大中小学教师的青睐，也正用于教学过程中。同时，卫星电话技术、国际互联网络也在中小学师资培训中得到比较广泛的使用。例如，昆士兰大学由于培养、培训一体化，在校各类学生3万多人，公共必修课一个班起码400人以上，个别达1 500人，为搞好个别辅导，任课教师已将多年来学生学习此门课的常见问题及解答制作成计算机软件，学生坐在家里或者外出探亲时均可通过互联网方便地检索、调阅，如果是新问题，可通过电子邮件直接发给老师，第二天便可收到老师的回信。各州用于教师专业发展的计算机信息网络已经形成。通过“信息高速公路”和电子邮件，很容易接受世界各国有关中小学教育与教学改革的新信息和新技术。这使得师资培训进入了一个较高的层次，同时缩短了培训的时间，拓展了培训的空间。

六、管理方式

澳大利亚各类培训中心内部管理运转灵活。在职培训要面向全体教师，人多，需求多，层次多，管理工作自然较为重要和复杂，为确保管理良性运转，不少培训中心都在培训主任之下设有协调员（Coordinator）这一职位，其职责是教学人员、管理人员、研究人员三方面角色的统一，这样既精简了人员，又提高了办事效率。如新英格兰大学教育学院教师中心共 15 人，其中 13 人为协调员，其职责是：①负责学员的招生注册；②解答学员的疑难问题；③负责教学计划的起草与修订；④确定课程内容；⑤组织测试等。再如，新南威尔士州教师培训与发展中心仅 11 人，其中 6 人为协调员，其职责可分三大块，见表 3。

表 3 新南威尔士州教师培训与发展中心协调员职责一览表

培训计划方面	1. 评估教学计划与申请人的需求 2. 与申请人协商 3. 传达该中心关于改进培训工作的意见，确定本州教师培训的需求 4. 传达其他政府部门关于改进培训工作的意见 5. 安排学期教学计划 6. 为培训手册撰写材料
校内课程方面	1. 通过电话或亲自回答有关校内课程方面的问题 2. 为有特殊要求的团体组织撰写课程建议 3. 提供适宜学员的课程、资料和费用咨询
宣传推销方面	1. 通过广告、信件、移动物推销学习资料 2. 通过广告电话、面对面交谈等进行个人接触
组织管理方面	1. 组织课程、管理学员和资料 2. 传递课程信息 3. 回答参与学员提出的问题 4. 收集整理数据资料

七、培训特点

综观澳大利亚的师资培训，我们认为具有以下几个特点：

（1）在形式上，坚持以在职业余为主。学历培训与短期培训相结合。一方面，注重教师学历提高，各种培训往往都可以作为大学教育学院的学分，与学位挂钩，从而提高小学师资的学历水平；另一方面，注重教师专业发展，不断更新教师专业知识，提高专业技能，改进教学方法。在整个师资培训中坚持形式多样、方式灵活、追求实效。

（2）在内容上，注重学术性、针对性。一方面，以当前课程标准为依据，围绕教育行政部门制定的中小学课程文献为框架构建师资培训的基础；另一方面，以未来学校为目标，面向21世纪，注重新技术、新信息、新方法的传递和使用，使得师资培训向较高层次发展。

（3）在管理上，实行统一领导，分级负责。各级教育行政部门对师资培训的重要性和紧迫性方面认识统一，在师资培训管理上目标明确，责任分明。在经费和资源的配置、时间和内容的安排方面，计划性强，管理严格。师资培训由州教育行政部门统一领导，学校校长具体负责。

（原载《湖北大学成人教育学报》2002年第6期，鲁晓成参与了该文的写作）

澳大利亚昆士兰科技大学师资培训课程设置及教学管理

澳大利亚昆士兰科技大学教育学院罗伯特·哈定汉姆教授与霍华德·汤姆森教授应邀于1996年10月15日—18日，在湖北教育学院进行了为期4天的讲学，重点介绍了昆士兰科技大学教育学院师资培训课程的设置及管理改革的情况。我们现根据讲学内容并参考有关资料，将讲学内容综述如下：

一、课程设置及管理改革的提出

1989年，澳大利亚通过了全国统一的教育制度。随之，出现了师范院校与高校合并的趋势，单一的师范学校关闭，而与其他正规的综合性大学交叉在一起。这样，从那时起，师范教育基本是在综合性大学开展，实行四年制教育。课程也只限于教育类别。最近几年，澳大利亚实行了双学位制度，目前已达12个学院。

专家们认为，师范教育中课程设置的优化与否，对壮大师资力量，提高教师地位，无疑具有重要的影响。但实际上，师范教育专业的设置，其学术性不是很强，许多能力较强的学生不选择师范专业。20世纪90年代以来，澳大利亚就此付出了巨大的努力，在课程设置上做了很大的改变。

二、改革原则

澳大利亚实行四年制的师范教育，在师范教育史上具有重要意义。把师范教育课程延长到4年，学生既能获得学位，同时也提高了师范生的社会地位。更重要的是使师范教育更具正规性和竞争性。他们根据不同的学校设置不同的课程，但其课程设置总的原则如下：

首先，必须满足社会的需要。教师不仅要熟悉课堂内的情况，更必须掌握课堂外的知识。可把它概括为以下三个方面：一是对教育与社会的联系，学生应有自己的看法。二是学生应对课堂教学相当熟悉，能清楚课堂所学与社会需要的连接点。三是让学生认识、理解现实性与可能性之间的矛盾，学生自己逐步适应社会。

其次，课程设置要有一个很好的结构。首先要有一个好的工作过程，使其能顺利地进行工作。有一个好的过程，就能使各项工作规范化。在课程设置过程中，他们主张教师直接参与，以利于教师更好地搞好工作。同时，各用工单位、教育管理部门以及其他单位都可参与。

再次，课程设置应考虑到各影响因素。这些因素包括资金的投入，政府的干预和要求，用人单位的要求，参与课程设置者的个人看法、观点，还要受课程设置委员会的制约，并涉及资源分配等。此外，还应注意以下几个问题：

（1）培养学生批判性思维能力，使学生不只是单纯地接受知识，而且要有自己的看法。

（2）要理论联系实际，并培养学生独立学习的好习惯。

（3）知识的传授必须由浅入深、循序渐进。

（4）学生在学习新知识之前，对旧知识有一定了解，使其所学建立在旧知识的基础之上。

三、课程设置过程与结果

课程设置由学院各有关机构经过 6 个月的准备，征求多方面的意见，反复研讨最终确定。参与课程设置的有教育学院教师 160 人，外界人士 75 人。由各系领导、专家、教授组成的院课程设置委员会共 25 人。院课程设置委员会非常重视各位代表的挑选，要求成员有一定的实际工作经验。他们只用 6 个月的时间准备，放弃了冗长的会议，放弃了那种以往的会议刚开始便急于拟方案的做法。他们一致认为院课程设置委员会必须认识工作的性质，团结一心，必须召开公众大会，听取广泛意见。最后在正式开会之前，院课程设置委员会必须掌握大量资料，利用三阶段模式最终完成课程设置，具体内容见表 1。

表 1　课程设置的三阶段表

阶段	活动	时间
第一阶段 咨询	公众会议　提出意见　查阅文献	3 个月
第二阶段 初步建设	送回主管部门　起草文件 提出目标原则　形成初步框架及课程结构	3 天
第三阶段 充实成文	对初步建议进行反应　调整计划 准备最终文件	3 个月

最后形成的四年制教育学士学位共有 32 个学分，涉及 4 个方面的课程，

其顺序与进程如表 2 所示。

表 2 四年制教育学士每学年所学课程与学分表

年级		一	二	三	四
职业学习	教育研究	2	2	1	1+2*
	职业实践	\	\	1	3
	课程学习	\	\	2	2
学科内容学习		6	6	4	\

（* “1+2” 中的 2 学分为四年级中自修所获得学分）表 2 显示，每学年 8 个学分，4 年共 32 个学分。

四、质量管理

澳大利亚昆士兰科技大学为提高其师资培训的质量，在课程设置的管理工作与教学管理上，摸索出了一套行之有效的方案，成功地对师资培训质量进行了评估与控制。1992 年，澳大利亚报告了关于师资培训的情况，认为师资培训的教师过于注重理论，与具体教学内容脱钩。招生质量的标准十分重要。但实际上，考入师范的学生并非成绩最好的学生。以前，学校招收非师范生时，有的依据学生毕业最后一年的成绩，有的通过学校外举办的考试，或者两者结合。为使招生质量更为可观，学校逐渐强调师范生考试的成绩应与其他专业一样，虽然这将影响生源。学校还应强调师范生具有的其他品质，如对儿童的爱心，善于交往，胸襟开阔，对人友好、谦恭等。在课程设置的内容方面，由于学校的课程与其他组织结构在不断地发生变化，教学内容不断地更新，故同时邀请、聘请校外教师辅导在外实习的学生。另外还有专门机构对学生进行考查，然后反映到“教师资格登记委员会”，通过它来监察认证，如表 3 所示。

表 3 学校内部与外部课程质量表

	课程输入之前/计划阶段	课程实施之间	课程实施之后
内部	●请各类人士参与 ●计划与授权委员会 ●教职员工的聘任 ●师范生的质量 ●对课程内容的决策 ①确定教师在学校所扮演的角色和从事的活动 ②确定教学和学校组织结构的发展趋势	●教师职业技能提高 ●各种学习经验 ●资源 ①图书馆 ②信息技术	●各种学生测试程序 ●学生单元评估 ●学生教学评估 ●课程总结评估

续表

	课程输入之前/计划阶段	课程实施之间	课程实施之后
外部	●外界人士参与委员会工作 ●师范训练局 ●教师实习场所 ●其他机构的动向	●学生实习信息反馈 ●见习制度，即老教师带职工的互动制度 ●一系列实习任务 ●设定标准	●见习制度 ●对新任教师的就职安排 ●学校校长和教师对新任教师的评价反馈 ●实行评估程序 ●设定标准 ●确定教师对职业提高的要求

在课程实施方面，他们先是成立“职业技术发展处”，该处帮助学生提高专业教学水平，帮助教师在教学方法、教学资源评估测试等方面的提高，鼓励教师给学生多布置各种作业，鼓励学生思考、反思，把各种知识融为一体。图1是院课程设置委员会提出的反思关联结构图。

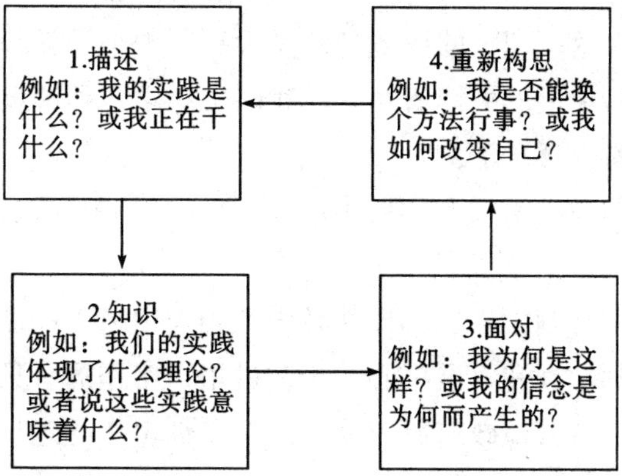

图1　反思关联结构图

在延长学生学习过程之后，还有一个实习过程，由辅导老师启发学生思考，并对学生的表现给予评估。

学生在实习期有不同的任务。过去只是单纯地评估测试，这不能对学生进行全面的衡量。现在教师布置了一些论文、读书笔记、研讨会，准备各单元的教学计划，写出行为研究报告等作业。另外，院课程设置委员会也考虑到，在学生成为教师的最初阶段有一个适应过程，因此，现在学生的见习时间比以往要长。

（原载《培训与研究（湖北教育学院学报）》1997年第2期，李其国参与了该文的写作）

澳大利亚继续教育中的“协调员”介评

澳大利亚 20 世纪 60 年代就开始对各行各业专业人员系统地开展继续教育，中小学教师的继续教育一直是其重要的组成部分。它以其组织灵活、用人少、效率高著称于世。笔者于 1995 年在澳大利亚进修学习期间，参观调查了新南威尔士州教师培训和发展中心与新英格兰大学教育学院教师中心。这两个教师培训机构都在培训中心主任之下直接设有若干“协调员”（Coordinator）这一职位，对其职责都作了详略不等的规定，并在培训机构有关对外宣传的小册子上都附有各位“协调员”的个人简介及联系电话，以便学员直接联系。我认为“协调员”这一职位的设置是使澳大利亚中小学教师继续教育工作组织方式灵活、运转灵活的关键所在，对我国中小学教师继续教育教学组织的建设颇有启迪。特介评如下：

新南威尔士州教师培训和发展中心仅 11 人，共中 6 人为“协调员”，其职责为：

（1）关于培训计划方面：①评估教学计划与申请人的需求；②与申请人协商；③传达教师培训和发展中心关于改进培训工作的意见，确定本州教师培训的需求；④传达其他政府部门关于改进培训工作的意见；⑤安排学期教学计划；⑥为培训手册撰写材料。

（2）关于校内课程方面：①通过电话、邮件等方式回答有关校内课程的问题；②为有特殊要求的团体组织撰写校内课程建议；③组织工作：提供适宜学员的课程、资料和费用。

（3）推销工作：①通过登广告、信件、移动物推销学习资料；②通过电话、面对面等进行个人接触。

（4）管理工作：①组织课程、学员和资料；②传递课程信息；③回答参与学习者提出的问题；④收集整理数据资料。

新英格兰大学教育学院教师中心共 15 人，其中 13 人为协调员，其职责为：①负责学员的招生注册；②解答学员的疑难问题；③负责教学计划的变更；④确定课程内容；⑤组织测试等。

以上资料表明，“协调员”在澳大利亚教师继续教育中有明确的职责范围，起着不可替代的作用。为什么会这样呢？我认为，从理论上看，偶然中含有必然。“协调员”的出现，不仅仅是一个培训机构内部职责的划分问题，而是它已在继续教育理论方面有所突破。

第一，“协调员”能充分体现继续教育的特点。继续教育是20世纪60年代以来，在终身教育思潮影响下出现的一种新的教育形式，它以更新知识结构，拓宽知识面，发展个性和职业能力为己任。继续教育中的一个主要矛盾就是日益激增的信息知识和教师、学员有限的工作与学习时间、学习形式、学习内容之间的矛盾，这就需要一个中介人在其间不断地进行协调，“协调员”正是适应这一要求而产生的一个新的职业。

第二，“协调员”代表了继续教育教学组织的构建方向。据现代管理组织学研究，由于现代通信技术的发展，现代管理组织普遍由工业社会所形成的“直线式”、“职能型”的垂直管理组织向网络状的矩阵管理组织转化，这有利于信息的横向联系。在“直线式”的管理组织中，每一级管理机构都只接受上一级机构的任务和指示。“职能型”的管理则是每一级管理机构都根据不同的管理职能，建立起若干职能机构，分别承担某一管理职能，有权向下一级机构下达命令和指示。矩阵结构模式就是在原有的直线指挥系统的基础上，又建立起一种横向的领导系统，两者结合起来组成一个矩阵。这种纵横交错的组织结构打破了传统的一个职员只由一个部门领导的管理原则，使管理组织中纵的联系和横的联系、集权和分权有机地结合起来。我们知道，继续教育是工业社会行将结束，信息社会日益接近的产物，它的内部管理组织显然须向信息社会的特性靠拢。

第三，“协调员”作为继续教育工作中的一个新职业，这就要求从事这项工作的人需要有新的知识结构和素质结构。澳大利亚不少继续教育协调员就拥有博士学位和教授头衔，且大多数经历丰富，在不同的地区，不同的大学、中学、小学和不同的职位上工作过。根据我国国情和已形成的教育格局，我认为，我国中小学教师继续教育机构中也可考虑设置“协调员”这一职位，其主要工作内容是：①教学计划与课程设计；②教材编写与选择教材；③教学指导与参与部分教学；④教师的聘请与管理；⑤教学研究与教学档案工作。从事这一工作的人员除了具有传统的教学与研究能力外，还须具有科学规划能力与管理协调能力。除了了解所教学科的最新发展外，还须了解整个社会发展对教师的新要求以及教师培训的内在规律。我们相信，设置“协调员”这一做法的引进，必将使我国中小学教师继续教育工作更加充满活力，运转更灵活。

（原载《培训与研究（湖北教育学院学报）》1996 年第 1 期）

中小学教师继续教育培训模式及建构

一、问题的提出

中小学教师培训工作由来已久，但自全员性教师继续教育工作展开后，教师培训工作便发生了质的变化，这就是教师继续教育将成为教师教育的一个必然组成部分，教师继续教育制度将整合各类教师培训活动。继续教育作为一个新的教育形态，系统规范的教师继续教育培训模式将是继续教育制度得以建立的一个有力基础，培训模式的建构也将成为继续教育研究的一个基本范畴与永恒课题。但是，目前人们对培训模式及其建构的认识都很不一致，有的人将培训模式与“管理模式”、“办学模式”、“教学模式”等混为一谈；有的人自命名的培训模式五花八门，莫衷一是；培训模式的建构问题更是无章可循。我们认为，这主要是因为对培训模式缺乏应有的理论思考，基本概念不清，基本理论匮乏。显然，这与我们目前实施的巨大的继续教育工程的形势是不相称的。本文试图分析培训模式的内在构成要素，同时，对我国近期的培训模式建构做些思考。

二、培训模式的基本构成要素

模式是系统学的一个重要概念。20 世纪 80 年代中期，美国学者最早在教学论领域使用模式这一概念，主要是用来概括一种系统化的教学方式、方法。1994 年，中央编译出版社出版的《实用课堂教学模式与方法改革全书》就指出：“模式是指根据观察所得加以概括的框架和结构，是围绕某一主题涉及的各种因素和相互关系提供的一种完整结构。”可见，模式的灵魂是其内在构成要素所组成的结构，要素之间的不同关系就决定了模式的实质内容，起主导作用的要素就体现着这一模式的特征。同理，“培训模式”即指培训过程中，各种构成要素所形成的典型性，具有操作性和可借鉴性的结构关系。因此，研究“培训模式”，首先应对培训模式的内在构成要素进行分析。那么，哪些是培训模式的基本构成要素呢？我们不妨先展示一下培训的基本过程。

一般而言，培训都由培训机构及培训者根据某种培训观点或理论，面对特定的培训目标，组织相应的培训内容，采用相应的媒体、方法与管理措施对培训对象进行影响的过程，因此，其基本的构成要素是培训主体、培训理念、培训对象、培训目标、培训内容、培训手段与培训管理等。

（1）培训主体：培训机构与培训者。根据继续教育的特点与一些发达国家继续教育的发展趋势来看，继续教育培训机构呈多元化形式。目前，我国参与教师继续教育的机构大致有五大类：一是大学或师资培养机构；二是专门的教师继续教育机构；三是教师专业团体，包括教研、科研组织；四是教师任职学校；五是远程教育网。培训者由专职与兼职相结合，并且教学工作正逐步过渡到以兼职为主。专职培训者主要侧重在培训工作的设计、组织与管理方面。

（2）培训理念：培训主体对继续教育的性质、继续教育的对象、继续教育的过程、继续教育的规律概括性的认识。中小学教师继续教育是一个崭新的教育形态，培训过程的各构成要素则是非常活跃的因素，因而继续教育的培训过程是一个非常复杂的过程，应当有多种多样的培训模式与之相适应。但从现实看，由于种种原因，人们对继续教育培训形式的复杂性认识不够，往往固执于某一培训理念。目前，我国最普遍的培训理念就是参照普通高等教育来办继续教育，忽视继续教育自身的特点与特色，这很不利于继续教育制度的建立。

（3）培训对象：受训者。在《中小学教师继续教育规定》中，我国中小学教师继续教育对象是取得了教师资格的在职中小学教师。他们都已受过专业教育，并已取得了教师资格证书，同时，他们正在岗位上工作，职业发展是他们最关心的问题，这与普通基础教育、普通高等教育对象的身心发展特点和个体需要是有所不同的。

（4）培训目标：培训目标是某一阶段培训所要达到的标准，也是培训工作的出发点与归宿。

（5）培训内容：培训目标的具体体现。不同时期，不同对象的培训内容是不同的。

（6）培训手段：培训媒体与方法。传统的培训媒体与方法适用于传统的培训模式，现代的培训媒体与方法适用于现代的培训模式，如黑板、粉笔适用于课堂讲授；微格教学、远程网络教学适用于个别化教学。

（7）培训管理：如培训周期、人事管理制度、考核办法等具体制度也往往是一地一制，一时一规，它直接影响培训活动的设计，这也是培训模式的构成要素。经过10来年的实践，我国目前已形成了一系列形形色色的培训模式。据我们从中国教育科研网查阅统计，近几年以“培训模式”为题的论文就有70多篇，这些模式是否属于“培训模式”的范畴，模式是否成立，是否有借鉴、推广价值，我们认为，必须从其构成要素的分析入手进行剖析。首先要看这些模式是否是从培训过程中有关因素的相互关系来确定。有些人之所以把“管理模式”、“办学模式”、“教学模式”相混淆，原因就在将各类模式的要素相混淆。一般而言，“管理模式”是由管理主体、被管理对象、管理文化与手段等要素构成的；“办学模式”是由办学主体、办学方向、办学途径、办学形式等要素构成的；“教学模式”则是由施教者、受教育者、教育内容与手段等要素构成的。这些模式的构成要素与培训模式的构成要素是有层次、内容之别的，这是不能混为一谈的。模式的提法是否科学，这就得看模式的命名是否突出反映该模式本质特征的基本要素。

一般而言，模式命名应排开事物次要的、非本质的部分，抽出事物主要的、有特色的部分，以起主导作用，体现模式特征的要素作为命名的字眼，并尽量将培训模式一系列要素中，最重要的因素、关系、状态、过程等凸显出来，以便于人们进行观察、实验、调查、模拟和进行理论分析。模式的应用推广价值也取决于各内在要素的搭配是否合理，是否有广泛的适应性。

三、我国中小学教师继续教育培训模式的建构思路

为了完成继续教育工程，使继续教育工作走上规范化和制度化轨道，创造出多种多样的培训模式是我们必须要努力完成的任务，这也就是目前流行的所谓“建模”问题。我们认为，要搞好“建模”，首先要充分认识模式的形成规律，掌握培训模式建构的一般规则。任何事物的发展都有规律，这就是事物内在的、本质的联系。继续教育培训模式的建构就是一个培训模式的生成和发展过程。它涉及的因素很多，有外部因素，也有内部因素，如外部环境、继续发展阶段等就是外部因素；但真正起作用的还是继续教育培训模式发展过程中的内部因素，这也就是继续教育培训模式的内在构成要素，如培训主体、培训理念、培训对象、培训内容、培训目标、培训手段与培训管理等。这些要素的优化组合及发挥独特作用的过程，就是培训模式生长、发展、形成的过程，我们既可以从理论出发，通过类比、演绎提出各种模式，也可以从实际出发，通过概括、归纳、综合，总结出各种模式。一般而言，在任

何一种培训模式中，这些要素都是不可或缺的，但在一定条件下，当某些要素特别活跃，作用发挥充分到起决定作用，其余要素各就各位时，就自然而然地形成一种模式。在一种模式框架下，某些要素如果发生量的变化，则会出现此模式的变式，比如“培训主体”。当某一种培训主体充分发挥作用时，即可形成一种培训模式，如院校主要采用进修式培训模式，教研室等教师专业团体则主要采用“研训结合”培训模式，教师任职学校则是“校本培训”，独立单个培训者充分发挥作用时则是“导师制”。“培训理念”发挥主导作用时，也能形成一些独特的培训模式，如“人本培训模式”、“个性化培训模式”，不过，目前在我国继续教育初级阶段还不多见。考虑到“培训对象”的自身特点，也能形成一些培训模式，如新教师培训模式、骨干教师培训模式、晋级培训模式等。日本还有以教龄为划分标志的培训模式。“培训内容”特色很鲜明时，也可以形成模式，如基本功训练模式、热点培训模式、计算机培训模式、某课程中心培训模式、某课题中心培训模式。“培训手段”充分发挥作用时，也会形成模式，如微格培训模式、现代远程网络培训模式、电化教育培训模式。“培训管理”要素也能起到主导作用，如学分驱动培训模式、自学考试培训模式。当几个要素综合作用时，则会生成一些混合模式，如院校与任职学校相结合，则形成“自修—反思”模式；任职学校与行政管理结合，则可形成校际培训模式。

其次，要重视实践。实践的客观需要能将各模式结构要素合理重组，实践过的模式往往更具借鉴、推广价值。目前阶段我国继续教育工作还处于初级阶段，开展理想的中小学教师继续教育条件还远没有成熟，社会的发展又不允许我们等待条件完全成熟以后再开始继续教育，于是，我们只能立足于现有的条件开展继续教育。现阶段，教育部颁发的《中小学教师继续教育规定》、《中小学教师继续教育工程方案》、《中小学教师继续教育课程开发指南》等是我们“建模”的前提基础。当前，各地继续教育模式的目标基本上可以定位于达到国家对各级教师任职的要求与满足教师个人发展的结合，在将来，继续教育培训模式要充分考虑不同类型教师的个别需求及教师的人格发展与完善。理论层面的建构活动将被重视。

（原载《培训与研究（湖北教育学院学报）》1999 年第 2 期）

教师继续教育培训模式的建构与分类

一、培训模式建构的含义

培训模式是人们在实践中对培训工作方式规律性的认识，是经过人脑对培训过程的主要构成要素进行的概括或组合。所谓培训模式的建构，就是人们为解决培训过程中某一特定问题，在一定抽象、简化、假设的条件下，再现某一培训过程原型的某种本质特征的过程。因此，培训模式的建构，既是一个实践问题，也是一个理论研究问题。

二、培训模式建构的意义

培训模式建构的性质决定了培训模式的建构不是权宜之计，而是培训工作的一个永恒课题，在理论与实践两方面都具有重要作用。

（1）培训模式的建构是掌握培训规律的重要阶段。通过培训模式的建构活动，能在众多纷杂的影响因素中揭示主要事物之间的本质联系，这是我们认识培训规律的基础。

（2）培训模式建构有利于解决类似的实际问题。培训模式是沟通理论与实践之间的桥梁，起着由上而下、由下而上的作用，某一培训模式建立后，用该模式去分析和处理类似的问题，能简化问题，高效解决实际问题。

（3）掌握了建模方法，有利于发现、提出新的培训模式。建模方法具有工具性价值，是人们进一步发现和提出新模式的重要方法和武器，有利于丰富解决实际问题的策略。

三、培训模式建构的过程与实质

培训模式建构过程，就是在某种培训目的的指引下，将培训理论与具体实践中多种因素相结合的过程。

教师继续教育模式的建构，就是一种培训模式的生成和发展过程。它涉及的因素很多，有外部因素，也有内部因素。就外部因素来讲，继续教育发展的阶段等就是外部因素。但真正起作用的还是继续教育培训模式发展过程中的内部因素，即培训模式的内部构成要素。培训模式的建构过程的实质，就是培训模式各构成要素的优化组合过程，也就是在一定情境下，创造条件发挥某一要素的作用的过程。各结构要素之间形成不同的结构性关系，就形成不同的培训模式。

一般而言，培训模式的构成要素主要有培训主体、培训理念、培训对象、培训目标、培训内容、培训手段与培训管理等。所谓培训主体，即培训机构和培训者。目前，我国参与教师继续教育的机构大致有五大类：一是大学或师资养成机构；二是专门的教师培训机构；三是教师专业团体，包括教研、科研组织；四是教师任职学校；五是远程教育网。培训者由专职与兼职相结合，并且教学工作正逐步过渡到以兼职为主，专职培训者主要侧重在培训工作的设计、组织与管理方面。

培训理念，即培训主体对继续教育性质、继续教育对象、继续教育过程、继续教育规律概括性的认识。培训对象，即受训者，在《中小学教师继续教育规定》中，我国中小学教师继续教育对象是取得了教师资格的在职中小学教师。

培训目标，即某一阶段或某一项培训所要达到的目的，也是培训工作的出发点和归宿。

培训内容，是培训目标的具体体现。不同时期，不同对象的培训内容是不同的。

培训手段，即培训媒体与方法。

培训管理，如培训周期、人事管理、考核办法等具体管理制度。

在一定条件下，当以上要素中某种要素或某些要素特别活跃，作用发挥到起决定作用，其余要素各就各位时，就自然而然地形成为一种培训模式，在这一模式框架下，某些要素如果发生量的变化，则会出现此模式的变式。如强调“培训院校”这一培训主体的作用，则会形成“院校本位”培训模式；强调“教师任职学校”这一培训主体的作用，则会形成“校本位”培训模式；如果同时强调培训机构与教科研机构的作用，则会出现“研训结合”培训模式。再如，在强调“培训院校”主导作用的前提下，强调某些具体环节的作用发挥，则会出现该培训模式下的一些变式，如设点培训、送教下乡式培训，函授、刊授等。

四、培训模式的分类

随着社会发展阶段和人们认识水平的不同，每个时期实际存在的培训模式是不一样的，目前各地存在的培训模式主要有：从培训主体角度看，有院校培训模式、研训结合培训模式、校本培训模式、导师制培训模式、远程教育培训模式；从培训对象角度看，有新教师培训模式、骨干教师培训模式、普级履职培训模式；从培训内容角度看，有基本功训练培训模式、计算机培训模式、课程中心培训模式、课题中心培训模式、热点培训模式；从培训手段角度看，有微格教学培训模式、网络培训模式、电化教育培训模式；从培训管理角度看，有学分驱动培训模式、自学考试培训模式等。目前从培训理念、培训目标角度建构的模式还不多见。

（原载《继续教育》2002年第2期）

建立一门教师继续教育学

一、问题的提出

随着我国教师继续教育活动的蓬勃发展，教师继续教育理论研究也引起了人们关注。1999年，教育部在启动“中小学教师继续教育工程”的实施方案中，明确提出了“在‘工程’结束时，中小学教师继续教育理论体系初步形成”的目标。我们认为，其目标的显著标志之一就是：我们要在实践的基础上，从理论层面建立一门具有中国特色的教师继续教育学，从而为形成具有中国特色的教师继续教育制度、教师教育制度奠定坚实的理论基础，为教师继续教育研究成果确定学科归属，同时也为建设一支职业化的培训者队伍提供理论武装。

近年来，全国各地的教师培训工作全面展开，经过3年多的工作，取得了不少成绩，但也出现了不少问题。《现代教育报》2002年9月13日，以《教师继续教育如何赢得人心》为题，整版对某些地方教师继续教育中存在的问题进行了痛斥。《中国教育报》2003年3月15日，以《政协委员为教师继续教育把脉》为题，将当前教师继续教育中存在的问题归纳为7个方面，即目标发生偏离、机构设置单一、师资遴选不严格、形式单一、内容陈旧、手段单一、激励机制不完善。

一个世界正流行的教师继续教育为什么在我国会是这样一种命运呢？我们认为，其中的原因肯定是多方面的，但当前教师培训系统忽视对教师继续教育的基础理论研究，培训活动设计的理论依据少，培训者队伍职业化程度低，不能遵循教师继续教育的规律办学，不能不说是其中的重要原因。

发达国家早已将教师的继续教育列为一个独立的研究领域，并创办了专门的研究刊物。当然，我国也有不少有识之士，边实践、边研究，有关教师继续教育方面的科研成果不断涌现，有些地方还建立了专门的研究机构。但主要研究论题还集中在对教师继续教育工程实施研究方面，对教师继续教育的基础理论研究不够，对建立一门教师继续教育学的认识不够，培训者进行继续教育理论培训的自觉性还不强，即使已开展的培训者培训活动，由于基础理论准备不足，培训的针对性和实效性不强，教师继续教育工作持续发展的后劲不足。这显然对深化教师继续教育工作和研究，建立教师继续教育制度是不利的。笔者认为，应尽快建立一门教师继续教育学，并作为所有培训者的一门必修课，提高培训者的理论素养；所有教师继续教育的理论研究成果的鉴定都要依据这一学科的有关规律进行。本文主要就建立教师继续教育学的理论依据、教师继续教育学研究的基本范畴及理论基础提出自己的看法。

二、建立教师继续教育学的理论依据

根据现代学科建设的规范，一门学科能否独立存在，首先取决于它有无独立的研究对象和独特的研究视角。我们知道，教育科学的研究对象是教育现象、教育问题，不同的具体学科则从不同的视角研究特定的领域，如普通教育学主要是从基础教育的角度研究教育现象的一般规律，尤其是普通基础教育的规律；高等教育学主要是从专业教育角度研究专业教育的规律；成人教育学主要是从成年人的角度研究各个层次成人教育的一般规律；继续教育学主要是从专业技术人员角度研究各类在岗的专业技术人员继续教育的一般规律（我们暂称其为一般继续教育学）；终身教育学主要是从学习型社会角度研究包括社会教育、休闲疗养等在内的各种教育活动的规律。而教师继续教育学则是研究中小学教师继续教育活动的规律。中小学教师继续教育活动包括培训主体与被培训者之间展开的一系列在专业发展方面相互影响的行为，培训主体和影响行为存在的形式是多种多样的，但其中又是有规律可循的。

教师继续教育虽然受普通教育学所揭示的一般规律所制约，但还要直接受到教师继续教育范围内的一些因素左右，如对培训者、培训基地、培训方式等就有自己的要求。它虽然是高等教育的一部分，但它不是基本专业素质的养成教育，而主要是专业发展能力的提升，这是各种职前教育无法完成的。它虽然属于成人教育范畴，但其对象仅限于已受过专业教育的那一部分在岗的专业技术人员，显然它是高层次成人教育。它虽然是一般继续教育的一部分，但中小学教师作为一般继续教育对象中最大的专业群体（全世界5 000多万人，我国1 000多万人），并且是所有专业技术人群中少数几个和人打交道的职业（还有律师、医生、护士等）之一，其特殊性是不言自明的，他们学历起点高，进修欲望强，学习态度端正，是一支以教书育人、开发人力资源为己任的专业技术人员队伍。把在职教师的继续教育活动作为教师继续教育学的研究对象，其内容是丰富的，对一般继续教育学的成熟和发展也是有积极作用的。另外，终身教育的概念比继续教育的概念大得多，它包括了大量非学校教育、非专业教育的内容，虽然，继续教育暂属于终身教育体系，但终身教育也不能替代一般继续教育学及教师继续教育学的研究。

目前，许多培训者在开展教师继续教育活动时，由于没有把教师继续教育活动作为一个独立的研究对象，往往还是用普通教育的视角看问题，用普通教育的模式去办继续教育。比如，人们一想到继续教育，就想到进修、办培训班，培训过程基本上也是普通教育的课堂教学那一套；培训教材照搬学科专著，针对性弱；培训组织机制不灵活，培训成本高；尤其是培训者不认同“培训者”角色，而是仍然以某学科专业教师的角色和素质要求自己，对新的培训模式不熟悉、不习惯，更遑论建构自己的培训模式了；独立的研究队伍很薄弱，培训研究刊物少，多数成果还是“借船出海”。因此，只有把教师继续教育活动作为独立的研究对象，形成相对独立的理论体系，并组织相应的培训活动，才能矫正培训者的研究视角。

三、教师继续教育学研究的基本范畴

中小学教师继续教育研究作为一门独立学科，其研究范围是十分广泛的，其内容体系的构建也将是一个长期的过程，目前正值我国建立中小学教师继续教育制度之际，所研究的热点集中在中小学教师继续教育工程实施的措施方面，固然是符合当前实际的，但教师继续教育作为一门学科，其研究的基本范畴应是较稳定的。根据教师继续教育的研究对象，我们认为，其基本研究范畴可以概括为三个方面：

（1）教师的角色和素质。“教师”从无到有，其角色和素质也是不断更新和发展的。在古代，东西方都是“能者为师”、“官吏为师”、“僧侣为师”，要求教师履行“严父慈母”角色，对教师的人文素质，循循善诱、诲人不倦的人格品质的要求较高。自师范教育出现后，教师的工作逐渐成为一种职业，教师就是这门职业中的“工匠”，即根据教材教书，根据“要求”塑造灵魂，对教师的教学技能素质要求较高。当代社会是一个多变的社会、专业化的社会，人们对教师提出了更高的要求，诸如教师除了是教学者外，还应是一个研究者、合作者、指导者，一个专业工作者。正如有人概括的：“教师的职责现在已经越来越少地传递知识，而越来越多地激励思考；除了他的正式职能外，他将越来越成为一种顾问，一位交换意见的参加者，一位帮助发展矛盾观点而不是拿出现成真理的人。”“教师和学生应建立新的关系，从独奏者的角色过渡到伴奏者的角色，从此不再主要是传授知识，而是帮助学生去发现、组织和管理知识，引导他们而非塑造他们。”总之，教师的角色与素质要求在每个时期都在发生变化，教师个体在整个职业生涯中也在不断完善自己的角色与素质，教师继续教育就是在教师现有角色和素质状况与时代发展要求之间差距的基础上展开的。因此，关于诸如教师的社会角色、素质结构、素质养成过程、专业成熟度、知识的进化与退化等问题，都应是教师继续教育学必须首先研究的问题。只有弄清了教师的现状和发展目标，培训才有针对性，而现在有些培训者热衷于根据专业学科的逻辑发展来设计培训内容，有些培训者照搬普通大学专业学科教学方法，对当代教师的角色与素质缺乏深入研究，培训工作往往目中无“人”，显然，这种培训是不会有针对性和实效性的。

（2）教师的成长与发展规律。任何事物的发展都有一个从量变到质变的过程，对教师个体而言，就是一个由不成熟到成熟的过程。这个过程虽然不存在一个固定不变的程式，但还是有规律可循的，这就是教师成长与发展规律。1961年，美国教育学会在开展“谁是最好的教师”的调查中，发现了一条教师成长曲线。1969年，美国学者弗朗斯·傅乐编制了著名的《教师关注问卷》，开辟了教师发展研究先河。此后，这方面的研究成果不断涌现，对教师教育工作的影响日益扩大。如教师的成长阶段、成长的影响因素、成长的动力机制等，这是教师继续教育学研究的基本理论问题。教师继续教育工作应该遵循这些规律，加快教师的成长过程。现在有些培训者以为将优秀教师的特质告诉给一般教师，一般教师就可以得到相应的发展，这显然只是一种理想。教师的成长与发展过程是有规律的，尤其是教师发展的阶段性、教师发展过程中的主体作用、教师发展的环境营造是不能忽视的，只有认识、揭示教师发展的内在规律，才能制订科学的培训内容、方法，才能使培训更有实效。

（3）教师的培训规律。即在教师继续教育实施过程中，有关培训目标确定、课程开发、教材编写、培训内容组织、培训模式建构及培训方法、培训管理、培训基地、培训者等问题的基本规范。继续教育作为一个新的教育领域，它以传递“信息知识”、培养专业技术人员的专业发展能力为己任，它在工作方式上的特点是普通基础教育、高等专业教育等各类教育所不具备的，尽管现在人们提出了建立开放性教师教育体系、教师职前教育与职后教育一体化的构想，但这不能否定职后培训规律的存在，教师继续教育应以帮助发展教师的职业能力为目标。培训课程应根据教师专业发展的不同时期和时代要求来开发，尤其是要关注把教科研成果转化为培训课程；培训模式要多样化，应不断根据培训的任务与情况，发掘培训资源、建构相应培训模式，培训者除了能组织集中培训班外，还应能指导校本培训、教师自学、教师科研、教师自我修养等多种教师素质提高活动。培训机构要成为教师专业生活的"超级市场"，组织结构应小型精干，同时具有培训、研究、指导等多种功能。任职学校要成为教师成长发展的场所，校长应成为教师继续教育第一责任人与引领者，大型中小学应有协助校长专司校本培训的培训者。培训者应是相对基础教育教师、高等专业教育教师的第三支专业教师队伍，他们应有自己的专业知识结构、专业能力、专业发展方向，应建立培训者资格认定制度。依据这些特点来开展培训工作，是提高培训质量的根本所在，这也正是教师继续教育学所研究的主要内容。目前，各地在实施"中小学教师继续教育工程"的过程中，已有不少研究成果，但多数停留在经验层面，对培训规律揭示不够。

四、教师继续教育学建立的理论基础

一门学科与它相关的若干基础学科之间的关系是一门学科能否稳健发展的关键，也是这门学科专职研究人员必备的基础知识。

由于教师继续教育活动具有较广阔的背景，其理论来源也较为宽泛，应尽量将一些相关的基础性学科纳入理论基础的范围中，那么到底如何确定呢？陈桂生教授认为，一门学科能否作为别的学科的理论基础，可以从三个层面去考虑：一是知识层面，不得不借用别的学科关于某种现象解释时所用的现存概念；二是价值层面，即一门学科所产生的带有基础性的学科研究成果，为本学科价值论证提供了前提；三是方法论层面，方法论对任何理论学科都具有指导意义。

根据上述理论与教师继续教育学研究的基本范畴，我们认为，教师继续教育的理论基础就存在于教师培训与专业发展过程中，存在于研究教师培训与专业发展的有关学科中。目前与教师继续教育学研究直接相关的基础性学科主要有普通教育学、成人教育学、终身教育学、继续教育学及教师成长与发展理论等。教师继续教育学的基本理论大多源于这些学科。

普通教育学关于教师劳动的特点、教师职业的性质的认识仍然是教师继续教育的理论基础。教师是成人，因此教师继续教育属于成人教育的范畴，一般成人继续教育的发展规律与特征无疑是教师继续教育研究的基点。教师继续教育实际上是要追求教师终身发展，故终身教育思想就是其前提和基础。继续教育学全面关注专业技术人员的专业发展，尤其是成功地帮助医生、律师、工程技术人员专业化的经验是很值得借鉴的。教师成长与发展理论发轫于20世纪60年代，它吸取终身教育思想、成人教育理论成果，经过初创期（20世纪60年代）、奠基期（20世纪70年代）、发展期（20世纪80年代），20世纪90年代以后已经成为一个生机勃勃的研究领域，它关于教师成长发展阶段和影响教师成长发展的因素的研究成果是教师继续教育研究的直接理论依据。

五、建构教师继续教育学的工作思路

总的来说，一门新兴学科的建设应坚持理论与实践并重的原则。目前，在“中小学教师继续教育工程”基本结束时，应加强联合攻关，汲取相关学科的营养，加强基础理论研究，特别要从“工程”实践中总结出一些鲜活的经验与教训，尽早形成本学科的内容体系，并纳入培训者所用的培训教材。具体来讲，应从以下几个方面入手：

（1）建立全国性的教师继续教育研究机构，专司本学科研究。目前，除东北、上海有两个区域性研究机构外，其他地方的研究力量基本处于分散状况。全国性研究机构还没有建立，中国教育学会也无专门研究会。建议以中央教育科学研究所为依托，建立全国教师继续教育研究中心，在中国教育学会下设立教师教育或教师继续教育专业委员会，创办专门研究刊物。

（2）建立培训者培养、培训基地。目前的教师继续教育从业人员均为半路出家，原有学科角色难以转变，在业工作人员想进修也无门。建议在师范大学设教师继续教育学专业，尽快建立相应的学科学位，培养专业人员。依托有关研究机构设立培训者进修、培训基地，不定期对培训者进行教师继续教育理论培训，更新培训者的培训理念和知识结构。

（3）确立专项研究课题，将各种力量团结起来，组织联合攻关，在教师继续教育基础理论方面取得突破。1997年，教育部师范司曾立项318个课题，后来又下达了8个指令课题，大多数已基本完成，现在应围绕建立具有中国特色的教师继续教育制度、教师继续教育学的建立，将其成果进一步整合提升，要对“工程”实施过程中出现的成功经验做出系统的理论总结与说明。

（4）提高培训者的素质和地位，发挥培训者的首创作用。培训者作用主要表现在调查教师培训需求、建构培训模式、发掘培训资源、组织培训教师、编写培训资料方面。培训者是培训活动开展的主体，他们是培训活动不断创新的能动力量，是教师继续教育理论研究的主力，在整个教师队伍中应该是高素质、高地位的专业人才，但目前培训者的队伍是令人担忧的。要建立教师继续教育培训者资格认定制度，要对培训者在教师继续教育理论研究等方面的能力提出要求。

参考文献：

[1] 潘海燕. 发达国家中小学教师继续教育发展趋势 [J]. 中小学教师培训，1999 (1)：61-62.

[2] 联合国教科文组织. 学会生存 [M]. 北京：教育科学出版社，1996.

[3] 联合国教科文组织. 教育——财富蕴藏其中 [M]. 北京：教育科学出版社，1996.

[4] 陈桂生. 教育学的建构 [M]. 长沙：湖南教育出版社，1998.

（原载《中国民族教育》2002 年第 3 期）

应建立一支职业化的教师继续教育专职培训者队伍

一、问题的提出

近十年来，全国各地的不少专门的教师培训机构承担了当地教师继续教育的主要培训任务，他们在长期的培训实践中也形成了自身的一些优势，如对基础教育的敬业精神，对不同培训任务的适应能力，与兼职教师的合作能力等。但他们很少有人以专职培训者自居；人们也很少用专职培训者的角色去要求他们，他们应做什么，怎样去做，似乎还没人说得清楚。有些人尽管学历起点、学术研究基础都不错，一辈子从事教师培训工作，但科研方向不明，科研水平不高，对教师继续教育培训资源的开发、培训模式的建构等基本原理不了解，自身角色意识模糊，职业归属感不明。可以说，尽管我国有不少专职的教师培训机构（目前正在进一步改革发展中），但缺少成熟的、以专职培训者自居的职业化培训者。这些现象已在很大程度上影响了教师培训工作的有效性和培训者自身的可持续发展。

我们认为，不管教师继续教育机构如何设置，教师继续教育培训者总是存在的。他们是我国教师队伍的组成部分，是培训工作中的专业技术人员，是学习者、研究者、行动者、资源开发者、组织与管理者。培训工作应是一个专门职业，应有一支专门的队伍，专职培训者应有自己的角色、知识结构和能力素质，对培训过程中诸如培训资源的开发、培训模式的建构等基本原理应有较深入的研究。只有找到专职培训者自身成长发展的规律，建立一支职业化的教师继续教育专职培训者队伍，才能使培训工作受到中小学教师的欢迎并取得实效，才能使培训队伍稳定并不断地提高质量。

二、专职培训者的内涵与外延

培训是指培训者通过运用一定的科学方法，促使受训者在知识、技能、能力、态度等方面的水平得到提高，以保证受训者能够按照预期的标准或水平完成所承担或将要承担的工作和任务。专职培训者即以此为业的专业人士，他们是培训过程中运用科学培训方法的主体。从外延来看，包括目前专职教师培训机构中以教师培训工作为其主要工作和生活来源的有关人员以及大型中小学里专司校本培训工作的中小学教师。按其性质，又可分为培训主讲教师、培训模式建构人员、培训课程开发人员与培训管理人员等多种类别。在一般情况下，这几个方面的角色可以综合体现在一个人身上。

三、专职培训者的角色、知识结构、能力素质

所谓角色，即指个体在特定的社会关系中处于一定位置时所执行的职能。我们认为，教师继续教育专职培训者是教师继续教育工作得以实施的基本保证力量。其专业角色在表面上与一般教育工作者没什么差别，但随着培训工作特点的凸显，工作程序的规范化，专职培训者的角色定位会越快、越明确，最终会要求他们在角色、知识结构、能力素质上表现出与其他职业不同的特点。

专职培训者的主要角色职能表现为：

(1) 培训理论的研究者。在培训之初，培训者要对受训教师的培训需求做深入了解，对培训过程做科学的设计，在培训过程中还要不断地调整，不断地反馈给兼职培训者及其他相关人员，因此，研究培训对象的培训需求、研究培训对象的素质、研究培训对象的成长规律、研究培训模式的建构、研究培训课程的开发等，这些都是培训理论问题，都是教师继续教育学的基本研究范畴，也是专职培训者的常规性、基础性工作。因此，培训者首先必须是研究者。

(2) 培训工作的组织者、管理者、服务者。任何培训工作都是一个开放性的体系，尤其是在参与式培训、协同式培训、案例教学、情境教学等诸多培训模式中，专职培训者的组织与管理角色是显而易见的。如广泛采集培训对象的需求，发掘整理培训资源、选择培训课程、聘请教师、确定教材、编制办班计划、组织教学实施、沟通协调教学过程中的各方面关系，对学员进行考核、鉴定和服务，以及跟踪调查信息反馈、处理突发性事件等。这些都需要思路开阔、协调、管理能力强的人来做，这实际上就是一种组织管理素质。在实际工作中，专职培训者与各方面的人打交道时，主要是以培训组织者与管理者的角色出现的，人们自然也会对他的管理素质存有一定假设。

(3) 培训教学的指导者。专职教师培训者尽管大多数时候不在教学第一线，业务资历也可能低于兼职培训者，但他们长期与培训对象、培训目标、

培训内容、兼职培训者打交道，他们对培训过程的各个因素、各个环节最熟悉，培训的每一个方面都有他们的影子，他们是唯一能改变整个培训过程的人。他们的天然优势使他们充当着培训教学指导者角色。他们的指导作用主要是在培训目标、培训内容、兼职培训者与培训对象之间进行沟通。

（4）部分专题的示范性与引导性教学者。专职培训者最好是能深入培训课堂上一些课，为了既给兼职培训者留下足够的空间，又能充分发挥专职培训者自身的优势。专职培训者最好从培训对象的角色、素质、成长与发展规律的角度去选取讲课内容，或者认真对兼职教师的教学内容进行深入解读、概括。专职培训者在其教学过程中的作用也主要体现在提出分析和解决问题的思路，提供必要的信息，指导受训者学习和研究的方法，引导他们学会研修、学会创造、学会发展。专职培训者的教学宜精，不宜多；专题方向最好稳定，对兼职培训者的教学和受训者的学习都能起到示范和指导作用。

为了完成以上任务，专职培训者除了具备一般教师的知识结构、能力素质外，还应具备自己的特有知识和能力，即专职培训者的本体性知识和专门工作技能。

专职培训者的本体性知识主要有：

（1）培训需求调查方法，即运用社会调查方法调查培训对象培训需求的知识与方法。

（2）人力资源开发理论，即用人力资源开发理论来指导教师的培训工作的知识与方法。

（3）学习型组织理论，这是对人类社会发展很有影响的理论成果，对教师培训，尤其是校本培训具有很强的指导作用。

（4）教师发展理论，即教师群体与个体成长与发展的规律性知识。

（5）教师继续教育理论，即教师继续教育学。

专职培训者的专门工作技能主要有：

（1）调查培训需求的能力，即准确、快捷地了解培训对象的培训需求的能力。任何人的需求都处于潜伏状态，自己未必明确，一般人更不用说了，因此，这就需要专门技术人员去发现。

（2）建构培训模式的能力，把培训理念设计为培训措施的能力。教师培训需求的多样化，必然要求培训模式的多样化。

（3）开发培训课程的能力，即整合培训对象的培训需求与培训资源的能力。培训资源到培训课程，有一个提出课题、论证课题、设计课程的漫长过程，需要运用专业知识来完成。

(4) 组织培训活动的能力，即聘请兼职教师、培训过程管理、现场案例评析等方面的能力。

(5) 引导性培训教学的能力，培训者既可亲自讲课，也可以评点及引导其他兼职培训者的课。根据培训者所处角色，教师素质与成长规律等通用性专题应是培训者的专业课。

(6) 研究教师继续教育规律的能力，即用开放的、研究的、积极的姿态对待培训工作，具有强烈的问题意识和反思能力。准确把握教师专业化、教师教育、教育信息化等新概念、新理念，自觉地更新教育思想观念，形成新的知识能力结构。

此外，培训者的引导培训需求的能力、收集整理信息的能力、运用现代教育技术的能力、人际沟通能力等也不能忽视。

四、专职培训者发展提高的思路

目前从事教师继续教育工作的专职人员已有一定的规模，关于专职培训者的发展提高问题已引起人们关注。但不少人简单地认为，只要开展专职培训者培训，问题就解决了，而对专职培训者的成长规律及相关制度建设缺乏深入的研究，对专职培训者发展的目标与培训的内容研究少，因而培训效果理想的不多。我们认为，这种现象仅仅涉及问题的表面，深层的原因是“归属感”不够，职业化程度不高。目前亟须解决的问题主要有：

(1) 建立专职培训者资格标准及人事管理制度。由于有关政策还没到位，培训者职称评定也没单列，致使我国现有的教师继续教育培训者队伍不稳定，专职培训者队伍还处于形成发展之中，因此，要尽快制定教师继续教育培训者进入的资格标准、培训者培训工作质量评价体系等，还应创造条件使培训者的职称评定标准单列。根据目前的实际情况和近几年我们积累的经验教训，在人事管理方面，我们应坚持以下原则：

第一，专职培训者应有中小学工作经验或者是经常参加中小学的实践活动。可以采取老人老办法，新人新办法，特别要严把新人进入关，不能让教师培训机构成为养老院，更不能把半路出家的、本来很优秀的人变成“废人”。

第二，新进入的专职培训者要有一定的管理素养和经验，要能处理培训过程中的突发事件。

第三，半路出家的专职培训者一旦进入培训机构，就应重新定位。特别要防止陷入日常管理事务，应在原专业基础上重新设计自己的专业发展方向。

(2) 设立若干个专职培训者培训基地。目前，我国的教师继续教育培训者大多是半路出家，国内又暂时没有专门的培训者培训机构，其成长发展规律更无人揭示。目前可以充分发挥教师培训方面作用的有专业研究会、协作会、课题组、教师网络联盟等业务组织，或者举办各类短期培训班，也可以与有关高等学校开办培训者研究生课程班。

（3）确立培训者培训提高的目标。专职教师继续教育培训者的主攻方向应是培训专家，职业化的培训者，应掌握与教师继续教育学有关的一系列新的专门知识。我们应明确地提出，专职培训者培训即不断提高培训者的专业化水平，直至成为职业化的培训者。

（4）明确培训者培训的主要内容。培训者培训的最重要依据是培训者的成长规律，应组织编写教师继续教育专职培训者必读教材，然后对专职培训者进行专项培训，重点是帮助他们形成其本体性知识结构，为提高其职业化水平打下基础。知道教师继续教育专职培训者发展的基本理论问题，如专职培训者的角色、知识与能力结构、成长规律。掌握专职培训者必备的专业知识修养，如人力资源开发理论、学习型组织理论、教师发展理论、教师专业化理论、教师继续教育理论。掌握教师培训调查方法、培训模式的建构方法、培训课程的开发方法、培训活动与管理方法等。

我们相信，随着全国教师教育工作会议的即将召开，教师继续教育工作的规范化及关于教师继续教育专职培训者的研究和实践会有更大的空间、更好的前景。

参考文献：

［1］潘海燕．发达国家中小学教师继续教育发展趋势［J］．中小学教师培训，1999（1）：61-62.

［2］潘海燕．中小学教师继续教育培训模式及建构［J］．培训与研究，2001，18（3）：122-124.

［3］潘海燕．关于建立教师继续教育学的思考［J］．培训与研究，2004，21（1）：86-89.

［4］潘海燕．新课程背景下中小学教师科研素质提高指南［M］．南宁：广西民族出版社，2004.

［5］刘丽俐，潘海燕．中小学教师继续教育培训模式研究［M］．北京：中国人事出版社，2003.

（原载《中小学教师培训》2005 年第 2 期）

教师继续教育专职培训者队伍的发展与提高研究

一、问题的提出

自20世纪末，随着我国制度化的中小学教师继续教育工作全面开展，各地各教师培训机构的专职培训者队伍也开始形成，目前应已达到了一定的规模。他们在长期的培训实践中形成了自身的一些优点，如对基础教育的敬业精神，对不同培训任务的适应能力，与兼职培训者的合作能力等。但随着工作的推进，尤其是新课程的深入实施，他们也暴露出了许多不足。一方面，他们对自身的专业发展方向不明确，把主要精力放在培训班的事务性管理工作上，除了一般事务性管理能力有提高外，他们基本上没有建立起自己的专业优势。如自己的知识结构陈旧、科研方向不明、科研水平不高；对教师需求把握不准；对教师培训资源的开发、培训模式的建构等基本原理不了解。另一方面，人们总是用普通教师的标准要求他们，如评职称时，人们又用普通学科教师的标准去要求他们，其管理劳动成果又不被认可。因而，他们大多把自己看作一般管理人员，专业自信心大多不足，很少有人以专职培训者自居。这样，无论是在教师队伍的建设中，还是在培训工作的过程中，他们几乎都被边缘化。究其原因，其中重要的一条，就是他们不明白自己应发挥哪些作用、怎样提高自己、怎样发挥作用等。这已在很大程度上影响了教师培训工作的有效性和培训者自身的发展。

关于专职培训者的发展提高问题早已引起人们的关注，做过多个研究课题，也开设了一些专职培训者培训班。但由于对专职培训者的成长规律及相关制度建设缺乏深入的研究，对专职培训者发展的目标与培训的内容研究少，因而培训效果大多不理想，培训者的归属感不够，职业化程度不高，自主发展无门。因此，教师继续教育培训者队伍的发展提高问题是一个紧迫的课题。

二、专职培训者的发展是有规律可循的

（1）专职培训者有自己独立的专业角色定位。所谓角色，即指个体在特定的社会关系中处于一定位置时所执行的职能。培训是指培训者通过运用一定的科学方法，促使受训者在知识、技能、能力、态度等方面的行为方式得到提高，以保证受训者能够按照预期的标准或水平完成所承担或将要承担的工作和任务。专职培训者是培训过程中运用科学培训方法的主体，并以此为业的专业人士，即“培训师”。“师”，在汉语中有多种解释，本文指一种职位名称，即在某一方面有一定专长的人员。例如，所谓律师，是指受当事人委托或法院指定，依法协助当事人进行诉讼、出庭辩护以及处理有关法律事务的专业人员；所谓工程师，指能够独立完成某一专门技术任务的设计、施工工作的专门人员。

由于培训者在我国还是一个新兴职业，其内涵、外延、工作内容、工作方法都在探讨中，因而还有许多基本问题不被人们所熟知，但我们可以肯定：教师继续教育专职培训者是教师培训工作得以实施的最基本的保证力量。在培训过程中，他们通过运用一定的专业方法，促使被培训者在知识、技能、能力、态度等方面的行为方式得到提高，他们是培训过程中的核心专业技术人员。从外延来看，教师继续教育的专职培训者，包括目前专职教师培训机构中以教师培训工作为其主要工作和生活来源的有关人员以及大型中小学里专司校本培训工作的中小学教师。按其性质，又可分为培训主讲教师、培训模式建构人员、培训课程开发人员与培训管理人员等多种类别。在一般情况下，这几个方面的职责可以综合体现在一个人身上。目前的一些专职培训者在表面上与一般教育工作者、兼职培训者没什么差别，我们认为，这主要是由于这些专职培训者自身角色意识及社会的角色认可模糊造成的。因此，首先要解决好专职培训者的专业角色的科学定位问题，这是确立专职培训者的地位、充分发挥其能动作用的前提条件。

我们认为，专职培训者的专业角色主要定位在以下几个方面：

第一，培训理论的研究者。在培训之初，专职培训者要对受训教师的培训需求做深入的了解，对培训过程做科学的设计，在培训过程中还要不断地调整，不断地反馈给兼职培训者，因此，研究培训对象的需求、研究培训对象的素质、研究培训对象的成长规律、研究培训模式的建构、研究培训资源的发掘、研究培训课程的开发等，这些都是培训理论问题，都是教师继续教

育学的基本研究范畴，也是专职培训者的常规性、基础性工作。因此，专职培训者首先必须是研究者。他们的研究以教师的成长与发展为逻辑起点自成一体，这是其他学科没能顾及的，也是他们“专”的基础、“立”的基础。

第二，培训工作的组织者、管理者与服务者。任何培训工作都是一个开放性的系统，尤其是在参与式培训、协同式培训、案例教学、情境教学等诸多的培训模式中，专职培训者的组织与管理角色是显而易见的。如广泛采集培训对象的需求、发掘整理培训资源、选择培训课程、聘请教师、确定教材、编制办班计划、组织教学实施、沟通协调教学过程中各方面的关系，对学员进行考核、鉴定和服务，以及跟踪调查、信息反馈等。这些都需要思路开阔，协调、管理能力强的人来做，这实际上就是一种组织、管理、服务工作。在实际工作中，专职培训者与各方面的人打交道时，主要是以培训组织者与管理者的角色出现的。因此，一个在管理上很外行的人，是很难胜任专职培训者的工作的。

第三，培训教学的指导者。培训内容繁杂，更新较快，任何专职培训者不可能包打天下，必然是专兼结合。尽管专职教师培训者大多数时候不在教学第一线，业务资历也可能低于兼职培训者，但由于他们长期与培训对象、培训目标、培训内容、兼职培训者打交道，他们对培训过程中的各个因素、各个环节最熟悉，培训的每一个方面都有他们的影子，他们是唯一能改变整个培训过程的人。他们的天然优势使他们充当着培训教学指导者角色。他们的指导作用主要是在培训目标、培训内容、兼职培训者与培训对象之间进行沟通。如提出分析和解决问题的思路，提供必要的信息，指导受训者的学习与研究方法，引导他们学会研修、学会创造、学会发展。

第四，部分专题的示范性与引导性教学者。如前所述，任何专职培训者不可能包打天下，但专职培训者最好是能深入培训课堂上一些课，这是形成其个人培训理论的基础。为了既给兼职培训者留下足够的空间，又能充分发挥专职培训者自身的优势，专职培训者最好从培训对象的角色、素质、成长与发展规律的角度去选取讲课内容，或者认真对兼职教师的教学内容进行深入解读、概括。专职培训者的教学宜精，不宜多；专题方向最好稳定，对兼职培训者的教学和受训者的学习都能起到示范和指导作用。

(2) 专职培训者有独特的专业素质要求。为了完成以上任务，专职培训者作为教师队伍的组成部分，作为培训工作中的核心专业技术人员，除了具备一般教师的素质外，还应具备自己的特有专业素质、自己的发展方向。这主要表现为专职培训者独特的本体性知识和专门的工作技能。

（1）专职培训者独特的本体性知识。本体性知识是北京师范大学林崇德、申继亮教授从认知心理学角度对教师知识进行分类时提出的一个概念，主要是指中小学教师所具有的特定的学科知识，它是教学活动的实体部分。从专职培训者的角色来看，他们实际上集研究、教学、管理于一身，相对于一般中小学教师、高等学校的教师、成人教育工作者而言，他们的本体性知识是不同的，主要有：

第一，培训需求的调查方法知识，即运用社会调查方法调查培训对象、培训需求的知识与方法。

第二，人力资源开发理论知识，即用人力资源开发理论来指导教师的培训工作的知识与方法。

第三，学习型组织理论知识，即用学习型组织理论指导教师合作学习共同体。

第四，教师成长与发展理论知识，即教师群体与个体成长发展的规律性知识。

第五，教师继续教育理论知识，即教师继续教育规律方面的知识，如培训模式建构、培训课程开发方面的知识。

（2）专职培训者专门的工作技能。知识的效能要靠能力去体现，专职培训者的专门专业工作技能主要是：

第一，调查培训需求的能力，即准确、快捷地了解培训对象的培训需求的能力。任何人的需求都处于潜伏状态，自己未必明确，因此，这就需要专门技术人员去发现。那么设计问卷、分析问卷的能力便成了专职培训者的专门工作技能。

第二，建构培训模式的能力，把培训理念设计为培训措施的能力。教师培训需求的多样化，必然要求培训模式的多样化，这也就是培训模式的建构经常化。

第三，开发培训课程的能力，即整合培训对象的培训需求与培训资源的能力。培训资源到培训课程，有一个提出课题、论证课题、设计课程的漫长过程，需要运用课程开发的专业知识来完成。一般要经过确认培训需求、设定课程目标、编制课程内容、选择培训策略、组织课程事实等环节。

第四，组织培训活动的能力，包括聘请兼职教师、培训过程管理、现场案例评析等方面的能力。

第五，引导培训教学的能力，培训者既可亲自讲课，也可以评点及引导其他兼职培训者的课。根据培训者所处角色，教师素质与成长规律等通用性专题应是培训者的专业课。

第六，研究教师继续教育规律的能力，即用开放的、研究的、积极的姿态对待培训工作，具有强烈的问题意识和反思能力。准确把握教师专业化、教师教育、教师发展等新概念与新理念，自觉地更新教育思想观念，形成新的知识能力结构。

（3）专职培训者的素质养成与完善有一个过程。由于培训业在国内尚是一门新兴职业，没有历史人才积累。也许一个成熟的培训者对我们来说还很陌生，但我们能在各种培训课上，从一些优秀培训者的身上见识到他们的风采，能从他们那里感受到：一个成熟的培训者不是一朝一夕就能练就的，其素质养成与完善有一个过程。比如，目前国内一些培训公司在招聘培训师时，通常有以下几条要求：在跨国公司工作若干年以上，在部门经理以上职位工作过若干年，了解中外企业风格，能同中外企业界人士打交道；授课技巧好；最好有 MBA 类似学习经历。在选拔上，培训公司除了要了解培训师的个人背景外，面试时还要提出一些经营管理中的实际问题，以考查其实际分析能力。

教师继续教育专职培训者作为培训系统的专门人才，其专业发展也有一个过程。他们的培训理论知识、实践经验与管理素养都不可或缺，一般而言，既要有中小学工作的经历，也要有高校工作的经历、业务指导的经历，最重要的是要有使命感和责任感，有良好的道德和渊博的学识。表现为：他们愿意就一些实践中的难题或令人费解的现象进行探讨，给受众启迪，一针见血地指出问题所在；敢于挑战权威，大胆提出自己的观点，而并不要求其他人苟同；善于思考，勇于创新和实践，形成独特的风格；注重细节，有敏锐的洞察力和直觉，从简单的现象中发现问题存在的真正原因；他们喜欢分享，但并不是炫耀，他们从不恶意去攻击同行或他人；他们甘做人梯，提携后辈，对受众的问题有问必答；他们从不误导别人，教人牺牲健康或人格去获取财富；他们注重自身的修养，谦卑对待他人，和受众保持一种良好的师生情谊。可见，专职培训者的成熟周期比一般教师要长，过程也复杂些，更需要理论的引领。我们认为，如果培训者系统加强培训理论修养，形成个人培训理论，是可以引领他们走向成熟的。

三、目前亟须解决的基础性问题

1. 建立专职培训者资格标准及人事管理制度

由于有关政策还没到位，培训者职称评定也没单列，致使我国现有的教师继续教育培训者队伍不稳定，专职培训者队伍还处于形成发展中，因此，要尽快制定教师继续教育培训者进入的资格标准、培训者培训工作质量评价体系等，为了推动教师培训事业健康持续地发展，有必要对现有及未来参与培训事业的人员进行规范化管理，给培训的从业人员授予合理而科学的职称与资格，使他们的劳动与事业得到全社会的尊重与尊敬。应创造条件使培训者的职称评定标准单列。

我们可以用“培训师”来界定这一领域的专业人员。培训师可以划分为高级、中级与初级三个等级，这三个职级分别对应于“高级培训师”、“培训师”与“助理培训师”三种称谓。

对现有教师培训机构的培训者，可以采取以下两项措施：

第一，专职培训者应有中小学工作经验或者是经常参加中小学的实践活动。不能让教师培训机构成为养老院，更不能让半路出家的、本来很优秀的人变成“废人”。可以采取老人老办法，新人新办法，特别要严把新人进入关，要有一定的管理素养和经验，要能处理培训过程中的突发事件。

第二，半路出家的专职培训者一旦进入培训机构，就应重新定位。特别要防止陷入日常管理事务，应在原专业基础上重新设计自己的专业发展方向。

2. 建立培训者研究与培训基地

要在师范大学设教师继续教育学专业研究方向，尽快建立相应的学科学位，培养专业研究人员。还应充分发挥教师培训方面的专业研究会、协作会、课题组、教师网络联盟等业务组织的作用，举办各类专职培训者的短期培训班。也可以与有关高等学校联合开办成人教育（培训者）专业及培训者研究生课程班。专职培训者的发展方向应是培训专家，应掌握与教师继续教育学有关的一系列新的专门知识。培训者培训的最重要依据是培训者的成长规律。

3. 教师继续教育基本理论研究要有新突破

理论是成功经验的高度概括，是行动的先导。理论上的成熟，是行动上坚定与科学的基础。近些年来，教师继续教育理论研究已迈出了可喜的步伐，有不少课题被立项，不少专著已问世，业已形成一些比较成熟的理论观点。诸如，教师继续教育发展阶段论、骨干教师成长发展阶段论、教师继续教育培训模式理论、教师专业化及专业发展论、教师可持续发展理论、新课标下的教师角色与行为理论、教师科研素质提高理论、培训机构学习型组织建设理论、教师反思理论、教师培训课程开发理论、校本培训理论、教师发展和学校建设等相关理论。

尽管如此，目前的培训理论研究仍然不能满足实践的需求，教师培训领域意见分歧多，自己的“口号”少，工作实效不明显，很少有人将培训工作作为专业来追求，这就充分表明了教师继续教育理论研究不够，理论上还不成熟。因此，目前的关键问题是要在现有的基础上，在基本理论方面取得新的突破。基本理论是其研究领域的基本概念、基本范畴、基本特征、基本原理、基本规律、基本研究方法，它们具有高度的概括性和广泛的应用性，是研究工作持续发展的骨架。教师培训理论研究的突破点在于建立教师继续教育学，为提高培训机构与培训者的专业化水平奠基。教师继续教育工作成熟的一个重要标志，就是教师继续教育学成为广大培训者的行动指南。

4. 编写专门的专职培训者培训教材

这套专职培训者培训教材重点是帮助他们形成特有的本体性知识结构，为提高其职业化水平打下基础。教材的内容包括教师继续教育专职培训者发展的基本理论问题，如专职培训者的角色、知识与能力结构、成长规律，专职培训者必备的专业知识修养，如教师继续教育理论、教师发展理论、人力资源开发理论、学习型组织理论、教师专业化理论、教师培训需求调查方法、培训模式的建构方法、培训课程的开发方法、培训活动与管理方法等。书目可定为：①教师继续教育学；②教师的成长与发展；③教师培训需求调查的知识和方法；④教师培训模式的建构；⑤教师培训课程开发的原理与方法；⑥教师培训教学研究；⑦教师培训心理研究；⑧教师培训管理研究；⑨教师校本学习指导；⑩国外教师继续教育概况；⑪教师人力资源开发；⑫学习型学校建设。

我们相信，解决了以上几个基础性问题，教师继续教育专职培训者队伍的发展和提高就可向前推进一大步了。

参考文献：

[1] 潘海燕. 发达国家中小学教师继续教育发展趋势 [J]. 人民教育，1999 (2)：56-57.

[2] 潘海燕. 中小学教师继续教育培训模式及建构 [J]. 培训与研究，2001，18

(3)：122-124.

［3］潘海燕. 自修—反思培训模式研究［M］. 北京：北京大学出版社，2002.

［4］潘海燕. 关于建立教师继续教育学的思考［J］. 培训与研究，2004，21（1）：86-89.

［5］潘海燕. 新课程背景下中小学教师科研素质提高指南［M］. 南宁：广西民族出版社，2004.

［6］潘海燕. 试论新课程背景下的教师继续教育课程开发［J］. 中小学教师培训，2004（2）：13-16.

［7］潘海燕. 应建立一支职业化的教师继续教育专职培训者队伍［J］. 中小学教师培训，2005（2）：7-9.

［8］潘海燕，别业舫. 教师继续教育专职培训者必读［M］. 武汉：华中科技大学出版社，2006.

［9］潘海燕. 教育科研与教师专业发展［M］. 北京：中国轻工业出版社，2006.

［10］潘海燕. 骨干教师成长的秘诀［M］. 北京：中国轻工业出版社，2007.

（原载《湖北大学成人教育学报》2011 年第 4 期）

关于教师的成长与发展研究的兴起及发展趋势

随着我国师范教育向教师教育转型，无论是教师职前培养，还是教师职后培训，人们不约而同地重视起教师的成长与发展的研究，各地新的教师教育课程计划中都列有诸如“教师专业发展的理论与方法”、“教师的成长与发展”、“教师的专业化”等相关课程或专题。笔者根据在国外进修搜集的有关资料与10多年的教师培训实践，依据现代学科建设规范，开发了“教师的成长与发展”这门课程，自2006年下半年起，开始在我院小学教育本科专业与其他师范教育专业及各类教师培训班试讲，反响较好，现在已发展成为我院教师教育一门内容较稳定的专业选修课了。在这几年里，我几易其稿，感受颇多，现就教师成长与发展研究的兴起与发展趋势谈谈自己的见解。

一、教师的成长与发展研究的兴起

尽管我国古代就有《师说》等关于教师研究的著述，但没有条分缕析，形成科学、系统的教师成长与发展理论。一直到1961年，美国教师协会开展“谁是最优秀的教师”的调查，在统计有关数据时偶然发现这样一种现象，即教师的教学成绩在他教学的前5～6年是直线上升的，在5～6年后，教学成绩就进入一个较稳定的时期，这个时期一般持续20年左右，在此之后，大多数教师的教学成绩急剧下降，只有少数教师的教学成绩还继续上升（后来又进一步了解到，这些能继续上升的教师是经常参加培训与科研活动的教师）。后来人们将教师发展中的这一由低到高，再由高到低的现象称为“教师成长曲线”。“教师成长曲线”的发现，揭示了一个习以为常的、“中老年教师进步小”现象的秘密，开启了人们观察教师的一扇新窗户，即教师的成长与发展（包括一般过程及促进方式）问题。无论是对教师这一职业，还是对教师个体及帮助教师专业发展的各教师教育机构都是一个新视点。

在“教师成长曲线”被发现之后，有关教师成长与发展的研究就日益被人们重视，研究成果不断涌现。在欧美国家，这个领域的相关文献已非常多，其研究成果已成为教育改革的重要依据。“教师的成长与发展”也已成为一个蓬勃发展的、非常重要的研究领域。这样，“教师成长曲线”被发现的这一时间也被学术界公认为是科学研究教师成长与发展规律的时间起点。

当前，我国大规模的教师教育、教师继续教育迫切需要理论指导，人们不约而同地重视起教师成长与发展的研究及教师的成长与发展的学科建设问题，试图用新思维、新方法、新研究成果为我国教师专业发展制度构建导向。

教师的成长与发展的内容是非常丰富的，既有工作方面的，也有生活方面的；既是自然成长的过程，也是促进发展的过程。那么，教师的成长与发展作为一门课程及学科应将哪些内容纳入研究视野呢？这是学科建设必须首先解决的一个问题。经过早期研究者长期探讨，在医学等职业专业化成功事例的启发下，最后确定进入本研究范畴的主要是专业发展。其过程大概是这样的：

医学职业长期致力于医生的专业化（争取职业的专业地位），第一个成功赢得了自己的专业自主权，并形成了理想化的专业指标体系：①职业活动社会功能的不可替代性；②通过长期训练所获得的专门知识和技能；③一个强大的职业联合会；④实践中的权威和自治；⑤为公众服务的导向。依据这五项核心指标，牧师、医生、律师在13—18世纪就取得了“专业”称号，1933年的“专业”达到16种，1964年达到78种。但由于教师职业发展的复杂性与研究的滞后性，直至1966年，联合国教科文组织与国际劳工组织还在《关于教师的地位的建议》中呼吁“应把教师职业作为专门职业来看待”。当时及其后，人们更多地认为，教师职业只是半专业或准专业。直到1980年，《世界教育年鉴》才冠以“教师专业发展（professional development of teachers）”的主题。在此之后，人们的关注点发生了变化，强调把教师的专业发展作为目前的目标，并希望借此促进其专业水平的提升而最终获取社会对其专业地位的承认。如1986年，美国的卡内基工作小组、霍姆斯小组相继发表《国家为培养21世纪的教师做准备》、《明天的教师》两个重要报告，同时提出以教师的专业性作为教师教育改革和教师职业发展的目标。1996年，第45届国际教育大会以“加强变化世界中教师的作用”为主题，提出推进教师专业化是“改善教师地位和工作条件”的“最有前途的中长期策略”。这样，人们对教师的成长与发展问题的关注就开始集中到教师的专业发展上了。有时它简称教师发展，亦称教师成长。我们认为，这是本学科最基本的概念与范畴，亦是本学科理论的逻辑起点与核心内容。

我国1993年颁布的《中华人民共和国教师法》、1995年颁布的《教师资格条例》都明确把教师职业认定为专业。进入21世纪，我国官方开始在文件中正式引入教师教育这一概念，明确提出了推进教师专业发展的任务。把教师教育一体化、建立开放的教师教育体系，改革教师教育课程和走向专业发展的教师继续教育确立为我国教师教育改革与发展的方向。教师专业发展已成为我国教师教育和课程改革的一个重要方向，也已成为我国教师教育实践的主流话语。

那么，何为教师的专业发展呢？人们的解读很多，华东师范大学叶澜教授从一般专业人员的共性角度作了较权威的分析，她认为教师的专业发展主要是指教师由非专业人员成为专业人员而进行的各种知识、能力、态度和技术的发展性活动，即教师在生活过程中其内在专业结构不断丰富与完善。其内在专业结构主要包括专业信念、专业知识、专业能力、专业态度与动机、自我专业发展需要与意识等。因此，教师的成长与发展研究的主要内容也是从这五个方面展开的。

二、教师的成长与发展研究的发展趋势

在我国基础教育课程改革全面推开的过程中，教师的成长与发展研究实际上成为教育研究的重头戏。实践成果已不少，相关方面的专著已有好几本，如傅道春的《教师的成长与发展》（教育科学出版社，2001年），叶澜、白益民、王木丹、陶志琼四位学者合著的《教师角色与教师发展新探》（教育科学出版社，2001年)。教育部师范教育司：《教师专业化的理论与实践》（人民教育出版社，2001年)，刘捷的《专业化：挑战21世纪的教师》（教育科学出版社，2002年)，有关课题研究正与新课程的推进同时展开，发展势头很好。研究组织、研究刊物、专业研究群体已初步形成。北京师范大学原《高等师范教育研究》于2003年更名为《教师教育研究》。陕西师范大学的《当代教师教育》于2008年创刊。在这10多年的研究中也形成了一些共同的发展趋势，其主要表现为：

1. 研究选题的重点逐步由群体专业化研究转向个体专业化研究

从世界范围看，人们在加强教师专业性的具体措施上，经历了起初借鉴医学界成功的群体专业化策略，后来发展到重视个体专业发展的过程。教师群体专业化策略，就是要优先重视教师职业自己独特的职业要求和职业条件，订立专门的培养制度和管理制度，如美国的美国教育协会（NET）和美国教师联合会（AFT)，都强调入职的高标准，通过运用罢工、集体谈判来维护教师的利益，但并无实质性进展（原因是教学不同于医学，是国家机器的一

部分，专业自主权难以确立）。人们越来越认识到，提高教师专业地位的有效途径是不断改善教师的专业教育，从而促进教师的专业发展。只有不断提高教师的专业水平，才能使教学工作成为受人尊敬的一种工作，使教师成为具有较高的社会地位的一种职业。

我国短短的20来年的教师发展研究历程也基本是这样的，人们开始关注的基本上都是一些较宏观的问题，而目前各地的研究选题基本上集中在增强教师个体专业化水平、对成功教师的个案分析方面了。2006年由教育部师范教育司组织编写的《教育家成长丛书》（20本）就很有代表性与导向性。潘海燕主编的《中国名师成长历程》（大众文艺出版社，2010年）提出了一个分析成功教师个案的理论框架。

2. 对教师专业发展的动力分析方面，由强调外部动力转向重视内部动机

以前重点强调教师职业的社会功能，即教师只是政治工具，没必要也不可能拥有职业自我意识。因此长期以来，教师形象是由“蜡烛”、“春蚕”、“园丁”等比喻来表征的，外在的社会价值是其主要方面。

以叶澜教授为首的研究团队率先研究表明，对教师而言，育人和育己同样重要，甚至在某种意义上，育己应先于育人。因为一方面，教师的发展是教育成功和学生发展的前提；另一方面，自我发展不仅是教师的义务，而且是教师的权利，是丰富教师生命内涵的重要途径。其次，注意站在教师的立场，相信每位教师都具有自我发展的能力，自我专业发展意识是教师发展的最主要动力；主张让教师从对自己的教学经验的反思和概念化中获得专业成长，在自己的共同体指导下展开研究。这与世界趋势也是一致的，以前人们比较多地强调对教师个体专业发展的临床指导、教师评价；现在转向重视内部动机，强调教师是课程开发者、研究者、行动研究者、解放性行动研究者。这次新课程改革更是将这些理念正式化了，不少研究者对教师专业发展的目标由关注技术转向关注解放，不仅从技术的兴趣出发获得知识与技能，更要从解放的兴趣出发在反思与批判中获得发展，形成独立、稳定的反思型自我。王枬教授主编的《教师发展：从自在走向自为》可视为其代表作。

3. 在对教师专业发展的评价方面，开始由关注结果转向关注过程

人们通常认为学生的成长是教师最大的收获，所以很多老教师对自己从教几十年来学生的每一次获奖、自己得到的每一项荣誉都奉为生活中的大事和引以为自豪的家珍，但感受不到日常工作中所蕴含的快乐。同样，以往的研究者也将教师发展的重要阶段定位于特定场所的集中学习或培训，忽视了

日常工作过程对教师发展的重要意义。

叶澜教授的研究团队发现，教师的工作是充满创造的过程，教育过程中对知识的活化，对学生心理变化的敏锐感受，对教育时机的及时把握，对教育矛盾和冲突的巧妙化解，都是教师的创造力的表现，教师也可在这个过程中体会到职业内在的尊严和欢乐。因此，教师在工作过程中的体悟应重于他们对工作结果的关注。因此，教师发展研究应深入学校的日常教育、教学生活中，使教师在自己所熟悉的领域中慢慢地体验自己的成长与发展。教师专业发展的模式应由去情境转向基于情境传统的教师教育模式，教师是在一种去情境的条件下获取知识，这种知识是高度概括化的、结构化的“惰性知识”，很难迁移到实际的情境中。教师应基于情境获取实践知识。潘海燕等人研创的自修—反思式校本培训模式就集中体现了这一点。

4. 研究形态由专题研究转向学科理论建设，研究方法正在转型

学科主题是学科发展的灵魂，是统摄教育实践的钥匙。现代学科发展注重学科理论体系的建构，以规范的术语、概念作为学科的细胞，追求学科基本要素的逻辑联系。一个研究领域一般在完成现象描述后，就应在大量科学素材的基础上进行理论加工，以最少的公理为逻辑起点进行理论体系的建构，学科分析框架的研究，建立一套体现本学科学术意义的话语系统，此外，还要通过学科课程的开设，培养一支稳定的研究队伍。各地在教师教育课程中增设有关教师成长与发展的课程正呼应了这一要求，随着该课程的发展，人们已不满足于专题研究了，自然开始关注学科问题了，这是开好“教师成长与发展”这门课程须进一步解决的问题。

傅道春教授的《教师的成长与发展》是其开创之作，叶澜教授的《教师角色与教师发展新探》是目前研究的制高点，潘海燕主编的《教师继续教育专职培训者必读》也提出了更宽阔的视野。目前应集中各类研究者的智慧，发挥学科创立者的能动作用，用学科建设的基本原理规范这门课程的研究。

教师的成长与发展问题的研究一旦进入学科研究轨道，其后必将是长路漫漫，必须要从政治、经济、社会、历史、文化、教育等多角度去探讨。由于当今我国教师面临的有限的自主权与传统的文化心理习惯，较为缺乏系统实证研究的精神，因此，科学管用的研究方法的问题非常重要。从总体上看，国内教师成长与发展的研究还比较多地停留在经验总结与概念澄清阶段，研究方法还是一块尚待深入研究的新领域。但随着教师继续教育、班主任培训的持续展开，问卷调查、访谈、跟踪研究、田野研究、生活史法（通过洞察

个人生活的现实与过程所进行的研究。关注个人经验、情绪、价值，尤其是“关键事件”与所知的关联）等方法已开始运用。鱼霞博士在做“反思型教师”研究时，就成功尝试了生活史研究法。

参考文献：

[1] 胡演生．教育学是一门什么学问［J］．课程·教材·教法，2008（1）：16-20.

[2] 傅道春．教师的成长与发展［M］．北京：教育科学出版社，2001.

[3] 陈桂生．教育学的建构［M］．长沙：湖南教育出版社，1998.

[4] 教育部师范教育司．教育家成长丛书［M］．北京：北京师范大学出版社，2006.

[5] 叶澜，等．教师角色与教师发展新探［M］．北京：教育科学出版社，2001.

[6] 潘海燕．关于建立教师继续教育学的思考［J］．培训与研究，2004，21（1）：86-89.

[7] 潘海燕．应建立一支职业化的教师继续教育培训者队伍［J］．中小学教师培训，2005（2）：7-9.

[8] 潘海燕．教育科研与教师专业发展［M］．北京：中国轻工业出版社，2006.

[9] 潘海燕．骨干教师成长的秘诀［M］．北京：中国轻工业出版社，2007.

[10] 潘海燕．新教师应知应会［M］．天津：天津教育出版社，2009.

[11] 潘海燕．中国名师成长历程［M］．北京：大众文艺出版社，2010.

[12] 潘海燕．中小学教师继续教育自修—反思培训模式研究［M］．北京：北京大学出版社，2002.

[13] 潘海燕．教师继续教育专职培训者必读［M］．武汉：华中科技大学出版社，2006.

[14] 刘丽俐，等．中小学教师继续教育培训模式研究［M］．北京：中国人事出版社，2002.

[15] 张云彩．初为人师第一年［M］．北京：中国轻工业出版社，2010.

[16] 教育部师范教育司：教师专业化的理论与实践［M］．北京：人民教育出版社，2001.

[17] 刘捷．专业化：挑战21世纪的教师［M］．北京：教育科学出版社，2002.

[18] 王枬．教师发展：从自在走向自为［M］．南宁：广西师范大学出版社，2007.

[19] 鱼霞．反思型教师的成长机制探新［M］．北京：教育科学出版社，2007.

（原载《湖北第二师范学院学报》2011年第4期）

关于教师教育学科建设策略的若干思考

在20世纪末21世纪初的这次高校与师范教育的大变革中，取消中师，改制与合并教育学院，综合性大学参与教师的培养与培训等措施，使得教师教育基本进入高等教育的范畴（由于原来的师范院校早已综合化发展，实际上已不存在独立的师范院校了），这就从制度上提高与保证了教师教育的学术地位，但以大学的逻辑去思考教师教育的真正学术地位还取决于教师教育学的学科建设水平。所谓学科，它是人们在认识世界的过程中，当知识积累到一定程度后，为适应当时社会发展需要，根据一定标准划分出来的、相对独立的知识体系。它是大学的基本元素，在大学发展中对集聚人才、引领人才培养具有定向与规范作用。所谓教师教育学的学科建设，就是教师教育理论知识与实践经验系统化的过程，其实质是人们有计划地为发现教师教育新现象、创造新知识或完善理论创新提供保障条件的一系列综合性、系统化构建的实践活动，其直接目标就是建成系统化和合理化的教师教育学理论体系。2006年12月，在由中央教育科学研究所和南京师范大学联合召开的“全国教师教育学科建设研讨会”上，与会专家学者认为“要培养专业化的教师，在高等教育中就必须开展教师教育的专业活动；专业又是以学科为基础的，要实现教师的专业化，实现教师教育的专业化，建设教师教育学科就是最急迫的任务，这是保证与提高各教师教育专业地位与水平的根本”。会议明确提出，有必要在教育学一级学科下建立教师教育学二级学科。当前，这种实际需求与行动正在与日俱增，上海师范大学已率先开设了教师教育学课程。可以说，学术界已基本完成了对教师教育现象的描述、研究对象的确定，现在关于教师教育学建立的政策依据与工作基础都已具备，下一步应在大量科学素材的基础上进行理论加工，寻求以最少的公理为逻辑起点进行理论体系的推理。

从高等教育学角度来看，学科建设是高等教育发展的基本思路与特有技术，经过长期探索积累，学科建设已形成了一些基本的内容与程序，这就是：选择调整学科方向—组建学科梯队—建设学科基地—打造若干学科项目。这一内容与程序已在一些学科的建设中表现出实效与高效。因此，我们在教师教育学的学科建设过程中应自觉遵循这一基本内容与程序。本文就加快推进教师教育学科建设的策略谈几点想法：

一、关于教师教育学的研究对象与方向的问题

一般而言一门学科最初总是附属于某一学科的，是随着知识环境的变化而不断地得到充实与完善，最终独立成为新的学科领域。教师教育学无疑是从教育学分化出来的一门新学科，最早表现为关于教师的研究，有诸如教师学、教师素质论、教师角色论、教师发展论、师范教育学、教师继续教育学等，其研究范畴也主要依附于教育原理、课程与教学论、成人教育学等传统二级学科，目前一些高校有关教师教育的研究生学位点也暂时放在课程与教学论、成人教育学等学科之中。现在随着教师专业化水准的提高，教师教育的地位提升，急需研究的是一般或共性问题，也就是要确定教师教育学的位置与方向，厘清它与相关学科的关系；集中和整合已有研究成果，有力发挥它在教师教育研究领域的统领作用；再根据自身发展的内部逻辑去拓展研究空间。

教师教育作为二级学科来建设，涉及的问题是很多的，纵观前期研究结论，一般都认为，教师教育学主要是系统地研究中小学教师培养、任用、研修等一系列理论和实践问题的学科，其研究对象就是探究教师培养与成长中的特殊矛盾和客观规律，核心问题是如何依据教师成长规律来有效地促进教师专业发展。教师教育学的研究方向也应从教师的培养、入职教育、教师的培训这三个方面去凝练。这三个方面的研究形成时间可能会有先有后，但都不可或缺，只有当它们之间具备合理的结构，才能使它们既有各自的研究对象，又有密切的纵向联系与横向联系，才能避免各研究方向之间发生基本概念、基本观点的冲突以及基本内容上不必要的重复，从而更有力地发挥整体功能。

任何时期的学科建设工作都应突出重点。目前重点如何找呢？笔者认为，一是要重视基础理论研究，抓紧开发“教师教育概论”这门课程，对教师的时代角色与素质、教师的成长与发展理论、教师的培养与培训规律等基本理论问题进行探究。二是要加强对“教师的成长与发展”、“教师继续教育学”、“新教师入职教育”等基础课程的开发。三是要做好名师成长案例研究、教师培养与培训模式改革、教育硕士培养等课题的研究。要通过课题研究出成果、

出人才，并为有关专题研究工作的深入发展提供营养。

二、关于学科梯队的组建问题

建立一支具有多学科背景的研究人才队伍，从多学科角度对教师教育学进行全方位的研究是最终目标，但目前我国教师教育学科高级研究人才十分匮乏，尚缺乏一支足够支撑起这门学科发展的、梯队化的专业化队伍。组建队伍的主要途径有：

(1) 从传统学科中物色对教师有研究的领军人物，传统学科中的“教育学”、“教育社会学”、“课程与教学论”、“成人教育学”、“高等教育学”是主要来源。

(2) 教师教育的研究仅靠师范院校的研究人员是不够的，还要从培训系统、教师管理人员、有关课题组中物色。学科理论一般也要经历由实践到理论、由粗到精的过程，全国教育学院在10多年的教师培训实践中，在教师专业发展的理论方面积累了丰富的实践经验，有一批成功的课题，我们应加强用学科理论去总结、概括、提升。

(3) 目前要抓紧借助课程论、成人教育学等相关学科的硕士、博士学位点培训提高现有人员，培养新的高水平专职研究人员。

(4) 以已立项课题为平台聚集人才，由课题负责人担纲组建研究队伍，经费直接分解到项目和具体负责项目的人，实现项目负责制。

三、关于学科基地的建设问题

第一，学科建设应与专业建设、课程建设、人才培养相结合。教育学专业是教师教育的母专业，一定要加强，根据目前教师培训机构专业人才缺乏的现状，可以考虑在教育学专业中开设“教师教育”方向，为各地教师培训机构培养实用型人才；同时重点发展教师教育硕士的建设。要积极与有关高校合作，最终建立相对完备的从本科生、硕士生到博士生的人才培养体系。各学科教师教育专业要依据世界教师教育培养目标专业化、培养体制一体化、师资队伍组建开放化、培养方法情景化的趋势，进一步改革师范教育培养模式，使师范生能在有限的时间内，达到教师专业素质基本合格的水平。其中，重点要抓教师教育类课程建设，课程建设是学科专业建设的基础，是保证教学质量的基本因素，抓课程建设可以带动师资队伍、实验室、教材建设及科研等各项工作。

第二，抓好研究团队的建设。设立专职教师教育研究所，加强对教师教育的理论研究与管理协调，培育本学科的学术骨干与教师培训机构的实用型人才，同时依托研究所，组建专兼结合的研究队伍。

第三，抓好教师教育专业的研究与见习基地的建设。要创办多层次的教师教育研究刊物，组建专业性研究组织，打造示范性教师教育基地。

四、关于打造若干学科项目的问题

现在，无论是师范院校的改革，还是大规模的教师培训活动、校本研修行动，都面临许多具有挑战性的课题，我们应面向实践第一线找项目。

（1）改造师范教育专业。一般而言，学科分化在前，专业形成在后。专业的划分以学科分类为基础，与社会职业分工需要相对应。课程建设是学科专业建设的基础，是实现专业培养目标、基本规格、服务方向的基本措施。学科建设是学科发展的动力与手段。这三者缺一不可，辩证统一，但对于不同层次与类型的高校，其侧重点是有所区别的。综合性高等学校、专职师范大学、新建师范学院等在专业设置上应有所错位，最好根据强势专业设置相应教师教育专业，不必小而全或大而全。在课程设置上更要凸显特色。如由教师培训机构改制而来的师范学院，在这种拥有职后培训经验的高校是可以通过大学的学科建设把职后教师培训经验加以整合提升，以先进的教师教育理念指导培养模式工作，在职前职后一体化培养模式上走出一条新路来的。

首先是要建立新的复合型教师教育课程体系，即形成理论类、技能类、实践类课程基本平衡的课程结构。理论类课程包括学科专业课程与教育类专业课程；技能类课程由“三笔字”、“口头表达与沟通”、“写作与创新”、“专业阅读”、“教案撰写与课件制作”、“综合教学技能”等课程构成，分散在4年中进行训练；实践类课程系列由“见习、单科实习、毕业实习”组成。其次，目前急需开发的是关于教师自我意识方面的课程、技能类课程、社会实践类课程。现在值得开发的新课程有“教师教育概论”、“教师继续教育学”、“教师的成长与发展”、“教师专业发展模式建构”、“新教师的入职教育与指导”、“名师成长案例”等课程。再次，抓好教师专业发展学校建设等项目。目前，教师专业发展学校的操作经验已较成熟，各师范专业都应借鉴此经验，与附近中小学合作建立教师专业发展学校。

（2）改造传统教育学、心理学等公共必修课程。原课程一次性、终结性意识明显，书中“无教师”，已不适应终身教育时代的要求，现在应根据教师成长与发展的规律来设计这门课程，变一次性的教学思想为终身性的教学思想；变封闭性的教学过程为开放性的教学过程；变单纯理论教学为理论与实践相结合的教学；变无视教师的教育学为教师终身发展服务的教育学。

（3）教师职后培训指导。要依据学科理论研究成果有力指导教师职后培训工作，要针对教师专业化实践中遇到的重要问题，以实际问题为出发点，寻求解决问题的有效方案。

（4）教师教育基本理论研究。基本理论是根本，是学科发展的基础，任何学科的建设都不能回避与忽视，应自始至终重视。此项目见效慢但后劲足，怎么样重视都不过分。

参考文献：

[1] 李学农. 教师专业化实践的困境与教师教育学科理论的生长 [J]. 教育理论与实践，2007（7）：33-36.

[2] 杨跃. 关于教师教育学科构建的理性思考 [J]. 教师教育研究，2007，19（1）：1-5.

[3] 朱旭东，等. 论我国教师教育学科制度建设——教师教育大学化的必然选择 [J]. 教师教育研究，2007，19（1）：6-11.

[4] 杨天平. 呼唤建立现代教师教育学科 [N]. 中国教育报，2007-05-22.

[5] 潘海燕. 以大学文化与现代教师教育理念引领本科层次的小学教师培养 [J]. 湖北第二师范学院学报，2009，26（12）：103-104.

[6] 潘海燕. 关于建立教师继续教育学的思考 [J]. 培训与研究，2004，21（1）：86-89.

[7] 潘海燕. 应建立一支职业化的教师继续教育培训者队伍 [J]. 中小学教师培训，2005（2）：7-9.

[8] 潘海燕. 借助“教师专业发展学校”改革师范生培养模式——以湖北第二师范学院小学教育本科专业的改革为例 [J]. 湖北第二师范学院学报，2010，27（10）：126-128.

（原载《教育导刊》2011 年第 8 期）

中篇：自主生长式教师专业发展理论形成的足迹

自主生长式教师专业发展思想萌芽阶段

教师科研素质的养成

中小学教师科研素养的培养并不存在一个固定不变的程式，但也有一定规律可循。这些规律往往又是以具体的形式和方式体现出来的，而且这些形式与方式一旦形成，又大大促进广大中小学教师科研素养的提高。

一、中小学教师科研素养的培养过程

中小学教师科研素养的培养是一个长期的、由量变到质变的过程。对教师个体而言，就是一个由不成熟到成熟的过程。这个过程可分为三个阶段：

1. 积累

积累就是打好扎实的基础、苦练基本功，积极尝试，不断积聚成功的经验与失败的教训。一个很好的办法，就是进行案例研究。例如，著名教育家苏霍姆林斯基在开始教书时，仅是一名简易师范毕业生，但他在教育生涯中坚持开展教育科研，曾对 3 700 名学生进行了个别观察，做了详细记录。后来，他在此基础上认真加以研究，写了 40 多本书，600 多篇论文。我国著名的教育家陶行知、黄炎培、陈鹤琴，当代的魏书生、李吉林、马蕊兰、顾冷沅等优秀教师都有一个首先在工作中实验、摸索的过程，只有当这个阶段的积累十分丰富后，成果就喷涌而出，一发不可收。

2. 质变

质变即经过长时间的积累，通过反思，将感性认识上升到理性认识，将经验、灵感条理化，形成自己的研究思路和方法，并将这些思维方式定势化，逐步解决相关问题。这是教师科研素养提高最快的时期。例如李吉林、魏书生是从研究语文学科的具体教学问题入手，然后总结一套语文学科的研究方法，很快独立地走上科研之路。

3. 拓展

教师科研素养经过积累、质变两个阶段后，逐步内化为一种科研观念，

科研工作也进入得心应手阶段，但往往易进入高原阶段，如果教师始终不突破高原阶段，其职业水平和成就就会停滞不前。如果加强对动力的激发、毅力的培养、知识的更新，则能突破高原阶段，跨入拓展阶段。

教师科研素养进入拓展阶段，并不是教育经验的简单堆砌，而是教师知识、能力结构的重大改组，以及在此基础上对旧有经验进行再认识和再加工、形成“自我经验”的过程。它是教师在认知、情感、人格方面的全面升华，是科研理论、科研风格、教育思想形成的关键时期，也就是“大师”的形成时期。

二、中小学教师教育科研素养的培养途径

中小学教师科研素养的培养应根据教师素养形成的规律，循序渐进，重点突破。中小学教育科研是培养和提高教师教育科研素养的根本途径，具体表现在：

1. 在教育理论的学习中提高

教育科研素养的提高是一个潜移默化的逐步积累和渐进的过程，需要教师自觉努力地学习教育理论，并把理论的学习和日常的教学实际及科研活动相结合，才能不断地提高自己的理论水平和思想素养，有了扎实的理论素养，教育科研素养的形成和发展才有稳固的基础。

2. 在科研实践中锻炼

中小学教师教育科研素养同其他的能力一样，只有通过实践才能体现和发挥出来。经过实践的锻炼，才可能获得更多的经验和体验，才能学会和掌握中小学科研的方法和技能，并通过科研报告和论文的写作提高科研素养。只有这样，才能逐渐地完善自己。

3. 在学术交流和科研合作中发展

学术交流能使自己的信息更丰富，能拓宽思路，增长见识，并且能了解和掌握教育发展的趋势。同时，交流有助于吸收众人之长，或借鉴他人的教训，或受他人经验和方法的启发，达到增强科研素养的目的，而且通过合作研究可以互相学习、互相带动。

（原载《湖北教育报》1999 年 12 月 13 日）

教师培训要尊重教师个人的话语权

尽管目前各地在教师培训形式上搞了一些校本培训、现场培训、研训结合、参与式培训，但教师培训的过程基本上还是你讲我听，最后还得向既定的权威人员与权威结论靠拢。教师个人无话可讲，教师个人意见没有存在的空间，教师个人话语权总被“权势话语”、“理性话语”所湮灭，处于一种“失语”状态。这一现象值得注意。

教师个人话语权是指教师在教育教学实践及教育研究等领域拥有的、表达个人观点的权利。教师生活在教育第一线，能说会道，对教育过程有真切的体验，他们的话语理应占据教育工作的中心位置，有关人员只应是他们的代言人。否则，发挥教师的主体性作用就没有了基础。正如有人指出：“教育界由于教师话语权的丧失和缺少来自实践的丰富而鲜活的真实声音，从而使课堂生活刻板化、教育行为机械化、教育研究过分理性化、教师教育生活程式化。”（见胡福贞：《论教师的个人话语权》，载《教育研究与实验》2002 年第 3 期）

教师话语权的恢复与重建肯定是一个大课题，有许多问题需要解决。教师培训应是教师有可能充分行使话语权的地方，因此，教师培训要特别尊重教师个人的话语权，防止把培训变成行政会议、学历教育。目前值得注意的主要问题有：（1）从培训意识看，要树立教师主体的理念。要急教师之所急，想教师之所想，从教师个体成长发展的角度、立足教师的“自我经验”设计培训思路。（2）从培训形式看，要以校本培训为主。要在学校建立起学习型组织，让教师有一个自由生长发育的环境。（3）从培训过程看，应给教师以充裕的时间、空间，让教师用自己的语言、自己的声音讲话。（4）在培训内容方面，要提倡面向教育实际问题确定培训内容。（5）在培训方法方面，要提倡教师自我导向学习、自我反思、行动研究、合作学习、情景学习、校本学习。（6）在培训评价方面，要尊重教师的个性特点、个人理论，认可教师以不同的方式成长，鼓励教师创新。（7）在培训管理方面，应赋予教师更多专业自主权，如教材的处置权、教学设计权、培训内容的选择权。

（原载《现代教育报》2003 年 12 月 29 日）

自主生长式教师专业发展理论立论阶段

教育案例是中小学教师教育思想形成的有效载体

中小学教师培训最终的理想目标应是帮助教师形成自己的教育思想，成为科研型教师，然后自己不断生长、不断发展。笔者认为这在新课程理念广为传播的今天已没多大异议，但分歧是如何形成的？纵观各家之说，无外乎四种：一是进修提高说，即到某更高学府学习高深课程，拿更高学历。二是和专家合作说，即与相关专家学者合作做课题，在合作过程中观摩学习。三是查阅资料说，即到图书馆、资料室广泛查找参考文献，综合百家之说后，自成一家之言。四是集中培训说，即参加相关培训班，由专业人士讲解，受训者理解。此外，还有在工作中学习提高说、向优秀教师学习说。应该说，这些建议都不错，而且有不少人因此而成功了。但是，对广大中小学教师而言，这四种方式的局限性也是很明显的。高校进修机会有限，并且时间、精力不能少花；让专家面对面、手把手地教过之后，往往难再自力更生，并且这种方式成本高、专家资源少；广泛查阅资料的时间对广大中小学教师来说是不现实的，目前能综合百家之说，成一家之言的中小学教师仍然是很少的；集中培训固然能让人激动一阵，但回去后不会动手的大有人在；别人写的书看了无数本，体会也不少，但自己仍无法提笔写作；工作做得很出色，过程也很精彩，但过后总结起来总是干巴巴；发现一些优秀教师原来也很普通平凡，但就是不知道他“一步登天”的台阶在哪里……凡此种种，表明我们还应找一找教师成长发展过程中的规律性的东西，如中间台阶、思想形成的载体等，并且还要经济实惠、操作方便、效果实在，便于学校管理者操作。

而我们在构建自修—反思式校本培训模式的实践中发现，教师思想形成的有效载体便是教育案例。从教育史角度看，借助教育案例而起步的大家还真不少，孔子的《论语》开始于学生间流传的故事，苏霍姆林斯基的不少理论基本上都源于帕夫雷什中学发生的事情，魏书生、李吉林、窦桂梅的观点也大多产生于发生在三尺讲台之上的问题……从理论上看，教育案例是教师知识结构不可或缺的组成部分，是尊重教师个人话语权的具体体现，还是沟通理论与实践的桥梁。教师每天都是崭新的工作，每天都有崭新的经历，教师反思这些经历、天天写教育案例，积累"事例经验"，实际上就是教师独特的再生产活动。在反思与写作过程中，教师个人的教育思想就很自然地隐藏在这些案例之中，实际上就是教师将个人经验概念化的过程。

从实际操作角度看，教育案例之于每一位教师都是非常公平的，是每一位教师都有权支配的。所有教师都有自己的教育案例，并且无时不在、无处不在，只要你留心，可遇可即，信手拈来，遍地皆有，非常丰富。为什么教师各人获益不一样呢？我们认为，其关键就看各人是如何善待这些案例了。视其为垃圾，还是视其为可再生的资源，这两种态度的结果是很不一样的。那些优秀教师们，就是不怕小、不怕短、不怕丑，天天都紧紧抓住那些发生在身边的小事件，用心去体验，用情去感悟，用自己的语言去表达，在一些细微之处不断积攒自己的概念和命题，长期坚持，自我意识、觉察水平不断提高，语言表达能力不断提升，思想观点也慢慢自成一体。而有不少教师则看不起小小案例，好高骛远，急于求成，结果是既没有形成自己的教育思想，又感到身边的"垃圾"很多，身心都很疲惫。

写教育案例的这种做法不受时间、空间限制，不费食宿差费，应该说是最经济实惠又操作方便的，并且获取的是自己生产出来的东西，就像自己亲手垒起的墙壁，扎扎实实，清清楚楚，不会轻易垮掉。因此，在目前阶段，我们有理由说，教育案例是教师教育思想形成的有效载体。

当然，要使教育案例真正成为教师教育思想形成的有效载体，其关键在于案例的撰写要规范。案例就是有情节的教育故事，选取案例要典型真实，过程描写要细致清晰，自我体验要独到真切。

（原载《现代教育导报》2005 年 10 月 17 日）

教师自修—反思培训模式的建构

一、自修—反思培训模式的提出及含义

现在，全国教师培训系统都在努力实践“中小学教师继续教育工程”，为了完成该“工程”各项任务，使教师继续教育工作走上规范化、法制化的轨道，建构培训模式是各地教师继续教育研究的热点问题。教育部中小学教师综合素质培训项目办在全国17个省实施民族贫困地区中小学教师综合素质培训项目过程中，实施了由该项目主持人、中央教科所刘芳同志所倡导的自修—反思培训的模式。1年多后，即2001年7月，全国民族贫困地区中小学教师综合素质培训工作经验交流会在湖北省长阳县召开，从长阳县及全国17个省的实施情况看，此模式具有一定实效和可行性，开拓了教师培训工作的思路。

自修—反思培训模式是指中小学教师在自我进修、自我学习的基础上，以自己的教育教学活动为思考对象，来对自己所做出的行为、决策及由此所产生的结果进行审视和分析，用教育科学研究的方式，主动地获得知识，应用知识解决教学实际问题，提高参与者的自我觉察水平来促进能力发展的一种培训方式。

在这次项目培训中，各地都是以教育部项目专家指导委员会组织编写的6本自修教程（即《教育观念的转变与更新》、《心理健康教育与心理素质》、《教育科研能力的培养与提高》、《教育信息技术的掌握与运用》、《教师职业道德的建构与修养》、《提高教育教学质量的策略与方法》）为内容，以教师任职学校为主阵地，以校长为培训第一责任人，由专门的教师培训机构、教研机构、科研机构和中小学联合起来，以反映培训教材内容纲要和记录教师行为变化的《报告册》为纽带，通过教师自读教程、自评自结、教师互评、校长导评、专家审评等几个环节的工作，使教师终身处于培训中，把培训随时渗透到教师真实的教育教学情境和过程中，做到教师的培训基层化、全程化、全员化。

参训学校校长和教师普遍反映，这一培训模式对克服广大农村及贫困地区教师培训费用短缺、工学矛盾突出、培训针对性不强等问题，具有较大的实用价值。

二、自修—反思培训模式的内在结构

所谓“模式”，就是某一事物的结构关系。培训模式，也就是在培训过程中，各种构成要素所形成的典型性、具有操作性和可借鉴性的结构关系。自修—反思培训模式的结构关系是怎样的呢？

从培训主体看，自修—反思培训模式的主体是培训者、教师同行。这已大大突破了传统的培训主体（培训者），尤其是教师同行的参与，充分发掘了校内培训资源。

从培训理念看，自修—反思培训模式试图充分发挥培训者、学校、教师三者的作用，培养教师的自主学习的态度与方法，为提升教师的专业素质，建构教师终身学习体系奠定基础。

从培训目标看，自修—反思培训模式主要是提高教师的自我觉察水平，通过这一目标的实现来达到提高教师综合素质的目的。

从培训手段来看，主要使用自学、反思、行为纠正、科研等手段来开展培训。

从培训内容来看，此次培训所用 6 本培训自修教程，是专家先行调研，把教师在教育教学中所遇到最困惑、最迫切需要解决的问题提炼出来，经专家分析、整理、综合，形成以问题为体系，以案例剖析为基础，以操作性实施建议为成果，以自评、互评、导评及审评为导向的评价方式而形成的培训教程，具有针对性、自修性。

三、自修—反思培训模式的基本培训过程

自修—反思培训模式的培训过程不同于以往的其他培训模式，它强调自主学习、自省自察和合作学习，各地已在实践中基本形成了独特的培训环节，其培训环节如下：

（1）自修教程。自修教程即通读教程，弄清教程的基本内容，做到大致了解，心中有数。

教师一般是在粗读的基础上，有重点、有选择地阅读，并找到自己以往发展的障碍点，或找到自己以往工作中成功或失败以及不尽如人意的地方，或找到自己最感兴趣的领域，或找到自己认为最有价值或最有发展前途的领

域，根据自己的实际情况，自主选择一个发展目标，然后对照自选发展目标，在专家指导下反复阅读教程的有关内容，反思以往教育教学中的习惯行为及消极后果，并寻求用新的教育观念和新的策略解决面临的实际问题，让理论与实践结合，形成感受和情感体验。

（2）自评自结。自评自结是指教师在自学教程的基础上，对照自选发展目标，采取积极的行动，有了一定的感受和体验后进行的自我评价、自我总结。

教师的自评自结是针对自己过去行为进行纵向比较，是现在的“我”与原来的“我”的比较，是教师教育教学行为改进后与过去行为的比较。

自评自结是教师在自修—反思中实现一个发展目标后的小结，根据教师基础的不同，可以是案例评析，也可以是经验体会，还可以记录一个教学片段并评析。这个过程既非常艰难，因为自己改造自己很难；又非常愉快，因为一旦找到解决问题的突破口，获得不断前进的动力，又是教师主体精神上的享受。

自评自结是对教师自身的所思所行而言的，它是教师观点变化和行为改进后的一种自我认定，它是教师互评和校长导评的基础。

（3）教师互评。教师互评是指在自评自结的基础上，组织教师以自学小组为单位，进行评议，相互交流。

教师互评主要是看教师自选发展目标后，通过学习教程，其行为是否有一定改进，在原来基础上是否有一定程度的提高，主要采用换位思考、角色转换的方式，即“如果你是学生或家长，你会怎么办”，“如果我来处理你遇到的这件事（或这节课）我将怎么做”。教师友好、坦诚地交换意见，实现强强联合、强弱合作，在互评交流中拓展思维和求异创新。

在互评交流时，教师以平等的身份参与其中，友善地相互监督，不虚美，不隐恶，不将它作为奖与惩和年度考核的依据，让教师轻装上阵，畅所欲言，做到资源共享，取长补短，互动发展。

在教师互评中，应特别注意发现教师的进步，哪怕微小的变化都要小心翼翼地加以保护，不求全责备，让每位教师在培训中始终信心百倍，以健康的心态投身其中，在同事的帮助下，不断前进。

（4）校长导评。校长导评是由校长组织导评小组对教师是否达到阶段发展目标给予评定，对教师下一步发展做出规划，指明发展方向。让经验型的教师向研究型发展，提高自己的理论素质；让理论型教师勇于实践，将理论与教育教学实践结合，形成自己的教学风格，成为名师。

学校是教师的工作场所，校长对教师的情况最为清楚，对教师的培训情况最为了解，校长应以教师的发展来推动学校发展，把教师的发展与学校的发展统一起来，把学校变成教师终身学习的场所，终身发展的场所。

（5）专家审评。专家审评是指组织以培训基地为主体的专家组指导修改教师自评、互评、导评的成果，激发教师终身发展欲望。

在培训中，骨干教师、优秀教师、培训院校的培训者、教科研机构的研究人员和教育技术装备部门的工作人员都可能成为专家，让他们帮助教师研读教程、选择发展目标、改进行为、充当指导者的角色，发挥助推器的作用，在一定意义上也是人梯的作用。专家要帮助教师分析自身优势及缺陷，了解教师素质现状，寻找教师的最近发展区，找到教师发展的突破口，指导教师将理论与实践结合起来，对教师是否实现发展目标予以审定，对学习成果进行汇编，并向上推荐，树立教师的成就感，让教师获得精神上的愉悦。

专家不是权威，而是平等的参与者，他在指导过程中也要学习被指导者的长处，成为双向互动的发展者。

四、自修—反思培训模式的特点及应用中应注意的问题

由上文可见，自修—反思培训模式已表现出了崭新的特点，这就是：

（1）自修—反思培训模式强调自主学习。教师除按要求自学教程外，还应主动联系实际，自主发现问题，自主设计解决问题的方案，由“要我学”转变为“我要学”。

（2）自修—反思培训模式强调合作学习。在学习和解决问题过程中，强调培训者与教师，教师与教师之间的互相作用。

（3）自修—反思培训模式强调学以致用。这一模式强调以反思和解决教育教学工作中的实际问题为基本点，切切实实提高教师实际教育教学能力。

（4）自修—反思培训模式强调提高教师的觉察水平。重视教师在培训过程中的感受和体验，使教师通过反思行为，将其内化，促进教师思维变化，从而提高教师的实践能力。

（5）自修—反思培训模式突出了科研方式在培训中的作用。将科研的过程变成教师学习提高的过程，科研成果反过来激励教师进一步自我实现。

（6）自修—反思培训模式重视了校长和校内教师业务组织的作用。校长在教师自修—反思过程中发挥着指导、监督的作用，校内教师业务组织活动的内容被进一步拓展。

(7) 自修—反思培训模式拓宽了教师培训的时空概念。自修—反思培训模式以任职学校为主阵地，缓解了工学矛盾，减轻了经费负担，落实了培训重心下移、阵地前移的原则。

当然任何培训模式都有其独特作用，但任何培训模式都不是万能的，一种培训模式的应用价值如何，取决于培训模式各构成要素的互动和与环境的协调。应用自修—反思培训模式时应注意：

一是编选好教材是关键。教育部中小学教师综合素质培训专家指导委员会组织专家编写的“自修教程”专设情景练习，立意新、针对性强，便于自学和反思。这为我们以后选择教材提供了样板。正如这套教材的总主编刘芳同志讲的，这套教材在编制上不同于传统的学科教材，突破了以学科为中心，以课程为基础的框架；构建了以问题为中心，以案例剖析为基础的内容体系；创建了以岗位培训，自我进修为主的新格局。每一位教师都可以根据自己的实际情况选择“自修教程”的任一专题作为自我进修的突破口。“自修教程”只是培训过程中的一个载体，各地可以指导教师开发校本培训课程，可以在“自修教程”的基础上进行改编或编写辅导手册，可以在“自修教程”的基础上进行补充，可以在“自修教程”的基础上加以拓展。

二是合作学习是基础。自修—反思培训模式必须以和谐的人际关系为基础，互相帮助，互相促进。自修—反思培训模式不是让教师独自“啃书本”，而是要求采取专家指导，强强联合，强弱合作等方式，充分利用学校内已经存在的教师业务组织，通过教师之间的合作研讨来分析问题、解决问题。

三是角色变化是保证。实施自修—反思培训模式，相关培训要素的角色与职能定位应有所变化。培训者应成为教师学习的帮助者，培训活动的支持者，培训工作的促进者。教师应成为学习的主人，校长要成为组织培训工作的第一责任人。

总之，尽管自修—反思培训模式开始主要是针对民族贫困地区教师的现状提出来的，但从各地1年多的实践来看，它完全可以进一步推广，成为中小学教师继续教育的一种常规培训模式。

（原载《教师教育与管理》2005年第9期）

《中小学教师专业发展学期报告册》样本

学校__________

中小学教师专业发展学期报告册

编号__________ 姓名__________

学科__________ 职称__________

职务__________ 时间__________

自选发展目标

主要问题与行动计划

教育教学中或自身素质上存在的主要问题及表现形式	
解决问题的行动计划	
说明	要找准自身存在的主要问题，认真考虑自己的定位，有针对性地制订切实可行的行动计划

反思案例撰写

教育案例（一）

说明	要以教育案例为依托，展示自己在教育实践中的所见所闻，所思所行，所悟所获

教育案例（二）

教育案例（三）

教师互动

第一次互评与交流

互评交流：	
发展建议： 主持人________ 记录人________ 月 日	
说明	互评是共同交流和分享的过程，首先受评者要简要陈述行动计划确立的原因，及在实施过程中的收获和疑惑等。然后大家共同分析交流，帮助其修正，调整问题目标，寻求解决问题的突破口

反思案例撰写

教育案例（四）

教育案例（五）

教育案例（六）

教师互动

第二次互评与交流

互评交流：
发展建议： 主持人________ 记录人________ 月　日

校长或专家导评

校长或专家评语： 校长签字 月　日

反思案例撰写

教育案例（七）

说明	要以教育案例为依托，展示自己在教育实践中的所见所闻，所思所行，所悟所获

教育案例（八）

教育案例（九）

教师互动

第三次互评与交流

互评交流：	
发展建议： 主持人________ 记录人________ 月　日	
说明	互评是共同交流和分享的过程，首先受评者要简要陈述行动计划确立的原因，及在实施过程中的收获和疑惑等。然后大家共同分析交流，帮助其修正，调整问题目标，寻求解决问题的突破口

反思案例撰写

教育案例（十）

教育案例（十一）

教育案例（十二）

教师互动

第四次互评与交流

互评交流：
发展建议： 主持人________ 记录人________ 月 日

校长或专家导评

校长或专家评语： 校长签字 月 日

成果整理

论文展示

说明	成果展示以论文为主。所撰写的论文必须是由多个系列案例转化而生成的

自我小结

本学期主要收获及体会	
本学期存在的主要问题及下学期努力的方向	
小组鉴定	

培训即生长　反思是关键

培训的目的主要是影响被培训对象以至其作出改变，这是基本无异议的。问题是不少人简单地认为，高质量的思想和技能经过演示，即可被被培训对象所接受，被培训者也就自然朝着预期的方向做出改变，其实这只是一厢情愿的假设。培训效果与预期的距离其实还是很远的；就是那些发生预期变化的部分，其内在的过程也是丰富多彩的。一个人接受培训并得到发展，不是一个简单的接受及模仿过程，真正的内在活动是一个在反思伴随下的生长过程。

生长原本是一个生物学概念，一般都认为，生物的发展是个体组织环境和适应环境这两种活动的相互作用过程，也就是生物的内部活动和外部活动的相互作用过程。皮亚杰借助生物学的研究成果，成功揭示了儿童个体及人类的认识发生过程。正如皮亚杰所言：认识的建构是通过主客体的互相作用来进行的。个体之所以能对刺激作出反应，是由于个体用原来具有的格局来同化这个刺激。当同化不能使格局改变或创新，就通过自我调节，引起格局的变化和创新，以适应外界环境。通过同化和调节，认识结构就不断地发展并达到平衡，以适应新的环境。平衡既是一种状态，又是一种过程。平衡这种持续不断的发展，就是整个心理智力的发展过程。

如此说来，教师培训也不应仅仅是传授一些现存的知识和信息，还要把教师内在的创造潜能诱导出来。培训者不仅要从外部解放被培训者，还应解放被培训者的内部力量。教师培训的前提条件应是创造一个适宜的环境，让教师学会用心成就自己终身追求的教育事业。在这里，不仅仅是用敏锐的心智去思考、推理、判断和决策，而且是用美好的心情去关爱、关心和关怀，还要用善良的心灵去体悟、领会和尽力施教。尤其要提倡以教师为主体，以教育教学中的实际问题为研究对象，通过与研究对象互动，对其行为获得自己的理解。当教师遇到困惑经过反复琢磨，恍然大悟时，当进行比较，自己的想法自然流露时，当百思不得其解，茅塞顿开时，这就是生长。教师培训就应追求这一境界、这一目的。

同时，教师也应以一个学习者的身份，根据自己自身学习与工作的特点、需要、目的以及学习的内容、条件、性质而立足于实际，为了学校和自身的进步而进行学习，其起点是改变。只有这样，教师才能真正获得专业的高质量、可持续发展的重要基础。

为什么在同一情景和环境之中，有些教师能生长，而有些教师却不能生长呢？生长的关键是反思。教师平时很忙，注意力主要在学生身上，对自己真实的内心活动较少留意，学校应将教师的反思活动规范化、制度化，让教师在写反思案例中积累自己的“事例经验”。具体来讲，要注意以下几点：

（1）有专家或理论的引领。反思并不等于闭门苦思、苦想，也不是自我检讨，反思应是在某种理论或专家的新异观点引领下进行的活动。也只有引入新观点才能打破平衡，激活思维，开启反思活动；否则，只能是回顾和总结，最多也是一点不痛不痒的自我检讨，这显然不能触及灵魂，不能使自己放弃过去，再上一个层次。

（2）积极尝试后进行。反思也不局限于写读书笔记、写教后记，而是依据新观点有所行动，在行动产生变化，取得一定实效后，即有“故事”后，再进行前后对照，融入亲身体验的反思。反思有了行动，就成了有源之水。

（3）用自己的语言来概括。对反思过程中生成的故事、体验、体会，都应用自己习惯的语言来概括，写成案例。在写作过程中，案例要典型真实；要有意形成自己的概念和命题，即把案例写作过程变成经验概念化过程；要有笔者内心世界活动的反映，最好围绕中心问题有矛盾、冲突甚至悬念，但不能过分渲染，或带明显偏见；要有独到的见解，这是自己的教育思想形成和生长的基础。

（4）经历合作这一环节。与人合作，即把自己写成的反思案例交与同行分析批判，提出新的建设性的建议。长期与人合作，慢慢会配合默契，互相促进，因此，我们主张个人反思应与小组合作学习相结合。

只有这样，反思才能使自己的“经验”活起来，才能真正促进教师成长。

（原载《现代教育导报》2006年3月13日）

让教师思想自主生长

一次，我听了一位初中教师上的英语课。按现行的一堂好课的标准，这堂课完全可以打高分。后来在闲聊中，我有意问道：“如果你自己的孩子或朋友的孩子要你辅导英语，你会用这些方法吗?”她的回答很肯定：不会使用课堂上的这些方法，而会用她的一些“土办法”。我接着问：“你想过把你的这些‘土办法’发展成一个丰满的、你经常使用的教学方法吗?”她的回答是：没想过。其实，我们的很多教师大都有此类感觉。语文教师能清晰地记得自己的语文素养是如何来的，如听姥姥讲故事，听评书，看课外书籍；数学教师还记得第一次成功运用数学知识解决生活问题的乐趣；物理教师能体会物理知识对人生的启迪。但轮到他们负责提高一群人的语文素养、数学素养、物理素养时，他们似乎只有借鉴名家、权威一条路可走。在名家、权威、专家、领导的一系列辅导与要求下，他们开始忘记自己，开始“假教学”。只有在没有专家无须“表演”时，他们才想起自己的“土办法”。

这就给我们提出了一系列问题：教师在课堂上到底应关注什么？是关注别人怎么看、自己怎样教，还是学生怎样学？教师的思想与方法到底来源于哪里？专家评课的标准是什么？教师培训者的着力点在哪里？这是一些基本的问题，也是目前很值得深究的一大课题。许多教师只有当面对自己的孩子，或者在非常自然的环境下，才首先想的是孩子的学，进而运用自己的“土办法”。但将自己的“土办法”系统化，他们是“想都没想过”。

这其中有三个问题：一是基本不承认教师个人的自我经验与个人理论。的确，一般个人的自我经验与个人理论是有限的。但我们目前的学科教师已是准专业人员，他们个人的自我经验与理论应作为“专业权利”被承认。二是我们没有想到创造条件发展这些准专业人员个人的自我经验。目前的评课是有固定的“本本”的，教师培训时的首要活动是把教师转变成“学生角色”，便于传输与接受。三是成人教育、教师继续教育的研究滞后，无科学具体的路径引领教师去发展自己的“土办法”。

这几年，我们在进行自修—反思式校本培训模式实验中，深深体会到：

应改变传统的教师专业发展工作套路，走“自主生长式教师发展”之路。我们发现，一位教师接受专业培训并得到发展，不是一个简单的接受及模仿过程，真正的内在活动是一个在反思伴随下的生长过程。因此，教师培训的前提条件应是创造一个学习、研究、合作的环境，以教师为主体，以教师已有的自我经验为基础，以教育教学中的实际问题为研修内容，通过尝试与反思，获得自己对其行为独到的理解，最终形成自己的个人教育理论。具体来讲，要注意以下几点：

在教师专业发展活动中，应特别重视分析发现教师个人的自我经验，将此作为专业发展的起点。教师参与各种专业发展活动，都不应以学生的身份、接受者的角色来参加，应该以主动者、设计者、合作研究者的心态来做。教师参加各种专业发展活动的直接目的就是借助外力将自己的经验提升与系统化，以形成自己的个人教育理论，而不是仅仅接受培训者提供的结论性知识。培训者在对教师进行专业引领时，要发掘和保护教师的个人特色，鼓励教师更多地表现自己的真性情、“土办法”，尊重教师的个人话语权。

教师培训者的着力点主要是创造条件与程序，诱发教师内在的创造潜能，引导教师学会“行走”。所有的教师专业发展引领者，都应研究教师成长与发展的基本规律，熟悉各类教师发展的可能路径。在熟知教师个体的主要问题后，能够以问题为主轴来架构研修内容，以问题为中心来组织培训资源。最重要的是量体裁衣式地建构教师专业发展模式，找出最佳路径，帮助教师在“行走”中改变行走方式。

教育案例是教师教育思想生长的载体，是教师最好的互动平台，从写案例到写论文的过程是中小学教师完成科研的一条途径。中小学教师具体事情多，时间少，如果用高校和专职科研人员的标准去要求他们的话（尤其是写表达自己教育思想的论文），的确是难为他们了。中小学教师的教育思想形成过程及载体肯定很多样和复杂，行动研究与叙事研究的发展与传播，给中小学教师提供了新的、经济实用的思路。写案例是中小学教师开始研究的最初形态，也是最佳形态。案例是写论文的前提和必要准备，案例起到提供素材、提出问题、引发思考、积累“事例经验”的作用。写论文就是将“事例经验”归类成“类经验”与个人“经验体系”。这条路看起来走得慢，但实际上是一条途径。

（原载《现代教育导报（综合版）》2009 年 11 月 23 日）

自主生长式教师专业发展理论的实验与总结阶段

引导教师在“行走”中改变行走方式

——在行动中建构自主生长式教师专业发展理论

美国著名教育家约翰·杜威（John Dewey）有句流传甚广的名言：教育即生活，教育即生长，教育即改造。这虽然是就儿童教育而言，但对成人的教育同样适用。所谓生长，原本是一个生物学概念，即生物的发展是个体组织环境和适应环境这两种活动的相互作用过程，也就是生物的内部活动和外部活动的相互作用过程。建构主义的始祖、瑞士儿童心理学家让·皮亚杰（Jean Piaget）借助生物学的研究成果，发展了杜威的理论，成功揭示了儿童个体及人类的认识发生过程。正如皮亚杰所言：认识的建构是通过主客体的互相作用来进行的。个体之所以能对刺激做出反应，是由于个体用原来具有的格局来同化这个刺激。当同化不能使格局改变或创新，就通过自我调节，引起格局的变化和创新，以适应外界环境……通过同化和调节，认识结构就不断发展达到平衡，以适应新的环境。平衡既是一种状态，又是一种过程。平衡这种持续不断的发展，就是整个心理智力的发展过程。

作为成人教育的教师专业发展及教师培训与一般成人教育不同，它的成效事关青少年一代的发展，所以世界各国都非常注重。然而，传统的教师专业发展及教师培训存在明显的缺陷——培训者滔滔不绝地讲，教师多半时候听得昏昏欲睡，偶有听得激动的时候，回去后却不会行动。如何提高教师培训的实效性，是教师专业发展及培训中一个不容回避的问题。

一、问题的提出

在20世纪末，我们在实践中发现，教师专业发展领域及教师培训领域“传授—接受”式思维盛行（优秀教师示范后，受训者自然而然接受）、教师发展方法单一（办班、洗脑、灌输），成本高、教师负担重、思想压力大。

我们根据自己的长期的理论研究（主要是整合了“发生认识论”、“学习型组织理论”、“生态学”、“建构主义”、“行动研究与叙事研究方法”等前沿理论成果），结合国外学习考察的成果，提出了“让教师立足自我经验自主生长并应用自己的思想”的构想，即：从亲身体验中提炼“事例经验”—在系列事例经验中整合“类经验”—把系列“类经验”凝练形成自己的经验体系—在课堂里应用自己的教育思想，生成“教育实践智慧”。概称为“自主生长式教师专业发展理论”。

1999—2002年，我们在教育部推进“民族贫困地区中小学教师综合素质培训项目”中进行了初步尝试，形成了自修—反思式校本研修培训模式，并于2002年出版《中小学教师继续教育自修—反思培训模式研究》一书。该书在2004年被评为教育部培训项目优秀成果一等奖。在培训项目推进期间，湖北长阳县花坪小学、津洋口小学、长阳一中等学校变化较大，长阳县各实验学校初步建立起校本研修管理制度。

2003—2010年，我们构建成一种体现自主生长式教师专业发展理论的校本研修模式，即自修—反思式校本研修模式，并在80多所学校进行实验。各地都有不同进展，其中湖北长阳一中、葛洲坝实验小学、秭归实验中学、武汉硚口区常码头小学、辛家地小学、武汉洪山区马房山中学、楚才小学、汉阳建港中学、青山区钢花小学、湖南岳阳九中、广东珠海香洲区第二小学、湖北孝感玉泉小学、湖北潜江徐李中学、湖北老河口实验小学等学校变化较大。一大批教师得到显著发展，并且身心愉快，体验到了职业乐趣，增强了职业幸福感。

在研究期间，我们整理出版了《教师继续教育专职培训者必读》、《中小学教师如何选课题与做课题》、《中小学教师如何做行动与叙事研究》、《中小学教师如何写案例和论文》、《中小学教师如何转化与应用教科研成果》等专著（又称“自主培训教材”，共5本）。还产生了一批校本培训教材，其中有《教师的教育科研与专业发展》、《骨干教师成长秘诀》、《新教师应知应会》等8本较为畅销。同时形成了一个研究团队。

2011年以来，我们进一步提出“让教师在自己的课堂里充分应用自己的教育思想”，即“自主生长课堂”的建构问题，目前在岳阳许市中学较有影响，武汉石牌岭小学、花山小学、武汉新洲区4所中小学正在实验。

自主生长式教师专业发展理论经过10余年100多所学校的几轮实验研究，找到了在中小学教师校本研修中的最佳实现形式——自修—反思式校本研修模式，在中小学课堂中的最佳实现形式——自主生长课堂，同时也积累了丰富的一手研究资料，产生了一批有一定影响的理论和实践成果。

二、自主生长式教师专业发展理论的基本观点

传授—接受式教师专业发展模式的一个天然缺陷是容易脱离教师当下的教育活动，无法适应教师教育体验的多样性和个体差异性，难以为教师的专业成长提供切实有效的帮助。

好的教育，不是一味地讲道理，更不是强迫灌输，而是给人以活动，让他在活动中体验，积累体验形成感悟。活动、体验、感悟是个体成长的三个核心要素，活动—体验—感悟是个体成长的内在逻辑。活动是体验产生的源泉。体验的积极或消极通常取决于活动的性质。感悟是在大量体验基础上产生的一种领悟，是生长性的，而非移植的。感悟意味着个体对某个问题的认识上升到理性阶段，对个体的后续行为起自觉的指导作用。感悟需要丰富的体验和较好的感悟力。感悟的言语表达是极富个性化和创意的，最容易产生令人拍案叫绝的"至理名言"。优化活动，丰富体验，促成感悟，这是我们建构自主生长式教师发展理论的指导思想和一贯追求。

传统的传授—接受式的理念指引下的教师专业发展活动及培训，否定教师个人话语权，增加教师负担；实效性与针对性差；成本高；听的时候激动，回去后却不会行动。自主生长式教师专业发展理论则认为，一个人接受培训并得到发展，不是一个简单的接受及模仿过程，真正的内在活动是一个在反思伴随下的生长过程。各种教师专业发展活动的前提条件应是创造一个适宜的环境，把教师内在的创造潜能激发出来，让教师以教育教学中的实际问题为研究对象，通过与研究对象和同行互动，对其行为获得自己的理解，在反复琢磨中恍然大悟，在左右比较中自然流露出自己的想法，在百思不得其解时茅塞顿开。从教师培训角度看，自主生长式教师专业发展理论具体可概括为以下几点：

（1）教师专业发展活动，都应特别重视分析发现教师的个人经验，以此作为他专业发展的起点。教师参与各种专业发展活动，都不应以学生的身份、接受者的角色来参加，应该是以主动参与者、自主发展设计者、合作研究者的心态来做。教师参加各种专业发展活动的直接目标就是借助外力将自己的经验提升与系统化，以形成自己的个人教育理论，也就是在培训者的帮助下系统化放大自己的已有经验，使小的变大，而不是仅仅接受培训者提供的结

论性知识。培训者在对教师进行专业引领时，要发掘和保护教师的个人特色，鼓励教师更多地表现自己的真性情、“土办法”，尊重教师的个人话语权。

（2）教师培训者的着力点主要是创造条件与程序，诱导教师内在的创造潜能，引导教师学会“行走”。所有的教师专业发展引领者，都应研究教师成长与发展的基本规律，熟悉各类教师发展的可能路径。在熟知教师个体的主要问题后，能够以问题为主轴来架构研修内容，以问题为中心来组织培训资源。最重要的是量体裁衣式地建构教师专业发展模式，找出最佳路径帮助教师在“行走”中改变行走方式。

（3）教育案例是教师教育思想生长的载体，是教师最好的互动平台，教师从写案例到写论文的过程是中小学教师完成科研的一条途径。中小学教师具体事务多，能拿出来做专门研究的时间少，如果用高校教师和专职科研人员的要求去指导他们的科研活动的话（尤其是写表达自己教育思想的论文），不太切合实际。尽管中小学教师的教育思想形成过程及载体多样且复杂，但行动研究与叙事研究的发展与传播给中小学教师提供了新的、经济实用的思路。撰写案例是中小学教师开始研究的最初形态，也是最佳形态，案例是写论文的前提和必要准备，案例起到提供素材、提出问题引发思考、积累“事例经验”的作用。写论文就是将“事例经验”整合成“类经验”与“个人经验体系”。这条路看起来走得慢，但实际上是一条可控的途径。

三、自主生长式教师专业发展理论在中小学教师校本研修中的实现形式——自修—反思式校本研修模式

自主生长式教师专业发展理论所持有的最基本的培训理念就是“培训即生长”；所持有的最基本的主张就是：在校本管理原则下，在教师的自主学习、合作学习的基础上，用教育科学研究的方式对自己所做出的行为、决策以及由此产生的结果进行审视和分析，主动地获取知识、应用知识、解决教师实际问题，通过提高教师的自我觉察水平，通过把教师的工作场所变成教师的学习场所、合作场所、研究场所，使教师自身的思想、观念、行为始终处于一种追求创新的境界，让教师把听到的做出来，把做好了的写出来，真正让教师自主生长自己的教育思想，形成个人教育理论，从而促进教师的成长，推动教育的进步。为此，我们构建成一种教师研究性合作学习的校本研修方式。经过实践探索，2003 年，我们将这种最能体现自主生长式教师专业发展理论的培训模式正式命名为自修—反思式校本研修模式。

此校本研修模式以一个学期为周期，依据特制的“教师专业发展报告册”，运用行动研究与叙事研究的方法来实施，起初选定目标，然后“天天写”、“月月评”，期末进行“成果整理”。一个周期可分为五个基本环节。

（1）自定发展目标。教师通过自修自研，专家指导，觉察自己在教育行为中的主要问题及薄弱环节，寻找出其最关键、最困惑、最有价值的问题，针对自己的实际情况，制订出学习计划、行动方案及一段时间内所要努力达到的目标。此目标不宜太大，也不宜太小，最好是本学期能够解决的问题。

（2）反思案例撰写。教师对照自选发展目标，采取积极的行动，有了一定的感受和体验后进行自我评价、自我总结，即写反思案例。反思案例是教师经过反思而实现一个发展目标后的小结，是教师观念变化和行为改进后的一种自我认定，是教师教育思想形成的有效载体，是教师互评交流和校长导评的基础。案例撰写要用心去体验，用情去感悟，用自己的语言去表达，在一些细枝末节处不断积攒自己的概念和命题。

（3）教师互动。教师互动是指在教师案例撰写的基础上，以合作学习小组为单位组织进行交流。教师互动重在信息交流、信息整合，达到优势互补、资源共享、相互促进、相互借鉴、共同提高的目的。在教师互动中，要学会“悬挂假设”，即暂时把自己的观点放在一边，不急于为自己的观点辩护，而是认真地听取别人的见解。还要会探索自己的隐性思想，即把自己的推理明确化，通过互动交流，使受训教师博采众长、补己之短，把别人的优秀成果有选择地、因地、因事、因人制宜地运用到自己的教学中，并不断总结、不断领悟、不断发挥、不断创新，形成自己的教育思想。

（4）校长或专家导评。校长或专家组织评价小组对教师是否达到阶段发展目标给予评定，并依据学校的办学理念与教师成长发展规律，对教师下一步发展做出规划，指明发展方向。让经验型教师向研究型教师发展，提高自己的理论素质；让理论型教师勇于实践，将理论与教育教学实践结合，形成自己的教学风格。

（5）成果整理。成果整理是指教师将一学期的培训成果表达出来。成果形式可多样，可以是一篇教案、一节课，也可以是一套得心应手的工作经验。一般而言，主要是在众多系列案例基础上撰写论文，实际上就是对众多案例的反思成果进行有机整合，形成自己的教育思想。它能让教师获得自信，感受成功，让优秀成果脱颖而出，从而营造出良好的培训氛围。

四、自主生长式教师专业发展理论在中小学课堂中的实现形式——自主生长课堂

自主生长式教师专业发展理论所持有的最基本的教学理念就是：教师发展是学生有效成长的前提；“工作即学习”、“教学即研究”；课堂是教育教学的主渠道，也是教育研究场所与教师成长发展的场所。

自主生长课堂就是在充分发挥学生主体作用的前提下，让教师在课堂上充分应用自己已有的教育思想，并生成新的教育思想。

自主生长课堂有三个基本特征：一是体现了教师个人教育思想的课堂，即课堂中教师有自己独特的“土办法”（有效教学措施与方法）。二是体现共同生长的课堂，在课堂中不仅使学生得到发展，而且让教师、教学环境、教学资源都能得到很好的提升。三是教师在其过程中又进一步反思与生长自己的新思想，即教师对课堂赋予“我”的解说，通过反思总结，概括提升等方式又进一步生长自己的新教育思想。

从内在机制角度看，自主生长课堂就是教师个体经验只有在课堂中不断应用外化，在与他人讨论交流中不断总结升华，在反思中进一步固化和系统化。建构自主生长课堂有三个主要环节：

（1）寻找捕捉个体经验。分析发现教师的个体经验，善于发现、及时捕捉一些有效果的做法，并把它们作为教学设计与评价的起点。要注意唤醒和激励教师的自我意识，发掘和保护教师的个人特色，鼓励教师更多地表现自己的真性情、“土办法”。

（2）应用提升个人方案。在熟知教师个体的主要经验后，对其教育行为进行理性分析，以学生为主体，以经验为主轴来设计个人行动方案，包括设计教学方法，组织学习资源，开展教学活动。学校努力量体裁衣式地帮助教师建构自己的教学模式，组建互补式的共同体，找到最佳路径帮助教师提升个人方案。

（3）概括形成个人理论。将反思贯穿整个教学生涯，不断整理自己的教学思路，不断总结自己的教学方法，不断概括自己的教学体验，逐步形成个人教育思想。学校要努力让教师的个人教育理论与时代方向基本一致，与教师所处的实际教育情境相契合，与教师自身的各种能力和条件相匹配，尊重教师的个人话语权，让教师发现更好的自己，最终促进教师“专业自我”的建立。

参考文献：

[1] 刘丽莉，潘海燕. 中小学教师继续教育培训模式研究 [M]. 北京：中国人事出版社，2002.

[2] 潘海燕. 中小学教师继续教育自修—反思培训模式研究 [M]. 北京：北京大学出版社，2002.

[3] 潘海燕. 中小学教师继续教育培训模式及建构 [J]. 培训与研究，2001，18（3）：122-124.

[4] 潘海燕. 教师培训要尊重教师个人的话语权 [N]. 现代教育导报，2003-12-19.

[5] 潘海燕. 教育案例是教师教育思想形成的有效载体 [N]. 现代教育导报，2005-10-21.

[6] 潘海燕. 培训即生长　反思是关键 [N]. 现代教育导报，2006-03-13.

[7] 潘海燕. 让教师思想自主生长 [N]. 现代教育导报，2009-11-23.

[8] 潘海燕. 关于教师成长与发展研究的兴起与发展趋势 [J]. 湖北第二师范学院学报，2011，28（4）：88-90.

[9] 潘海燕. 让师范生具有发展自我的知识与能力 [J]. 湖北第二师范学院学报，2013，30（7）：111.

[10] 潘海燕. 教师如何撰写教育案例与论文 [M]. 北京：北京师范大学出版社，2013.

（原载《成才》2015 年第 5 期）

教师风采来自专业自主，教师成长取决于自修反思

——首届自主生长式教师专业发展理论学术研讨会综述

2015年12月6日，首届自主生长式教师专业发展理论学术研讨会在湖北第二师范学院举行。本次学术研讨会由湖北教师教育研究中心主办，湖北第二师范学院教育科学学院承办，旨在研讨自主生长式教师专业发展理论与实践，会议有三个议题：探索自修—反思式校本研修模式的深化与完善、中小学自主生长课堂的基本结构和课例、自主生长取向的师范教育。

会议由湖北第二师范学院教育科学学院张红梅院长主持，湖北第二师范学院副校长夏力教授致辞，"楚天学者"、台湾地区台南大学教育系教授林进材，高雄师范大学林香河博士，武汉市中小学教师继续教育中心主任施火发，武汉市《成才》杂志主编向保秀和来自湖北大学、长江大学、湖北师范学院、湖北科技学院、湖北工程学院、黄冈师范学院、淮南师范学院、荆州教育学院等高校的专家学者，以及来自湖北省各地实验学校的校长和教师代表，华中师范大学教师教育专业研究生代表等70余人参加了会议。

自主生长式教师专业发展理论，是湖北第二师范学院潘海燕教授，根据自己长期对"发生认识论"、"学习型组织理论"、"生态学"、"建构主义"、"行动研究与叙事研究方法"、"自我导向学习理论"等前沿教育理论成果的研究，在长达20多年的学校实践中，总结提炼出来的理论。其理论的构想就是"让教师立足自我经验，自主生长与应用自己的教育思想"，即从亲身体验中提炼"事例经验"—在系列事例经验中整合"类经验"—把系列"类经验"凝练形成自己的经验体系—并在课堂上应用自己的教育思想，生成"教育实践智慧"。该理论强调教师的专业发展过程，一定是立足教师已有经验而自主生长的，必须经历教育活动、教育体验、教育感悟，通过自修—反思的途径，生长出新的经验或思想，如此循环，使生长从一个台阶上升到一个更高的台阶，呈螺旋式的上升发展过程。自主生长式教师专业发展理论坚持了认识来源于实践的辩证唯物主义基本原理，将发生认识论的规律及"学习型组织理

论”、“生态学”、“建构主义”、“行动研究与叙事研究方法”、“成人自我导向学习”等前沿教育理论成果综合应用于教师的专业发展，丰富了教师专业发展的理论。从哲学意义和方法论的角度，提出了新的教师科学发展的方法和路径，为教师专业成长提供了理论基础，为校本研修、学校发展指明了方向。

潘海燕教授作了《站在学科建设与成果推广的新起点上，继续推进研究》的大会发言。他简单回顾自己2003—2012年期间如何完成体现“让教师自主生长的教育思想”的校本研修模式，即自修—反思式校本研修模式，已在近百所学校实践10多年。2011年进一步提出“让教师在自己的课堂上充分应用自己的教育思想”，即“中小学自主生长课堂”的建构问题，正在10多所实验学校尝试。2012年又提出了建构“自主生长取向的师范教育模式”的构想，也就是在湖北第二师范学院小学教育专业中应用前期成果，实现理论与实践的深度融合，促进教师教育一体化。至此，自主生长式教师专业发展理论得以全面呈现。武汉市教科院《成才》杂志从今年5月开始，专门开辟了“自主生长式教师专业发展”的专栏，宣传和推广理论与实践成果，仅今年就刊发了17篇研究文章。潘教授也坦言本项研究还有许多地方需要完善和改进，最后从学科建设与成果推广的角度，对课题研究的后期工作进行了部署与展望，也期待以后专家和教师们再齐聚一堂共同探讨。

台南大学教授林进材非常欣赏自主生长理论，认为教师专业发展必须通过自我反思、同伴互助、专业引领的校本研修模式，逐步达到从学校转向个人规划自主发展，从被动转向主动探索行为跟进，从理论走向理论与实践的结合，使自己的专业更加精深。介绍了台湾优秀教师的专业发展其实也是一个自主生长的过程。他特别强调教师的风采来自专业自主，教师的成长决定于自修反思，这也正是潘海燕教授提出的自主生长式教师专业发展的理论核心。

高雄师范大学林香河博士从师范生培养的角度，高度赞同自主生长理论，并回顾与展望台湾地区中小学师资培育课程的实施，她对台湾地区师资培育课程实施的困境交流了自己的看法。特别提到了师范生的培养中要重视学生在教育实习课程中的学习成果，要重视师范生所习得的师资培养经验，她的观点正好体现了自主生长理论中经验的重要性。

武汉市新洲区教师培训中心科研处杜新红主任介绍自己对自主生长课堂内涵特征的理解与在新洲区实施的途径，认为自主生长理论对教师课堂教学行为的改进帮助很大，已探索出“三实践、三反思”的自主生长课堂的模式，并积极尝试开发自主生长课程。宜昌市秭归县茅坪小学梅宇兵主任介绍了学校是如何十年如一日地坚持利用自主生长理论抓教师的自修反思，促进了学校飞速发展，将一所山区薄弱学校打造成区域名校。湖北第二师范学院李菁博士介绍湖北第二师范学院近几年在师范生自我导向学习的条件与机制方面的研究与探索，阐述了如何让师范生在职前重视自我导向意识的培养与经验的学习，打好自主生长发展的底色。

在自由讨论环节中，与会代表积极讨论交流并作精彩发言。从一些成功的实验学校反映的情况来看，自主生长式教师专业发展理论主张教师发展立足教师已有经验与学校的实际，研究教师身边的问题，这种研究理念很接地气。实验学校普遍反映，参与实验的教师自主学习、合作学习能力增强了，反思习惯形成了，教师会说了，会写了，精神面貌改变了，人际关系和谐了；学校校本研修机制建立起来了，学习型组织的水准提升了，人力资源激活了；有力地促进了新课程的实施，促进了学生的发展，促进了教学质量的提高。

有教师还具体总结出了“四让”：即一让我们学会了“积累”，积累了教育教学中的成功之处，发现了失败之处和不足之处，并能把这些作为自己教育教学的经验和指导。二让我们学会了“反思”，反思教学中的成功与失败，反思成功与失败的原因。三让我们学会了“合作”，感受到了合作产生的心理支持，新的教学变革易于实施，意识到同事是教学信息和灵感的巨大源泉。通过分享计划和资料，共同努力，减轻了一些工作负担。四让我们学会了如何将教学中的案例进行“反思”，整理成一篇一篇的论文。有老师讲，再写论文的时候就不需要搜肠刮肚地去找资料，绞尽脑汁地想名词，而是仔仔细细琢磨自己的“报告册”，这种从写案例到写论文之路，实在稳妥，不失为我们一线教师完成科研过程的一条途径。

大家一致认为，自主生长式教师专业发展理论在以下几个方面是独树一帜的：

1. 理念新

与传授—接受式教师专业发展理论相比，自主生长式教师专业发展理论提出了自主、生长、反思、合作等具有鲜明时代特点的理念。

（1）自主生长式教师专业发展理论反对脱离教师当下的教育活动和教育体验的空洞、形式化的教师发展活动，强调教师的发展是一个内在的自我生成过程，是通过自主学习和有效反思来实现的。

（2）自主生长式教师专业发展理论重视教师在过程中的感受和体验，强调教师源于自身教育体验的成果整理，在丰富的教育体验基础上生发出自己的教育思想，通过对教师教育感悟能力的培养促进教师的专业成长。

（3）自主生长式教师专业发展理论主张在使每一位教师具有学习和研究的主动权和自主权的基础上，让教师从对自己的教学经验进行反思和概念化中获得专业成长，体会到职业内在的尊严和欢乐，最终形成个人教育理论。

（4）自主生长式教师专业发展理论强调教师与同事、与专家、与领导的合作共赢，强调学习环境的营造。要求每位教师实现自主学习，实现个性化发展，培训者重在提供学习资源、组织培训活动；指导、参与和帮助教师学习。

2. 针对性强

自主生长式教师专业发展理论要求教师的专业发展活动针对各自学校的实际，努力与学校已有工作相结合。

（1）自主生长式教师专业发展的内容就源于工作中的问题，主张教师个体通过问题的解决而建构过程性知识。受训者通过自主学习，以自己教育教学活动过程中的教育现象为思考内容，对自己的教育行为进行研究，并在反复的实践中获得新的策略，解决新的问题。体现理论与实践的统一，有效防止教育研究与实践脱节的问题。

（2）自主生长式教师专业发展立足教师已有的经验基础，让教师说自己的话，有话可说。教师可根据自己的学习基础和个性特点，制订计划，确定重点，实现个人的研究目标，他们自我监督、自我调节、自我激励、自我强化、自我创新，通过学习、觉察来发现自己教学中需要改进的方面，从而产生新的教学理念、新的教学方法、新的教学思路。

（3）自主生长式教师专业发展理论强调教师学习活动的出发点是自我导向的，学习的过程是自控的，学习的结果是自知的。

3. 好操作

该理论将最前沿的教育理论进行了有机整合，便于学校操作。整个流程走下来，很自然创造一个适宜教师与学生发展的环境，努力变教师为研究者，变教室为研究室，不断改变教师的心智模式，把教师内在的创造潜力激发出来，让教师动起来，真切、逐步地形成自己的教育观。

（1）实施的目标有层次性，重视过程导向。对教师而言，首先是帮助教师掌握自修—反思的技术、养成合作学习与反思的习惯、提高综合素质。对学校而言，逐步建立学校校本研修制度，提升学习型组织建设水平。

(2) 它采用了“借鸡生蛋”的运行机制。它与教师既有的工作相结合，不另起炉灶，减少了教师负担，便于操作。

(3) 它立足于教师可持续发展，愈久愈见功效。它从提高教师的觉察水平入手，着眼于让教师学会学习、学会研究和养成良好习惯。逐步建立新的教师学习观、科研观、教学观。它主张教师的学习是一种以问题为驱动的行动学习，以案例为支撑的情境学习，在实践经验上的反思性学习，以主体建构为追求的研究性学习，以群体为基础的合作学习；它提倡教师在实际问题中提炼课题，用行动研究法做课题，在同事中建立合作研究小组。它促进教师注重教学过程、注重多元化结果、开展反思性的教学。

最后，湖北师范学院教科院王文教授在自由讨论环节进行了评点。他充分肯定自主生长式教师专业发展理论的前瞻性，结合亲身实践解读了该理论的普适性，特别强调教师的专业发展是一个缓慢生长的过程，更是一个不断超越自我，生长出新思想的过程。并用矛盾论的观点进一步阐释教育活动、教育体验、教育感悟的相互关系，指出不同的教育活动会带来不同的教育体验与教育感悟，只有好的教育活动才会产生积极的教育体验，才会促进积极的自我反思，最终得到有益的教育感悟。引导教师在专业上的发展，要充分运用自主生长理论，开展积极的教学实践，获得不断地进步。

本届研讨会，两岸专家学者在会议上畅所欲言，深入对话交流，充分探讨了教师专业发展中存在的问题与困惑，一致认同自主生长式教师专业发展理论的基本主张的价值，希望自主生长式教师专业发展理论在今后实践的过程中得到进一步的验证、完善和推广。

（原载《成才》2016 年第 1 期，杜新红参与了该文的写作）

要重视教师自我经验在教师专业发展中的作用

一、教师的自我经验被忽视

自20世纪60年代以来，关于教师及教师专业发展的问题已逐步发展成为当今社会的热门话题，在一波接一波的改革推动下，新概念、新技术纷至沓来，但近几十年来关于教师专业发展的研究基本忽视了教师是有经验的人，并在教学过程中不断面对新情景而不断产生新经验这一事实。所产生的教师专业发展策略基本属于“传授—接受”说，即把教师的专业发展看成是对外界成熟经验的接受过程，教师发展方法也很简单，办班、洗脑、灌输、格式化培训之法大行其道，大量移植别人的东西。其结果是，很多教师所拥有的所谓理念，其实是外加的或被灌输的，并不是教师从内心深处产生的，他们的大脑成了别人思想的跑马场，研究意识的缺乏，使得教师沉迷于重复的知识传递工作，进而或陷入职业倦态无法自拔，或迷信专家，丧失了对自身教学批判反思的能力。

而从教师教育理论研究的最新发展来看，教师个人的自我经验刚好是不能被忽视的，诸如“发生认识论”、“学习型组织理论”、“知识生态学”、“建构主义理论”、“行动研究与叙事研究方法”、“成人与教师学习理论”等前沿理论成果都已从不同角度揭示了教师个人自我经验在教师专业发展中不可替代的作用。在现实生活中，也有一大批优秀教师的成长事实反复说明他们不是接受，而是立足个人的自我经验的自主生长。

从2002年开始，我们在建构自主生长式教师专业发展理论的过程中，就大胆提出了“让教师立足自我经验自主生长与应用自己的教育思想”的理论假设，即从亲身体验中提炼“事例经验”—在系列事例经验中整合“类经验”—把系列“类经验”凝练形成自己的经验体系—并在课堂上应用自己的教育思想，生成“教育实践智慧”。经过12年多的时间历程，经过100多所学校的几轮实验尝试，经过几十场研讨会、现场会的打磨，自主生长式教师专业发展理论终于找到了在中小学教师校本研修中的最佳实现形式——自修—反思式校本研修模式，在中小学课堂中的最佳实现形式——自主生长课堂。在实践探索中，我们也进一步认识了教师自我经验在教师专业发展中的价值，我们这些年的几轮实验表明，立足教师自己的自我经验的自主生长式发展不仅是可行的，而且是高效的。因此，教师的“自我经验”不应被忽视，而应加以重视与探究。

二、教师自我经验的含义

“自我经验”，是指个体通过亲身体验，在反思中获得的感悟。这里既强调了“体验”，也强调了“反思”与“感悟”，常常表现为自己的真性情、“土办法”。

《现代汉语词典》对“体验”的解释是：通过亲身实践所获得的经验；亲身经历，实地领会。心理学对“体验”的理解是：与一定经验关联中发生的情感融入和态度、意义的生成；是感知、记忆、理解、想象、直觉、情感、态度等诸多心理因素共同参与的活动。体验具有以下特征：亲历性（直接经验）、情感性、整体性、生成性（难以预设）、自主性、个体性（极其个性化的）。德国生命哲学的创始人、解释学哲学家狄尔泰讲：体验是生命存在的一种方式。体验不是外在的、形式化的东西，它是一种内在的、独有的、发自内心的和生命、生存相联系着的行为，是对生命、对人生、对生活的感发和体悟。世界的本体不是理性，不是客观外在的实在，而是活生生的感性的生命。任何世界的终极根基乃是生命本身。而生命是一种不可抑制的永恒的冲动，它处于不断生成的流变之中，人们不能用抽象的概念来表达，只能依据内在的体验加以把握。体验是生命自身的直接经验，在体验中，体验者所感受到的是一个凝聚着的、统一的感知整体，这种感知是和人的生命、个体的生活紧密联系在一起的。只有体验才能把握生命，因为生命存在于体验表达的本质中。

“感悟”是在大量体验基础上产生的一种领悟，是生长性的，而非移植的。感悟意味着个体对某个问题的认识上升到理性阶段，对个体的后续行为起自觉的指导作用。感悟需要丰富的体验和较好的感悟力。感悟的言语表达是极富个性化的，极富创意的，最容易产生令人拍案叫绝的“至理名言”。感悟有积极和消极之分，这取决于体验的性质和个体自身。

与自我经验相关的概念，有“个人经历”、“个人经验”、“个人理论”等。

但这几个概念与自我经验还是有一定差异的，自我经验强调“体验”是前提，“感悟”是不可或缺的。“个人经历”强调了“体验”，忽视了“感悟”；“个人经验”虽然强调了“体验”，但没把正确体验与错误体验区别开来，容易走向经验主义。“个人理论”是系统化了的“个人经验”，是“个人经验”的高级阶段，教师的专业发展之初，能够凭借的只有“个人经验”，暂时还无法关注他的“个人理论”。教育学关注的是教师个人理论，但教师教育学更关注教师的自我经验。

“立足教师自我经验的自主生长式专业发展”，就是引领教师深入、持久地对自己的教学实践进行反思，让教师在这个过程中系统化自己的“自我经验”，进而形成一定的操作体系（个人理论），并使之成为教师个人行之有效的教学方法和教学设计的理论，对自己的教育教学产生持续而深远的影响。

所谓“自主”，即“自我导向”，其对立面是“他主”，就是指教师处于主人翁状态，主动的选择性、主体性体验与感悟、积极地创造。所谓“生长”，是指在反思下的、立足自我经验的个性化发展、整体性发展、和谐发展、可持续发展，而不是违背规律的标准化生长、拔苗助长。“自主生长式发展”，就是以唤醒师生的主体意识为前提，以激发师生的内在动机为关键，以激活师生的潜能为重点，以教育反思为手段，以促进师生可持续发展的教育为目标，在工作的各个方面渗透教师的个人思想和理论。

三、教师的自我经验在教师专业发展中的作用是独特的和不可替代的

教师的专业发展既是自然成长的过程，也是促进发展的过程，影响因素是非常多的，但教师的自我经验在教师专业发展中的作用是独特的和不可替代的。其主要表现在以下几个方面：

1. 教师的自我经验在教师专业发展中起导向作用

教学是一种人为的、为人的实践活动，这决定了教学实践离不开教师个人认识的参与。教师的教学行为实际是基于他对教学事实的认识和对教学问题的理解，都只是从他所认为的理想教学的角度出发，以自己的努力并按照自己认为最合适的方式行事，探寻着自己心目中确信的“真实的教学”。在其中，他们不是被动地接受外在信息，而是根据自我经验主动地和有选择性地知觉外在信息，构建当前事物的意义；他们的教育知识实际就是自我经验的合理化，或自我经验在其中起着导向作用。忽视教师的自我经验，就不会考

虑教师自我经验的价值向度，就可能实际上背离了教师发展的方向，影响教师的专业发展的实效。故自主生长式的教师发展理论认为，教师专业发展活动，都应特别重视分析发现教师个人的自我经验，以此作为其专业发展的起点。教师参与各种专业发展活动，都不应以学生的身份、接受者的角色来参加，应该是以主动参与者、自主发展设计者、合作研究者的心态来做。教师参加各种专业发展活动的直接目标就是借助外力将自己的自我经验提升与系统化，以形成自己的个人教育理论，也就是在培训者的帮助下系统化放大自己的已有经验，使小的变大，而不是仅仅接受培训者提供的结论性知识。

2. 教师的自我经验是教师的专业发展从“他主”走向“自主”的基础

学生的发展要自主，教师的发展更要自主。尽管中小学教师自主发展的途径与形式是多样且复杂的，但行动研究与叙事研究的理论与方法为其提供的新的思路很经济实用，这就是写反思案例，做行动研究与叙事研究。就是立足自己遭遇到的具体真实的教育问题，叙述其事件原委、分析问题现象，建立观念假设、求证教师教的行为和学生学的行为与教学效果之间的联系，找出原因，明确问题。而这都是以教师的自我经验为基础展开的，从一个个教学反思案例中提取的经验就是“事例经验”。在这个过程中，教师就不知不觉地以教育教学中的实际问题为研究对象，通过与研究对象和同行互动，对其行为获得自己的理解，在反复琢磨中恍然大悟，在左右比较中自然流露出自己的想法，在百思不得其解时突然茅塞顿开，“事例经验”就是初级阶段的自我经验。自主生长式教师专业发展理论认为，一个人接受培训并得到发展，不是一个简单的接受及模仿过程，真正的内在活动是一个在反思伴随下的自主生长过程。各种教师专业发展活动的前提条件应是创造一个适宜的环境，把教师内在的创造潜能诱导出来。故优化活动，丰富体验，促成感悟，走向自主，这是我们构建自主生长式教师发展理论的指导思想和一贯追求。

3. 教师的自我经验是教师个人理论形成的起点

中小学教师发展的终极目标是形成自己的个人教育理论，成为科研型教师、智慧型教师。但成功的优秀教师也不是“一步登天”的。一般而言，他们是经过反思，从一个个具体教学反思案例中提取的经验就是事例经验（自我经验）。再集中对许多的事例经验进行分类整理，对同一类的经验进行再反思、再提炼，就产生了类经验。集中若干类经验后，再整合为一个经验体系。在这个过程中，教师个人理论最初的台阶就是他的自我经验。故自主生长式的教师发展理论主张，所有的教师专业发展引领者，都应研究教师成长与发展的基本规律，熟悉各类教师发展的可能路径。在熟知教师个体的主要问题后，能够以问题为主轴来架构研修内容，以问题为中心来组织培训资源。最重要的是量体裁衣式地建构教师专业发展模式，找出最佳路径，帮助教师在“行走”中改变行走方式，在解决自己真实的教育问题的同时，生发个人自我经验，进而建构自己的教育理论。

4. 教师的自我经验是教师由“知识型”走向“智慧型”的关键

“知识型”教师是我国的传统，学富五车是高水平教师的象征。但在新时代，真正被大家所接受的高水平教师是“智慧型”教师，他们的主张与做法，不是从书本上搬来的，而是自己在实践中反复提炼、概括出来的，包含“实践逻辑”的实践智慧，特别管用。教师的智慧固然可以通过学习获得，但外来的知识只有在和教师个体的自我体验相结合时，才能被内化为实践智慧。在很大程度上，教师的实践智慧是个体自我经验不断积累的产物，教师的自我经验是教师由“知识型”走向“智慧型”的关键。故自主生长式的教师发展理论主张，培训者在对教师进行专业引领时，要发掘和保护教师的个人特色，鼓励教师更多地表现自己的真性情、“土办法”，尊重教师的个人话语权。

（原载《成才》2016 年第 3 期）

让自主生长式教师专业发展理论在学校落地生根

——自主生长式教师专业发展理论附小现场会综述

2016年1月8日，自主生长式教师专业发展理论现场会在武汉市光谷第九小学暨湖北第二师范学院附属小学（以下简称“附小”）举行。本次现场会由湖北第二师范学院教育科学学院主办，武汉市光谷第九小学承办，旨在进一步推进自主生长式教师专业发展理论与实践的研究。会议议题是：如何建立校本研修制度，让“自修—反思式校本研修模式”、“中小学自主生长课堂”在学校落地生根。

会议由附小王彩云校长热情致辞。王彩云校长简要介绍了附小教师在自主生长式教师专业发展道路上的发展与阶段性成果。李明菊副校长做了“引导教师深耕课堂，促进教师自我建构”的经验交流，介绍了附小自主生长式教师专业发展实验的研究情况。研修短片《我们走在路上》展示了教师反思式研修特色；三年级语文组教师展示了团队教研活动“种桃种李种春风”，围绕一节课的深入研究，使得他们自我审视提升。湖北第二师范学院教育科学学院范丹红副院长、潘海燕教授，东湖高新区教育发展研究院夏循藻副院长，硚口区教科院韩芳书记，长阳县政府教育督导室田第元主任，硚口区教研室张自力主任，武汉市自主生长式教师专业发展实验学校的校长、主任等80余人参加了此次活动。

2012年3月附小迁入新校，2012年12月6日，王彩云校长邀请潘海燕教授到附小作“自主生长式教师专业发展理论”专题报告，为附小教师专业成长提供理论基础，为校本研修、学校发展指明方向。自此，自主生长式教师专业发展理论犹如一粒种子，悄然播种在附小的校园。2014年9月附小全面启动，探究此项课题实验。通过本次现场会我们感受到，附小在潘海燕教授提出的自主生长式教师专业发展理论引领下，短短3年时间，教师队伍整体素质明显提高，办学品质得到提升，学校实现了跨越式发展。

大家一致认为，附小实践自主生长式教师专业发展理论有以下几个方面的成功做法是值得推广的。

1. 唤醒教师专业发展自觉自主意识

潘海燕教授的自主生长式教师专业发展理论强调的是要把人的创造力量激发出来，将生命感和价值感唤醒，从而促使教师专业发展的自觉自主。附小经过了快速建设、常规建设，这两年正在创特色与品牌。王彩云校长及时将注意力转移到了教师队伍建设与教育科研上，派精兵强将助推教师专业发展。

(1) 以教师制订《个人三年自主生长式专业发展规划》为抓手，引导教师自我主动变革。附小指导教师依据自己实际制订个性发展规划，相互分享交流，共同见证承诺，努力将规划具体转化为每学期切实可行的行动计划和成长路径，而不是束之高阁的“作业”。

(2) 以青年教师成长中心为平台，形成一种合作的教师自主生长式发展文化，构建一种合作共赢的自主生长式发展模式。附小2014年成立语文、数学、班主任三个青年教师成长中心，在导师的引领下，他们将日常活动、研训课程、课题研究融为一体，每周对青年教师成长中心成员进行培训。这种打破孤立的、个体式的发展，激发了教师发展的内在需求，将青年教师组织在一起寻求更为经济有效的自主生长式发展模式，为青年教师快速成长搭建了平台，团队的引领更加激发了青年教师的主动发展意识，附小青年教师在互相促进的氛围中，逐渐变“要我发展”为“我要自主生长”，附小抓住了青年教师前五年拔节生长的关键成长节点。

2. 立足课堂促进教师专业自我建构

(1) 聚焦问题，探寻自我发展路径。附小立足课堂，聚焦问题，践行最佳自我发展路径，着力解决问题，依据学校实情，他们组建了语文、美术、体育三个由骨干教师引领的强势学科课堂观察团，每一个小组观察员由多学科、多层次人员参加，实现跨学科、跨年段，多维度整合，凝聚更多教师的力量与智慧，真正促进全体教师的自觉改变。他们以问题即课题，以课例研究为主轴，实施“课堂展示＋课堂观察＋课堂思辨＋课堂重构”的四段式研修模式，教师现场进行“红方”和“蓝方”激烈辩论，并请专家现场点评提升。教师在有具体情境真真切切的四段式研修过程中，不断地生发出自己的观察，自己的思考，自己的感悟，自己的理论，从而生长出自己的思想。潘海燕教授的自主生长式教师专业发展理论强调教师要与同事、与专家、与领导的合作交流，强调学习环境的营造，要求教师实现自主学习，实现个性化发展，学校重在提供学习资源、组织学习活动，并指导、帮助、激励教师。附小立足课堂，创设四段式发展平台，极大地促进了教师的专业自主发展与自我建构。

(2) 打造自主生长式课堂，让教师充分应用自己的教育思想。2012 年潘海燕教授就提出，“让教师在自己的课堂上充分应用自己的教育思想”，即“中小学自主生长课堂”的建构问题。附小多年来坚持每学期举行“全能杯”自主生长式课堂竞赛，检晒全体教学人员的课堂。每次历时四周，第一周组长筹备，第二周人人晒课，第三周推荐选手校级比赛，第四周聚焦校级比赛这一节课，从“教学新主张、教学设计框架、教学得与失、教研体会”这四个方面进行团队研课过程展示。他们着力形成从一节课到一类课，从一类课到一个团队，从一个人到一群人的“自主学习场”，面状铺展，点状深入，责任团队，深度研讨，结构推动，序列发展，让自主生长式教师专业发展理论起到了“落点着地共同研究，多项互动共同交流”的功效。自主生长式课堂激发了每一位教师的热情，人人都在“生长场”里发挥着作用，自主发展，焕发了附小课堂的生机与活力。

3. 引导教师撰写反思，不断超越自我

潘海燕教授提出的自主生长式教师专业发展理论的核心是教师的成长决定于自修反思。附小在全面实践自主生长式教师专业发展理论一年后，充分感受到了教师的成长与变化，于是就提出教学人员每周撰写一篇反思的要求，每周学校将反思编辑成简报，在群里共享，让老师们看见不断变化的自己，并逐步形成一种共生的力量。单就 2015 年一学期教师就撰写了反思 700 余篇。现场会中途观摩附小自主生长式教师专业发展物化成果展时，与会的专家翻开教师的反思简报和文集，都深深地体会到这些体现了教师个人思想的文章是最珍贵的，并对此赞叹不已。潘海燕教授还再次强调自主生长式教师专业发展理论是立足教师已有的经验，通过反思、同行互助及校长与专家的引领，最终形成个人教育理论。一切都是为了促进反思，促成思想生长，让教师在我们创造的条件与程序中，获得自己的理解，在反复琢磨中恍然大悟，在左右比较中自然流露出自己的想法，在百思不得其解时突然茅塞顿开，引导教师学会学习，学会行走，同时反思撰写要注意成系列，指向“发展目标”。

现场会交流环节热烈深入。东湖高新区教育发展研究院夏循藻副院长肯定光谷九小的自主生长式教师专业发展模式。湖北第二师范学院范丹红副院长、硚口区教科院韩芳书记对于教师的自主反思非常赞赏，湖北第二师范学院刘晶晶博士、李贤智博士从学科角度提出多方位思考。下午，专家点评环节，张自力主任、田第元主任、潘海燕教授与参会的老师面对面地交流、互动，解读了自主生长式教师专业发展的理论，明确自主生长式教师专业发展一定要目标清晰，不断积累，螺旋上升。同时，潘海燕教授还与专家们一起对附小实践自主生长式教师专业发展理论进行了深度观察、分析与透视，围绕如何让自主生长式教师专业发展理论在学校落地生根进行了探讨，提出了十分中肯的建议，归纳有以下三点：

（1）建立校本研修制度。

潘海燕教授指出让自主生长式教师专业发展理论在学校落地生根一定要加快制度化与物化。学校要注意把成功之处、有实效的地方制订成学校规章制度，并尽量给予物质条件支援。校本研修是基于学校、为了学校、在学校中解决教师教育教学实际问题的一种研究模式，是以教师专业发展需求和专业发展完善为指向，为教师能更好地胜任教育教学专业岗位并自如地解决实践中出现的各种问题提供专业指导。科学的管理制度是确保校本研修最优化的重要抓手。为了保证校本教研正常、有序、高效地开展，学校要依据校情建立校本研修管理制度，例如建立“备课组考核制度”、“专家听评课制度”、“学生评教制度”、“教师课堂教学评价制度”等，引领教师的专业化自主发展，将学校建设成为一个教师人人自主学习、终生学习的学习型组织。“行成于思毁于随”，在相关系列制度的科学督促指导下，自修—反思式校本研修活动才会有条不紊地进行。而且在实践过程中，实验学校还需要不断创新校本研修的机制与制度，只有这样才能永葆其活力。

（2）精准发挥校长作用。

校长要把教师队伍的建设放到准确的位置。潘海燕教授认为，一般而言，校长要做五件事：一是抓办学理念；二是抓教师队伍；三是主持日常工作；四是引领家庭教育与社会教育；五是抓校本课程开发与课程管理。教师队伍是仅次于办学理念的一件事，是落实办学理念的关键，也是一件要常抓不懈的事。并且队伍抓好了，更有利于学校管理理念的现代化，即由从管理人，到开发人转变。通过培训开发老师，达到管住人，这是现代化管理方式，比那些“制度管理”、“经济管理”、“质量管理”等更具时代精神。

校长要把自修—反思式校本研修模式与课堂教学工作结合起来抓，要符合学校实际。潘海燕教授根据前期研究，认为自修—反思式校本研修模式可以与学校各项工作相结合，比如，可以和“读书”结合来做。潘海燕教授指导一些山区学校就是这样做的，即每个学期，集体读一本书。也可以和某课题结合来做，潘海燕教授指导不少城里的学校是这样做的。还和教育局、学校中心工作结合。和课堂教学结合是最常见的，潘海燕教授已将此命名为“自主生长课堂”，校长要着力抓好这项工作。

校长在教师发展工作中的作用要充分发挥。潘海燕教授认为在自主生长式教师专业发展理论的实施学校，校长及校级领导团队的作用主要体现在“整合”与“氛围营造”上。校长一是要把自主生长式教师专业发展理论与学校的当前工作“整合”好，不另起炉灶，不搞“两张皮”。二是把学校氛围营造好，让氛围影响人、发展人。

校长要做自主生长式教师专业发展的引路人。湖北长阳教育督导室田第元主任指出，校长要做自主生长式教师专业发展的引路人。一是思想引领——唤醒教师自主生长的潜能；二是文化引领——营造教师自主生长的氛围；三是行动引领——勇做教师自主生长的表率。校长务必做到“五带头”：带头学习、带头反思、带头记录、带头互听互评、带头总结提升。校长还要坚持“三立足”原则：即立足于学校与课堂，立足于问题的解决与方法的探讨，立足于自主生长与合作共进。

3. 不断发现真问题、解决真问题

硚口区教学研究室张自力主任认为，教师自主生长的过程是一个不断发现真问题、解决真问题的过程。潘海燕教授的自主生长式教师专业发展理论指导下的校本研修制度、自修—反思式校本研修模式、自主生长课堂，强调的是要在实践中实实在在地挖出真问题、实实在在地解决真问题。只有深入了解与研究教师、课堂和学生，才能由对问题的视而不见、熟视无睹到发现真问题，由提出经验型问题到发现研究性问题，才有助于自主生长式教师专业发展理论健康发展。

本次会议是继 2015 年 12 月 6 日首届自主生长式教师专业发展理论学术研讨会之后的一次盛会，通过经验交流、现场观摩、反思感悟、透视分析、诊察把脉、工作部署等方式，搭建了自主生长式教师专业发展的成果研讨与学习交流平台，对促进自主生长式教师专业发展理论和实践成果的研究和推广，对实验学校的内涵提升、跨越式发展，都具有十分重要而深远的意义，潘海燕教授提出的自主生长式教师专业发展理论必定会在学校落地生根！

（原载《成才》2016 年第 4 期，李明菊参与了该文的写作）

提升中小学教师对自我经验的敏感性

在古希腊阿波罗神庙的门楣上刻有一句话："人啊，认识你自己。"这句话彰显了古代先哲已经意识到认识自我、了解自我的重要意义。也从一个侧面反映了人类认识自我的难度。中小学教师是一个必须不断进行专业发展的职业，但在现实境遇下，尽管各种引导、促进中小学专业发展的理论和模式层出不穷，而中小学教师专业发展依然面临重重困难，甚至许多中小学教师深陷职业倦怠的泥潭中。我们在自主生长式教师专业发展的理论与实践研究中，提出了让教师立足自我经验自主生长与应用自己的教育思想的理论构想，在其后的实践中发现，提升对自我经验的敏感性是中小学教师专业发展的一个有效切入点，引导中小学教师提升对自我经验的敏感性是审视和超越目前中小学教师专业发展困境，帮助中小学教师解决自我迷失，实现专业成长的一剂良药。

自我经验是指个体通过亲身体验获得的感悟，是中小学教师专业发展的重要资源，对自我经验的敏感性是指敏锐意识到自我经验对于自我发展的意义以及在实践中对经验的领悟与生成能力。

一、忽视自我经验：让中小学教师的专业发展陷入困境

教师专业发展是教师教育的不变主题，主要是教师的专业成长或教师内在专业结构不断更新、演进和丰富。在以往的中小学教师专业发展研究中，研究者关注更多的是外界环境的支持，认为给予中小学教师适当的环境和刺激便可以推动其专业发展。但是随着研究深入，发现中小学教师普遍存在"安乐窝"现象，即他们不愿意按照外设路径进行专业发展，甚至抵制"强加式"的专业发展。

目前，中小学教师专业发展的最大困境是中小学教师没有找寻到专业发展的意义和实现路径。做老师的人，有一种比较可怕的状态：就是一直重复，看不到变化。没有变化，就意味着没有希望。他的日子过得没有希望，因此而痛苦、不安，他会忽然感觉生活失去意义。自我意义一旦丧失，一天到晚被动忙碌，在忙碌中迷失自我。部分中小学教师尽管具有专业发展的动机，

但是苦于没有找寻到符合自身实际的专业发展路径，在理想与现实中挣扎。造成中小学教师自我迷失，教学质量在低水平徘徊。其结果有二：一是必然走向受习惯支配。每一位教师在教学过程中都会形成独特的教学习惯和教学惯性，这些教学习惯会在潜移默化中影响教学行为。在中小学教师培训中，我们经常会发现，许多中小学教师在培训过程中参与度非常高，对培训内容高度认同，但是在回归课堂时，他们的教学过程与往常一样，没有丝毫改变。原因除了缺乏环境支持以外，更多的是受教师的教学习惯支配。二是受情绪影响。教学是充满科学性和理性的活动。教师在教学过程中，尤其是在进入课堂时，应该是尽可能排除情绪干扰，用理性的思维传递科学性的知识。但是，在现实情况下，中小学教师群体中充斥着职业倦怠，情绪波动严重影响了中小学教师的教学质量，使中小学教师无法还原教师职业的本来面目，专业发展更是奢谈。这其中真正的原因是忽视了自我经验。中小学教师在从教过程中积累了大量的自我经验。这种经验具有独特性和个体性，是教师个体在教学经历中通过自我反思、自我感悟形成的。中小学教师的自我经验是中小学教师专业发展的宝贵资源。以往的培训经常忽视中小学教师的自我经验，把他们当成“白纸”，采取“授—受”式的培训方式，从而也导致培训效果不彰的现象。

二、必须唤醒中小学教师对自我经验的敏感性

每一位中小学教师都是一个具有独特自我经验的个体。正如世界上不可能有两片完全相同的树叶一样，自我经验也具有完全的独特性和唯一性。中小学教师自我经验的独特性决定了他们无法按照统一的模式进行专业发展，也不能够完全照搬“成功个体”的专业发展路径，而必须唤醒他们重新审视自我经验，利用好自我经验。

自我经验是中小学教师自我专业发展的基础，也是摆脱自我迷失，重塑自我的基石。中小学教师自我经验的形成至少需要经历、觉察、感悟三个层次，仅仅依靠自然反应是远远不够的，需要后天的积极训练。

自我经验的获得源于个体的经历。影响中小学教师专业发展的经验来源主要有求学经历、教学经历和生活阅历。求学经历是中小学教师早期学生时代的学习过程，这种作为“教育对象”的角色，能够帮助中小学教师更好地换位思考，从学生的角度审视和理解教师职业，也能够帮助中小学教师认识和理解学生。教学经历是中小学教师先前从事教师职业的经历，每一位中小学教师的教学生涯都是得与失的过程，每一节课都有成功之处和不足之处。

社会阅历是中小学教师作为一个“社会人”角色对教师职业的理解，可以帮助中小学教师了解社会和家长对中小学教师职业的期许和要求。

中小学教师的自我经验的获得除了需要个体亲身经历以外，还需要中小学教师的觉察和感悟。觉察是一种体验形式，是一个人对自身的存在以及世界“是什么”的非语言的感知和意会。一个有觉察力的人知道他在做什么，应该怎样去做，也知晓他可以自由选择，并且选择去成为他自己。觉察按照觉察对象来分，又可以分为对外觉察和对内觉察。对外觉察是对周围环境的觉察，对内觉察主要是对自我经验的觉察。“感悟”是在大量体验基础上产生的一种领悟，它是生长性的，而非移植的。感悟意味着个体对某个问题的认识上升到理性阶段，对个体的后续行为起自觉的指导作用。

中小学教师自我经验会影响中小学教师对教学问题的价值判断，是中小学教师生成教育智慧的源泉。但中小学教师往往漠视自我经验的存在，更无法有效调动自我经验，因此，要引导中小学教师增强对自我经验的敏感性，了解自我经验对自我专业发展的重要意义，并且要提高在实践中运用自我经验的能力。

湖北第二师范学院的潘海燕教授领衔的团队认为，立足教师自我经验的自主生长式的专业发展，就是引领教师深入、持久地对自己的教学实践进行反思，让教师在这个过程中系统化自己的“自我经验”，进而形成一定的操作体系（个人理论），并使之成为教师个人行之有效的教学方法和教学设计的理论，对自己的教育教学产生持续而深远的影响。

三、提升中小学教师对自我经验敏感性的策略

提升自我经验的敏感性是中小学教师审视自我、了解自我的重要途径。尽管几乎每个中小学教师均会在日常教学过程中利用自我经验，但我们也应该看到，目前中小学教师自我经验的敏感性的水平仍然比较低，需要进行科学训练。因此，需要提升中小学教师自我经验的敏感性，把提升中小学教师自我经验的敏感性作为中小学教师专业生长的切入点。

（1）提升对基础教育的热爱感和研究欲望。中小学教师从事基础教育工作，面对的是一个个求知的幼小个体，是一份高尚并且值得全社会尊敬的职业。夸美纽斯曾经赞扬教师是“太阳底下最光辉的职业”。作为中小学教师，应该对自身从事的职业有绝对的自信。从为国家和民族培养人才的高度，从为国家和民族培养后代的高度出发，对这项职业具备高度的自豪感。对基础教育的热爱，是提升中小学教师自我经验敏感性的动力，是中小学教师克服

自我、超越自我的保障。此外，应该提升中小学教师对基础教育的探究欲望，这也有利于中小学教师提升自我经验的敏感性。

(2) 提升自我觉察的敏感性。自我觉察力是个体与生俱来的能力，但通过后天的专门培训可以大大提升自我觉察力的水平。敏感性是人的觉察力的重要评价指标，提升自我经验的敏感性很大程度上就是提升自我觉察的敏感性。中小学教师自我觉察敏感性的钝化主要由于对自我能力的盲目自信或自卑。在许多通过自陈方式开展的中小学教师群体调查中，中小学教师自陈分数明显与自身实际情况不符。提升中小学教师自我觉察的敏感性一是通过暂时离开教育现场，把已经钝化麻木的感官释放出来，提升感官的敏感性。二是可以通过对课堂进行自我录像，由中小学教师进行自我观赏、自我评价，从而觉察出存在的问题和优点。

(3) 利用“左手栏”工具进行自我暴露。“左手栏”是暴露和发现心智模式的一面镜子，是一项效果强大的反思技巧，其目的是使得个体的缄默知识显性化，进入中小学教师的觉察范围。其具体的方式是以对话的方式在一张纸的右侧栏目中真实记录当时的交谈情况，在左侧写出当时在交谈氛围中想说而又因为各种原因（原因最好也要写出）没有说出的话。左侧的“我所想的”是自己内心的真实想法，是直接影响行为的思维模式。经常利用“左手栏”工具，可以帮助中小学教师熟练地觉察自我心智模式。下面是一位青年教师利用“左手栏”工具的案例。

我所想的	我与同事交谈的
这节课试教效果不太好，我得向同事们探寻一下他们的感受，希望听到的不都是批评。	我：你们觉得我这节课上得怎么样？
我总不能说自己很差，反正我是按照专家指导的思路来备课的，他可是经验丰富的教研员，难道你们会有比他更好的点子吗？	同事：嗯，还可以吧，你自己觉得呢？ 我：我的教学过程是按照专家的想法设计的，应该不错的，或许我对这个班的学生不熟悉的缘故没有达到预期的效果吧！
你们为什么不给我提建设性的意见？难道不想我把这堂课上得更好吗？	同事：或许吧，但希望你再多钻研一下教材，回去再备一次课，把这个课上好。

（4）开展中小学教师的勇气训练。自我经验的敏感性很多时候觉察到的是自身存在的不足和缺点，需要中小学教师有悦纳自身不足的勇气。提升勇气训练的方法就是采取观想策略。在提升勇气的训练中，教师通常需要做两个观想训练：和自我对话的观想；和自己最难相处的人对话的观想。在对话和观想过程中，要不断给予自身鼓励和正面激励，消除恐惧感和不适感。提升勇气训练可以利用个体在某件事情上获得自信感后，借助自信感，从而接受不完满的自己。

提升自我经验的敏感性是中小学教师专业发展的切入点，是一个重新认知不断完善自我的过程，是一个自我暴露、自我治愈的过程，是一个需要勇气和智慧的过程。

（原载《成才》2016 年第 12 期，陈庆礼、曾小翠参与了该文的写作）

自主生长式教师专业发展理论的主要创新

针对我国教师教育领域“接受性”思维积习严重，忽视教师的“自我经验”的作用，致使教师培训与专业发展的实效性受到诟病的现状，潘海燕及其团队在“发生认识论”、“学习型组织理论”、“成人与教师学习理论”、“行动研究与叙事研究方法”等前沿教育理论与方法指引下，着力研究了教师校本学习的理论与策略，中小学教师培训模式建构原理与方法，经过 14 年的实践历程，100 多所学校的几轮实验尝试，几十场研讨会、现场会的打磨，终于初步完成了自主生长式教师专业发展理论的建构。据统计，该项研究获各类科研奖 8 项，教科研课题立项 18 项；发表相关论文 81 篇；出版专著、教材 38 本，主要在以下两个方面取得了突破与创新。

一、提出了教师“自我经验”的概念，揭示了基于“自我经验”的教师专业发展路径

“自我经验”是指个体通过亲身体验，在反思中获得的感悟。常常表现为自己的真性情、“土办法”。课题组通过对一些成功的优秀教师的研究，发现他们并不是“一步登天”的，一般而言，他们是经过反思，从一个个具体教学反思案例中提取“事例经验”，再集中对许多的“事例经验”进行分类整理，对同一类的经验进行再反思、再提炼，产生类经验。集中若干类经验后，再整合为自己的一个经验体系，再在实际应用中产生“实践智慧”。在这个过程中，他们最初的台阶就是他的“事例经验”。事例经验就是典型的“自我经验”，平时存在于个人行为的细枝末节之处，不易觉察，也基本被理论研究所忽视。但实际上，教师的教学行为主要是基于他对教学事实的认识和对教学问题的理解，都只是从他所认为的理想教学的角度出发，以自己的努力并按照自己认为最合适的方式行事，探寻着自己心目中确信的“真实的教学”。而且，他们不是被动地接受外在信息，而是根据“自我经验”主动地和有选择性地知觉外在信息，建构当前事物的意义；他们的教育知识实际就是自我经

验的合理化，或自我经验在其中就起着导向作用。因此，最理想的教师发展必然是基于教师“自我经验”的自主生长式发展。

潘海燕及其团队的100多所学校的几轮实验表明，教师“自我经验”提升发展的基本路径是：

（1）在亲身体验中提炼事例经验。教师对教学案例的反思就是提炼事例经验的一种形式。记录一次成功或失败的教学案例，转换不同角度去理性看待一次经历或一件事情来获得感悟就是典型的事例经验，而提炼事例经验则是形成教师自我经验的开端；在事例经验的指导下，教师的教育教学工作水平会有所提高。但是仅满足于此是远远不够的，这一阶段的教师对于教育教学所反映的问题还认识不到事物的本质，解决教育教学问题的方法还无法灵活变通，教师对于事物的认识还不是非常清晰。

（2）在系列事例经验中整合出类经验。在积累了一组事例经验之后，系列事例经验之间还是相对独立和彼此分离的。如果教师在一个更高的平台上审视此系列事例经验，在对这些经验的进一步反思中，必然会对其进行分类整合，提出解决一类问题的主要思路和具体步骤，这就是“类经验”。类经验可指导教师面对同一类教学情境时如何开展合适的教学工作，在这样的教育教学实践过程当中，事例经验也更加完善。在教师教育思想的形成和发展过程中，从系列事例经验中整合出类经验的这个过程是不可缺少的，它是系列事例经验应用于教育教学实践的必然成果，也是构建教师个人经验体系的重要部分。

（3）在系列类经验中形成个人经验体系。从体验到反思，从反思到感悟，在整合出系列类经验之后，系列类经验之间也还是相对独立和彼此分离的。这就需要进一步使系列类经验之间产生相互联系从而体系化，打上个体标识，赋予鲜明个性。这个时候，如果教师能够透过教育教学现象对其本质形成全面、清晰的认识，在教师个体类经验的指导下，针对本质问题设定适宜的解决技能、方法和步骤，就能建立起个人经验体系。其重要标志就是写出代表自己教育思想的论文。教师个人经验体系的建成就会使得各种教育教学工作化繁为简，标志着教师专业发展的质的飞跃，教师能全面认识教育教学实践。

（4）在反复应用中产生实践智慧。教师个人经验体系折射出教师智慧和思想的光芒，其中蕴含着对教育教学问题的独到见解，体现了独特个性的教育教学思想，包含教育教学的基本规律等。以教师个人经验体系为工作纲领，能够充分独立地开展教育教学工作，并能取得良好的教育教学效果。但教师个人经验体系并非教师自我经验形成和发展的终点，如果教师不断地开展教学实践，反复从该体系中抽离个人经验应用于变化的教育实际情境，一是可以防止教师自我经验停滞不前甚至退化，在反复应用教师自我经验时，能时刻用实践来检验、修正自我经验，理论联系实际来论证观点的正确与否。二是反复应用个人经验，也会产生实践智慧。一般而言，随着教师个人体验渗透教育实际情境的各个方面，以及对个人经验体系的持续改进和不断完善，教师的教学经验就会从感性经验上升为理性经验。另一方面，教师自我反思习惯已经养成，大大改变了精神面貌，教师专业就会得到良性发展，教师的"智慧"会越来越多，甚至达到慧如泉涌的状态。这一过程必将促进教师的可持续发展，对自己的教育教学产生持续而深远的影响，形成独特的"专业自我"。

二、研制出了自主生长式教师专业发展理论的三个实现范式

本研究成果集中体现在以下三个基本范式上，即自修—反思式的校本研修模式、自主生长课堂的教学模式、自主生长取向的师范生培养模式。

1. 自修—反思式校本研修模式

自主生长式教师专业发展理论所持有的最基本的校本研修理念就是"培训即生长"。所持有的最基本的主张就是：在校本管理原则下，在教师的自主学习、合作学习基础上，用教育科学研究的方式对自己所做出的行为、决策以及由此产生的结果进行审视和分析，主动获取知识、应用知识、解决教师实际问题，通过提高教师的自我觉察水平，通过把教师的工作场所变成教师的学习场所、合作场所、研究场所，使教师自身的思想、观念、行为始终处于一种追求创新的境界，让教师把听到的做出来，把做好了的写出来，真正让教师自主生长自己的教育思想，从"事例经验"走向"类经验"，再形成"个人经验体系"与"实践智慧"，推动教育的进步。为此，我们构建成一种教师研究性合作学习的校本研修方式——自修—反思式校本研修模式。

此校本研修模式以一个学期为周期，依据专制的《教师专业发展报告册》，运用行动研究与叙事研究的方法来实施，期初选定"目标"，然后"天天写"、"月月评"，期末进行"成果整理"。一个周期可分为五个基本环节：

一是自定发展目标。教师通过自修自研，专家指导，觉察自己在教育行

为中的主要问题及薄弱环节，寻找出其“最关键、最困惑、最有价值”的问题，针对自己的实际情况，制订出学习计划、行动方案及一段时间内所要努力达到的目标。此目标不宜太大，也不宜太小，最好是本学期能够解决的问题。

二是撰写反思案例。教师对照自选发展目标，采取积极的行动，有了一定的感受和体验后进行自我评价、自我总结，然后写反思案例。反思案例是教师经过反思而实现一个发展目标后的小结，是教师观念变化和行为改进后的一种自我认定，是教师教育思想形成的有效载体，是教师互评交流和校长导评的基础。案例撰写要用心去体验，用情去感悟，用自己的语言去表达，在一些细微之处不断积累自己的概念和命题。

三是开展教师互动。即在教师案例撰写的基础上，以合作学习小组为单位组织进行交流。教师互动重在信息交流、信息整合，达到优势互补、资源共享、相互促进、相互借鉴、共同提高的目的。在教师互动中，要学会“悬挂假设”，即暂时把自己的观点放在一边，不急于为自己的观点辩护，而是认真地听取别人的意见。还要会探索自己的隐性思想，即把自己的推理明确化，通过互动交流，使受训教师博采众长、补己之短，把别人的优秀成果有选择地因地、因事、因人制宜地运用到自己的教学中，并不断地总结、领悟、发挥、创新，形成自己的教育思想。

四是校长或专家导评。校长或专家组织评价小组对教师是否达到阶段发展目标给予评定，并依据学校的办学理念与教师成长发展规律，对教师下一步发展做出规划，指明发展方向。让经验型教师向研究型教师发展，提高自己的理论素质；让理论型教师勇于实践，将理论与教育教学实践结合，形成自己的教学风格。

五是成果整理。即将一学期的培训成果表达出来。成果形式可多种多样，可以是一篇教案、一节课，也可以是工作经验。一般而言，主要是在众多系列案例基础上撰写论文。实际上就是对众多案例的反思成果进行有机整合，形成自己的个人经验体系与教育思想。它能让教师获得自信，感受成功，让优秀成果脱颖而出，从而营造出良好的培训氛围。

2. 自主生长课堂模式

自主生长式教师专业发展理论所持有的最基本的教学理念就是教师发展是学生有效成长的前提。主张“工作即学习”、“教学即研究”；课堂是教育教学的主渠道，也是教育研究场所与教师成长发展的场所。自主生长课堂就是在充分发挥学生主体作用的前提下，让教师在课堂上充分应用自己已有的教育思想并生成新的教育思想与智慧。

自主生长课堂模式有三个基本特征：一是体现了教师个人教育思想的课堂，即课堂中教师有自己独特的“土办法”（有效的教学措施与方法）。二是体现共同生长的课堂，即课堂即学堂，在课堂中不仅使学生得到发展，而且让教师、教学环境、教学资源都能得到很好的提升。三是教师在其过程中又进一步反思与生长自己的新思想。即教师对课堂赋予“我”的解说。通过反思总结、概括提升等方式又进一步生长自己的新教育思想与智慧。

从内在机制角度看，自主生长课堂就是教师个体的自我经验只有在课堂中不断应用外化，在与他人讨论交流中不断总结升华，在反思中进一步固化和系统化。建构自主生长课堂有三个主要环节：

一是寻找捕捉个体的自我经验。分析发现教师的个体自我经验，善于发现、及时捕捉一些有效果的做法，并把它作为教学设计与评价的起点。要注意唤醒和激励教师的自我意识，发掘和保护教师的个人特色，鼓励教师更多地表现自己的真性情、“土办法”。

二是应用提升行动方案。在熟知教师个体的主要自我经验后，对其教育行为进行理性分析，以学生为主体，以“自我经验”为主轴来设计个人行动方案，包括设计教学方法，组织学习资源，开展教学活动。学校与同事要努力让教师的个人教育理论与时代方向基本一致，与教师所处的实际教育情境相契合，与教师自身的各种能力和条件相匹配，组建互补式的共同体，找到最佳的帮助教师提升的行动方案。

三是概括形成个人理论。将反思贯穿整个教学生涯，不断整理自己的教学思路，不断总结自己的教学方法，不断概括自己的教学体验，逐步形成个人教育教学思想。学校与同事努力量体裁衣式地帮助教师建构自己的教学模式，尊重教师的个人话语权，让教师发现更好的自己，最终促进教师“专业自我”的建立。

3. 自主生长取向的师范生培养模式

自主生长式教师专业发展理论对师范教育最基本的主张是打好自主生长式专业发展的底色。师范生处于教师专业发展的起始阶段，必须破除一次性教育管终生的观念，必须让师范生掌握发展自我的知识与方法，学会自我导向学习，为终身发展做好准备。建立自主生长取向的师范生培养模式，必须达到以下条件：

（1）建立“三位一体”的师范生培养机制。

目前世界最流行的做法是与当地政府及中小学合作，共同建立教师专业发展学校。在教师专业发展学校里，大学与中小学合作进行教学与科研，有关教学与科研成果既能用于促进师范生的发展，也能用于促进在职教师的发展。

（2）建立师范生自我导向学习条件。

为了充分保障师范大学生的自我导向学习效果，我们组织编写了《素质修炼指南》；建立了专门的素质训练教室，并购买教师素质训练的相关硬件；与学校教务处合作，建立第二学分方案，将师范大学生的素质修炼、技能训练和教师专业实践的自我导向学习课程纳入第二学分，充分保障了学生的学习积极性。

（3）开发师范生自我导向学习课程。

开发师范生自我导向学习的相关课程，如“教师专业发展”、“种子读书会”、“真人图书馆”、“爱心作业屋”、“专业观察”、“习明纳”、“表达与沟通”、“写作与创新”、“专业阅读”、“教师礼仪”等系列课程。

（4）建立双标双驱的教学管理体制。

实现人才培养依靠两个通道——第一个通道是通过教师的专业业务驱动，按照专业课程的培养目标将学生纳入课程学习和实践考查的轨道；第二个通道是通过学生的自我发展驱动，按照专业能力认证培养标准将学生纳入专业素质自我修炼和能力考查的轨道。两个通道同时贯穿师范大学生培养的四年，相互促进、相互补充。

总体来讲，本理论的第一轮实验研究阶段已基本结束。下一阶段，应站在学科建设与成果推广的新起点上，进一步丰富与完善研究成果。一是建立自主生长式教师专业发展案例库，并在此基础上进一步开展跟踪研究。二是完善自主生长式教师专业发展理论体系与课程开发。三是创建“全国自主生长式教师专业发展学校（专业）联盟”。积极申报新的国家级课题，启动新一轮实验与推广研究。四是继续办好《成才》杂志开办的“自主生长式教师专业发展”专栏与本理论研究的专业网站，开好每年的年会，实时开好成果展示会，不断创新。

（原载《成才》2016 年第 12 期）

教师“自我经验”的特征与发展过程

辩证唯物主义认为，经验是在社会实践中产生的，是客观事物在人们头脑中的反映，是认识的开端，并将经验分成直接经验和间接经验两种。自主生长式教师专业发展理论（简称“自主生长理论”）既认同了经验是实践的产物，是认识的开端，也在此基础上提出了认知发展的全新经验观。认为教师的专业发展从本质上讲，是从实践中能有效解决实际问题的“自我经验”开始，即通过内省反思，优化放大成为“事例经验”，整合成能深入全面认识问题的“类经验”，再凝练成个人经验体系，最后形成举一反三、触类旁通的实践智慧，生长出自己独特的个人教育思想或教学理论。自主生长理论提出的“自我经验”将辩证唯物主义的直接经验和间接经验高度融合，生动地再现了教师的认知发展过程，为教师专业发展提供了可操作的路径，实践不断证实这一理论对教师的专业自主发展有很大的帮助。

一、“自我经验”的特征

自我经验与我们常说的直接经验和间接经验有联系，也有区别。辩证唯物主义中的“经验”偏向知识范畴，而自主生长理论认为“自我经验”是知识与能力的有机统一，侧重于能力。“自我经验”是教师用自己的方式有效解决教育教学实际问题的经历和感悟，也可以理解为从亲身经历的教学事件的反思中获取的能力。“自我经验”的主体是教师本身，载体是教育教学活动或者教学事件。一切的认知都来源于实践，没有教学实践活动就谈不上“自我经验”。不少人认为经验是学来的，这句话其实是不正确的，至少是片面的。很多教师每天都在学习别人的经验，过去学习“洋思经验”、“杜郎口经验”、“江浙沪经验”，现在又在学“智慧教学与翻转课堂”、“核心素养”等经验。疲于奔命，学了几十年，为什么还是原地踏步而没有进步？根源在哪里？因为那些经验都是别人的，不是你自己的，你没有亲身实践与反思过，就不会有他们所经历的过程，也可以说根源在于教师忽视了对“自我经验”的反思和总结。

那么如何捕捉教师的自我经验呢？首先，教师自己捕捉自我经验，比如在课堂教学实践中，教师面对教材文本的解读时，不要急于去查找别人的教案、教法以及视频，要敢于大胆自我解读教材文本，敢于用“土办法”去尝试解决文本中的问题，然后在课堂中去实践、去体验、去感悟，课后自己感觉哪些地方效果还不错，哪些地方不尽人意，这些做法和想法就是自我经验。其次，同伴帮助捕捉自我经验，比如在观课、议课的过程中，有的教师自己没有感受到自己的“土办法”的有效性，但是同伴在课堂观察中亲身经历到好的体验与感受，在课后评议的过程中，帮助整理和挖掘出来。“自我经验”的敏感性和愉悦性是教师自主生长的基础，也是教师专业自主发展的动力和源泉。

二、“自我经验”的四个发展阶段

自主生长式教师专业发展理论的核心是教师立足已有的“自我经验”，自主生长为自己的个人思想。教师的“自我经验”必须经历四个发展阶段：

第一阶段为“事例经验”，它是“自我经验”的初级阶段。

“事例经验”是教师在反思亲身经历的教学事件中获取体验感悟以及解决问题的能力。多指教师用“土办法”解决问题的愉悦经历和成功感悟。“事例经验”具有三个特性：真实性、单一性、独特性。

“事例经验”具有“真实性”。教学实践中，教师会碰到各种各样的问题或冲突，有解读文本的冲突，有师生关系冲突，有师师关系冲突，还有教师与环境的冲突，每一个冲突都是实实在在的，须要教师亲身经历和感悟。

“事例经验”具有“单一性”，由于教师面对的问题往往是孤立的、片面的，因此获得的体验与感悟也是单一的、个体的。这些经验在重新分析和解决实际问题时，缺乏全方位、纵深的思考，容易造成画地为牢的局限，属于低层次的经验。

“事例经验”具有“独特性”。教师在面对每一个冲突的应急处理过程中，由于冲突对象的个体差异和时空变换，教师获得教学体验是不同的，教学行为与处理方式就不相同，教学结果和教学感悟也不一样。

在“事例经验”上求实。这里的“实”有三个层面的意思：第一个层面是“真实”，第二个层面是“实践”，第三个层面是“实用”，也可以理解为“有效”。那么教师如何优化放大“事例经验”呢？最实用的办法是坚持写教学叙事与教育反思。没有反思也就谈不上经验，将自己面临某个教学事件的人物场景、冲突原因、应急处理、事态演变、内心感悟等进行真实记录，多积累丰富的感性事例经验。教师面对自己亲历的教学事件，总有成功与不足的地方，要在成功处优化有效的好做法，放大有效的好做法；在不足处改进低效的原方法，丢弃无效的原方法。

第二阶段为“类经验”，它是“自我经验”的比较高级阶段。

“事例经验”只能孤立、僵硬地思考和解决某一问题，缺乏全方位、纵深的开放视角，这可能是不少教师教了一辈子书，感觉还是原地踏步的原因。“类经验”是指教师将大量“事例经验”整合，获取全面深刻的体验和感悟以及多路径解决问题的能力。简单地说，“类经验”是教师根据教学现场灵活运用教学策略，多路径解决问题的能力。是较高层次的“自我经验”，是“事例经验”发展的必然产物。“类经验”有两个特性：创造性、共生性。

“类经验”具有创造性，比如：甲、乙两个厨师面对鸭子这种食材做菜，他们都能做出麻辣鸭这道菜，口味很好，大家称赞，他们都有愉悦体验与成功感悟。但是甲厨师不能够反思实践，创新发现，他的厨艺一生就只会做麻辣鸭，甲就一直停留在“事例经验”。乙厨师能够创新发现，从食材鸭子的烹饪形式、鸭子的呈现形态、顾客的年龄特征、顾客地域的分布、配菜的选择混搭等不同角度反思，然后逐个地实践创造，不断尝试总结，他就会做出咸水鸭、烤全鸭、香辣鸭、叫花鸭等系列的全鸭菜；他还能够开发出鸭头、鸭脖子、鸭肠、鸭掌等系列美食；他也可以将鸭子与红枣、枸杞、板栗等食材混搭做出各种系列的鸭汤，乙就整合了大量鸭食材的“事例经验”，形成全面系列的“类经验”，厨艺就大有长进。可见“类经验”还是对“事例经验”的颠覆与再造，无论在思维方式上，还是在实践过程中，需要具备很强的创造能力。

“类经验”具有共生性。在教育生态学的视野中，课堂视为一个生态系统，这个生态系统中包括教师、学生、课程、环境等多个生态因子，这些生态因子相互之间发生着各种各样的生态关系。当这些生态因子之间相互对话、融合、和谐、共生发展，课堂生态就得到一种平衡，这种平衡又会促进每一个生态因子的优化和发展。可见在整合“类经验”过程中，不仅是教师自身得到发展，而且参与的各方都能共生发展。

在“类经验”上求变。这里的“变”有两层含义：一是“量变”，在观察思考问题上视角的增加，在分析解决问题上的路径的增加，由单一走向多元；二是“质变”，在分析解决问题过程中不断创新，由静态走向开放，由传承走向“破立”。那么教师如何整合“类经验”呢？首先，教师要学会用开放的观念去整合，从不同视角去发现问题、分析问题、解决问题，获取多路径解决问题的系列经验。其次，教师要学会用共生观念去提升，教师多路径解决问题的过程中，要促进自己与教材文本、学生学情、教室环境、教学设施等共生融合，达到最佳平衡效果。学校最好建立教师互动与研讨的机制，让教师之间有机会共享他人的智慧。

第三阶段为“个人经验体系”，它是“自我经验”的更高级阶段。

体系泛指同类事物按照一定联系组合而成的整体。“个人经验体系”是指教师将大量“类经验”进行凝练和纵横联系，形成一个具有强大功能的经验库。“个人经验体系”是一个教师个人教育教学思想的内在表现，它具有关联性、规律性、建构性。

“个人经验体系”具有“关联性”。在宏观体系内部始终存在很多微观的体系，总则为一，化则无穷，并且每个微观体系之间一定存在着千丝万缕的关联。比如物理教师在教学实践中，建立物理学知识体系，由声、热、光、电等板块组成，并且声、热、光、电等每个板块之间还关联着能量与物质的交换。

“个人经验体系”具有“规律性”。体系一定遵循某种法则，这与它形成的因素、背景、内容、功能、作用有关。如同中国八大菜系各具特色一样，也与它的悠久历史和独到烹饪是分不开的。

“个人经验体系”具有“建构性”。“个人经验体系”不是“类经验”纯数量的简单叠加，也不是无中生有的虚构，而是在不同“类经验”的基础上，设计和构造一个全新的系统集合，系统集合中的经验现象与经验规律之间必然存在映射关系。

在“个人经验体系”上求“研”。这里的“研”，就是研究、探究。它有两层含义：一是研究“个人经验体系”的规律，教师要知晓各类经验间的纵横联系，区分相同点和不同点，理解它们适用的对象、条件、环境，掌握解决问题的策略路径以及熟练机智的应变能力。二是探究“个人经验体系”的生成过程。教师个人思想的形成一定离不开真实环境与已有经验，离不开实践经历与反思提升，离不开学习借鉴与移植融合，离不开规律探究和体系建构。

教师如何才能凝练生成“个人经验体系”呢？首先要学会做课题研究。教师要把经验当课题，通过分析、探究、反思、整合、提炼、建构，将一个个零散的事例经验，穿成一串串类经验，再连成一片片个人经验体系，逐渐凝练形成教师个人的独特思想，并应用推广到教学实践中。其次要学会写课例研修。课例研修是教师最深、最好的反思，课例研修以课例载体为切入点，为教师提供一个自我批判、自我反思、自我生长的平台，不仅能展示教师个人思想成果的最美结果，更重要的是呈现教师个人思想成果的最美过程。它能将教师个人教学思想积淀固化，实现分享共赢。

第四阶段为“实践智慧”，它是“自我经验”发展的最高阶段。

何为智慧？佛教中把明白一切事相叫做智，了解一切事理叫做慧；决断曰智，简择曰慧；俗谛曰智，真谛曰慧；照见名智，解了称慧。“实践智慧”指教师面对任何教学事件，能依据个人经验体系洞悉事件本质和规律，并迅速选择最简、最佳的路径解决实际问题的能力。“实践智慧”具有选择性、兼容性、简洁性。

“实践智慧”具有选择性。课堂上各种教学冲突随时都可能发生，同一个问题不同的教师处理的效果是不一样的，具有“实践智慧”的教师能够很快从自己的个人经验体系中快速筛选出最佳路径去解决问题。“实践智慧”具有兼容性。同一个问题用相同办法去解决，不同的教师处理的效果也有不同，由于冲突在发生的过程中，会因为当事双方的个性特征的差异、沟通交流的层次、认知水平的高低、冲突环境的缓急等因素的变化而变化，具有“实践智慧”的教师能够根据现场因素的变化，随时调整和改进自己的教学行为，不会犯教条主义、形式主义的错误。“实践智慧”具有简洁性，俗话说大道至简。面对教学问题和冲突发生现场，具有“实践智慧”的教师能够将自己的独特教学思想自始至终融入解决问题的过程之中，见招拆招，以无招对有招，真正做到得“意”忘“形”，努力用最简单、最直接的教学手段促成冲突的发展向最好结果转化。

在“实践智慧”上求“活”，这里的“活”体现在实践领域，也有两层意思：一是“机智灵活”，即在分析问题时能够类比选择，在解决问题时能够兼容改进。二是“触类旁通”，凡事活则能变，变则能通，通则恒久，万物变化无常，没有固定的规律，要适应变化，唯活所适。“实践智慧”能让教师在解决问题的过程中，因时制宜，迁移借鉴，举一反三。教师如何运用“实践智慧”呢？首先要学会转“知”为“智”，教师不能满足于个人经验体系的数量积累，学会透过经验的现象看到本质规律，感受“自我经验”发展必然是由低级到高级，由简单到复杂的演变进化，做到活学会用。其次要学会化“识”为“慧”，教师不能满足于问题冲突解决的路径多元，要养成用最简单、最直接的方法解决问题的能力，实现“自我经验”应用的终极是先由简到繁，后由繁至简的蝶变回归，做到活学会用。

（原载《成才》2017年第3期，杜新红参与了该文的写作）

教师“自我经验”的价值与凝练

潘海燕教授很早就关注到教师的“经验”与“自我经验”对教师专业发展影响的不同，并且对“自我经验”的内涵进行了界定，认为“自我经验”是个体通过亲身体验与反思获得的感悟，即教师在教育教学工作中通过对教育教学事例及其反思获得的亲身体验，逐渐形成的体系化的感悟与认识。并发现教师一般都是以自我经验为起点，使教师专业发展走向“自主”，走向“智慧型教师”，进而建构教师个人教育理论。虽然“自我经验”包括教师经过一定生活岁月、知识学习、教学反思积淀下来的客观体验和主观感悟，但它与传统教科书谈到的“经验”不是同一概念，它强调了“反思”这个环节，具有很强的生成性、生长性和个性化等特征，是教师教育知识形成、转化和专业发展的基础和动力。

一、教师“自我经验”对其专业发展的价值

一是教师的“自我经验”是教师认识教育性质、目的和功能的着眼点。每一位教师都是有“经验”的人，都在依托“经验”进行工作。当教师还是师范生的时候，他们就间接或直接积累了对教育现象、活动、属性和事业的基本认识，也从理论上了解教育的目的和育人的取向，成为他们“自我经验”积累下来的隐性学养，也成为日后在真实教育教学情境中进行验证其初始教育认识的“图式”，并且逐渐形成看待教育现象和思考问题的视角。如教育究竟是什么？人为什么要受教育？学生到底应该学习什么？何谓有效教学？如何判断教学之后学生发展的状况？除了应试教育难道就没有更好的教育方式吗？等等。

教师的“自我经验”能够帮助他们判断在某种教学情况下，他们可以对学生施加什么影响，应该先教什么，后教什么；可以让学生怎么学，学到什么程度；能把学生培养成什么样子，哪些事情做不了；什么样的教学流程和方略可能有效，等等。但这些看法和做法往往是基于感性和直觉的，至于其所以然和未尽然仍然是模糊的。

二是教师的“自我经验”可以帮助教师进行常规的备课和上课活动。尽管教师在师范生阶段可能已经了解过有关备课、上课、评课和说课等教育教学的常识，但真正对教师产生深刻影响的是教师课堂教学实践中所形成的“自我经验”。而只有当这些“自我经验”转化为正确的教育观念和科学的教学知识的时候，才有可能使教师的课堂实践真正变为有目的、有计划、富有成效的教学行为，对促进学生学以致知、习以致会、转知为能更有预见性，指导着教师进行教学设计和课堂教学。

三是教师的“自我经验”可以帮助教师控制课堂纪律并进行日常班级管理。经过数年的课堂教学之后，教师逐渐从对如何教教材的关注过渡到对指导学生学会如何学习的重视。他们知道如何用清楚的语言传道授业，懂得如何变化使用各种教学方略，直觉地使用多种手段控制教学过程，完成教学任务，吸引学生积极参与教学过程，想方设法地提高学生的学业成绩。这些活动的开展离不开教师的“自我经验”，但教师因何而教，学生为何而学，如何帮助学生将个人的目标与班级的共同愿景结合起来，怎样根据班级的现实实施红灯管理、黄灯经营或绿灯领导，如何把“赛马文化”或“海鸥文化”转化为“雁行文化”，如何让自己的每一次教学都渗透育人的效果，这是教师“自我经验”的价值追求所在。

二、将教师“自我经验”凝练为其专业核心素养的过程

教师的“自我经验”既包括对客观现象和事实的感性认识，又包括对其事实现象进行属性判断、分类梳理、特征分析和价值评判的理性思考。因此“自我经验”也有深浅、高低、大小、宽窄之分，也存在不断发展变化提升的多次机会。因此，也可以说，初始的教师的“自我经验”是有待验证的专业体验，当这些经验经过教师以科学的数据、亲历的实据和经典的论据证明正确之后，那就是真正的教学知识和有意义的教育思想，是促进他们专业发展，尤其是核心素养发展的基础和条件。帮助教师的“自我经验”凝练为其教育思想、教学知识和专业意识并以此促进他们专业核心素养的发展，则为教育理论工作者更重要的任务和使命。

从教师核心素养形成的角度来看，教师“自我经验”的凝练过程，必须经历筑基—凝形—化成的过程。所谓筑基，就是教师将“自我经验”进行系统的梳理，建立有序、合理的专业知识结构和均衡好用的专业技能体系，为其核心教育素养的形成奠定基础。所谓凝形，就是教师对经过“自我经验知

识化”改造后的专业知识和技能基础，进行有方法的应用和有原则的操作，形成教育分析、综合、评价和创新的思维方式和决策框架。所谓化成，就是教师在筑基和凝形的基础上通过“自我经验”信息消化、知识内化和运用外化三个环节，将“自我经验”转化和促成为“教育专业知能”，进而促进教育观念、学生意识、教育思维等专业核心素养的发展。

教师在教育工作中对“自我经验”概括凝练的过程，就是其专业素养发展提升的机会；而教师对“自我经验”凝练的结果尤其能够促成其“专家知能”的提高。

三、“教育专业知能”是转化和促成教师“自我经验”向其专业核心素养发展的桥梁

“教育专业知能”，是决定教师专业发展程度的关键，也是转化和促成教师“自我经验”向其专业核心素养发展的桥梁。国内外研究成果表明，教师的“教育专业知能”主要包括其教学知识、工作经验、解决问题的能力、专业特长和成长背景等方面。教师的教学知识主要包括学科及其相关知识、学科教学知识、课程资源开发和选用知识、教育目标知识、教学专题选用和实施方略知识等；教师的工作经验主要包括他们的教龄、工作能力和习惯、学习方式、阅人眼光、社会经历、情绪控制力、自我认识等；教师的解决问题能力主要包括他们的思维习惯、洞察力、问题意识、教学机智、逻辑推理、表述沟通力、深度分析力、创意想象力、理性思考、恰当决断力以及其他处理事情的能力等；教师的专业特长主要包括教师在务实灵活的策划、因材施教、专业基础、课堂应变、自我认知、善解人意、热情主动、移情、尊重宽容、预见趋势等方面的特殊品质和处事风格；教师的成长背景主要包括学习与工作的环境和场所，专业学习知识结构，对学习任务和工作项目的胜任感，为人处世和待人接物的经验，克服来自学校、社会和家庭压力的承受力以及形成的应对挑战本领，等等。

从教师的“自我经验”到“教育专业知能”，是教师专业发展的第一次飞跃；从教师的“教育专业知能”再到教师的教育思维和育人智慧是教师专业核心素养发展的第二次飞跃，也是他们超越优秀教师，成为卓越、杰出、伟大教师的必然走向。

（原载《成才》2017 年第 4 期，李志厚参与了该文的写作）

论教师的“自我经验”及其作用

——基于中小学教师专业成长的教育科研转向

随着社会大变革与大发展，关于教师及教师专业发展的问题已逐步成为当今社会的热门话题，关于教师发展的理论研究与实践探讨空前活跃。但纵观近几十年来关于教师专业发展的研究成果，多数人的思考都固守着理论灌输的“专家思维”，而很大程度上忽视了教师“自我经验”的作用。于是，出现一线教师对改革“抵抗”的舆论和一线教师对专家指导“用脚投票”的倾向。那么，问题究竟出在教育理论，还是教育实践，或是两者之间，或是思维痼疾？这是值得深入探讨的一个重大理论与实践问题。笔者牵头“自主生长式教师专业发展理论”课题研究，认为，教师的“自我经验”在教师专业成长中具有不可替代的巨大作用，应该引起理论研究者、中小学教育、科研部门和师资培训部门的高度重视。

一、“自我经验”对教育教学和教师的成长来说都是非常重要的

1. “自我经验”是一种有价值的客观存在

教育实践期盼大量有经验的教师，这是不争的事实。从教师个人的成长和追求而言，他们都希望从无经验发展到有经验甚至经验丰富，有经验的教师相对于新教师具有较大的优势；从校长的管理而言，他们都希望有经验的教师越多越好，有经验的教师就是学校的巨大财富；从学生和家长的需求而言，他们更是把希望寄托在有经验的教师身上。尤其是在人们对改革的期待落空之时，指望的还是有经验的教师解围。因为人们在实践中看到，当改革浪潮退去，现实而具体的问题暴露之后，最后只能指望一线有经验的教师来具体环境具体分析、具体问题具体解决。当然，经验的积累也会存在固化的定式倾向，阻碍改革与发展。但是，有经验总比没经验好，况且，熟能生巧，巧能出智，这是社会的普遍共识。著名教育学专家田慧生早就断言：“凡在一线产生大的影响、真正被大家所接受的高水平的优秀教师，基本上都是在立足于个体优秀教学经验的提炼、概括、总结中，即在实践智慧的提升中，逐

步形成一套自己完整的教学主张，并为大家所接受的。”因此，忽视或否定教师的自我经验是没道理的。

2. 自我经验在体验、反思和感悟中不断完善

由笔者牵头的“自主生长式教师专业发展理论”课题组，在100多所学校进行了几轮实验，发现成功教师一般都是以“自我经验”为起点，使教师专业发展逐步走向“自主”，走向“智慧型教师”，进而建构教师个人教育理论的。课题组认为，教师的“自我经验”，是指教师个体通过亲身体验，在反思中获得的感悟。它是一种教师的“个人经验”、“情境性经验”、“个人理论”。常常表现为自己的真性情、“土办法”。这其中最重要的关键词是“体验”、“反思”与“感悟”。“体验”是前提，教师属于“实践性工作者”，不是坐而论道的“思辨性工作者”，教师主要是在活动中开展教育工作，应“身”在其中，而不是其外；“反思”是方法，依据美国学者唐纳德·舍恩（Donald Schon）的研究，现代教师应是“反思性实践者”，主要是在行动中进行反思，获得实践性知识，在实践中变成研究者；“感悟”不可或缺，感悟是在大量体验基础上产生的，是生长性的，而非移植性的。虽然“自我经验”包括教师经过一定生活阅历、知识学习、教学反思积淀下来的客观体验和主观感悟，但它与传统教科书谈到的“经验”不是同一概念，因它强调了“反思”这个环节，具有很强的生成性、生长性和个性化等特征，是教师教育知识形成、转化和专业发展的基础和动力。这是培养研究型教师、智慧型教师的重要途径，也是建立教师合作共同体的校本教研本质所在，叶澜教授甚至直言，“一个教师写一辈子教案难以成为名师，但如果写三年反思则有可能成为名师”。这实际也是强调了教师的“自我经验”反思是走向成功的关键所在。

3. “自我经验”有助于建构教师个人教育理论

教师的“自我经验”既包括对客观现象和事实的感性认识，又包括对其事实现象进行属性判断、分类梳理、特征分析和价值评判的理性思考。“自我经验”有深浅、高低、大小、宽窄之分，也存在不断发展变化提升的多次机会。因此，也可以说，初始的教师的“自我经验”是有待验证的专业体验。当这些经验经过教师以科学的数据、亲历的实据和经典的论据证明正确之后，那就是真正的教学知识和有意义的教育思想，是促进他们专业发展，尤其是核心素养发展的基础和条件。课题组通过实证研究证明，立足“自我经验”的教师专业发展，强调教师的发展是一个在反思伴随下的内在的自我生成过程，重视教师在教育过程中的感受和体验，强调教师在丰富的教育体验基础

上进行反思，生发出自己的教育思想，整理出自身的教育体验成果；主张在每一位教师具有学习和研究的主动权基础上全面发展，强调教师和师范生学习活动的出发点是自我导向的，学习过程是自控的，学习结果是自知的。这也体现了国际教师专业发展理论研究的宏观转向，即现代主义的教师专业发展理论发生了“后现代转向”与教师发展“从自在走向自为”的必然。

二、“自我经验”在教育科研与改革中被矮化

1. 将“自我经验”与经验主义混同起来

“经验”一词，在我国思想界、理论界是一个多次“变身”的词汇，含义抽象模糊，人们尤其担忧陷于“经验主义”泥潭而不能自拔，因而教育理论界对教师的“经验”的研究也是回避的与忽视的，对教师的“经验”在教师专业发展中的作用的认识更是模糊的。但是，教师的“自我经验”是一个有着丰富内在结构的“经验”，从教师教育学层面而言，这个结构是可以进行“演变”的，是可以从较低级的“事例经验”，发展为“类经验”、“个人经验体系”及“实践智慧”的。只要掌握了“自我经验”的演变规律，教育科研、教师发展、教师培训是可以立足于它，而不是忽视它，甚至是矮化它。由于众多原因，人们谈“经验”就“色变”。误以为重视“自我经验”就是搞“经验主义”，故在历次教育改革大潮中，总把一线教师摆在“对立面”，“改造”首当其冲，反复“洗脑”的结果是教师无所适从，越来越没自己的主见，甚至患上“教师失语症”，出现“自我迷失乃至自我分裂”。

2. 将“自我经验”与理性思考对立起来

从哲学层面看，“经验”属于感性认识。经典理性主义者将人们对有关事物的见解区分为一般的、易犯错误的信念和永久的、已被证实了的真理性知识，并在其中划出一条深深的鸿沟。所以，“经验”常常被视为教育科学理论革命的对象，视为教育、科研“洗脑”的内容。而教育实际生活的一般情景是：“自我经验”是知识与能力的有机统一，侧重于能力，生动再现了教师的认知发展过程，加深对“自我经验”的再认识，是可以为教师专业发展提供可操作的路径的，实践不断证实这一理论对教师的专业自主发展有很大的帮助。如果忽视对教师“经验”的提升与发展，固守已有“经验”，教师个体才会迷失于“经验主义”的迷雾中。

3. 将“自我经验”与课程改革划清界限

在这次新课程改革中，改革者提出了不少克服传统弊端，符合时代潮流

的东西，但也有一种忽视自我经验，将“自我经验”与课程改革划清界限的思潮。这次课改从轰轰烈烈到销声匿迹，一个重要原因就在于改革“自上而下”，而忽略了“自下而上”的教学实践，特别是忽视了对教师已有经验的梳理。于是乎，十多年来的课改，无论教育科研，还是师资培训，往往都不关注教师的个人经验，一味地办班、洗脑、灌输、格式化培训，大量移植别人的东西。其实，这次课改提出了培养“反思型”教师的目标。“反思”，就意味着对“自我经验”的肯定。“自我经验”的敏感性和愉悦性是教师自主生长的基础，是教师专业自主发展的动力和源泉，也是教师摆脱自我迷失，重塑自我的基石。

三、运用“自我经验”生发教育思想与实践智慧

综上所述，中小学教师“自我经验”的独特性决定了他们无法按照统一的模式进行培训与专业发展，也不能够完全照搬“成功教师”的专业发展路径，而必须要唤醒他们重新审视“自我经验”，利用好“自我经验”。最理想的教师发展是基于教师“自我经验”的自主生长式发展，即引领教师深入、持久地对自己的教学实践进行反思，提升教师对“自我经验”的敏感性，让教师在这个过程中系统化自己的“自我经验”，进而形成一定的操作体系，并使之成为教师个人行之有效的教学方法和教学设计的理论，对自己的教育教学产生持续而深远的影响。最显著的特征是“自主”与“生长”。所谓“自主”，即“自我导向”，就是指教师处于主人翁状态，主动的选择性、主体性体验与感悟、积极地创造，其对立面是“他主”。所谓“生长”，就是在反思伴随下的“自我建构”，是立足教师“自我经验”的个性化发展、整体性发展、和谐发展、可持续发展，而不是违背规律的标准化生长、拔苗助长。“自主生长式发展”，就是以唤醒师生的主体意识为前提，以激发师生的内在动机为关键，以教育反思为手段，以促进师生可持续发展的教育为目标，在工作的各个方面渗透教师个人思想和理论。

教师专业发展活动最重要的思路是立足教师的“自我经验”，量体裁衣式地建构教师专业发展模式，让教师在“行走”中改变行走方式，在解决自己真实的教育问题的同时，生发个人“自我经验”，进而建构自己的教育理论。

1. 敏感觉察与切身体验，发现事例经验

课题组通过对一些成功的优秀教师的研究，发现他们的成功并不是“一步登天”的。一般而言，成功的优秀教师往往是经过写教育教学案例反思，

从一个个具体教育教学案例中提取“事例经验”，再集中对许多的“事例经验”进行分类整理，对同一类的经验进行再反思、再提炼，产生“类经验”。然后，集中若干类经验，整合凝练成为自己的个人经验体系，再在实际应用中生发“实践智慧”。在这个过程中，他们成长的最初台阶就是他的“事例经验”。“事例经验”就是教师“自我经验”的最初级形态，平时存在于个人行为的细微之处，不易觉察，也基本被理论研究所忽视。但实际上，教师的教学行为主要是基于他对教学事实的认识和对教学问题的理解，都只是从他所认为的理想教学的角度出发，以自己的努力并按照自己认为最合适的方式行事，探寻着自己心目中确信的“真实的教学”。而且，他们不是被动地接受外在信息，而是根据“事例经验”主动地和有选择性地知觉外在信息，建构当前事物的意义；他们的教育知识实际就是事例经验的合理化，或事例经验在其中起着导向作用。因此，我们必须深入关注教师的“事例经验”，敏锐发现“事例经验”，并不断提升它。再通过反思提炼出“类经验”，凝练出“个人经验体系”，生发出“实践智慧”，并以此来越过“经验主义泥潭”。

中小学教师的自我经验的获得，除了需要个体亲身经历以外，关键还是他们的觉察和感悟。自我觉察力是个体与生俱来的能力。觉察是一种体验形式，是一个人对自身的存在以及世界“是什么”的非语言的感知和意会。一个有觉察力的人知道他在做什么，应该怎样去做，也知晓他可以自由选择，并且选择去成为他自己。觉察按照觉察对象可以分为对外觉察和对内觉察。对外觉察是对周围环境的觉察，对内觉察主要是对自我体验的觉察。感悟意味着个体对某个问题的认识上升到理性阶段，对个体的后续行为起自觉的指导作用。觉察力水平有高有低，中小学教师仅仅依靠自然反应是远远不够的，需要后天的积极训练，提高对“自我经验”的敏感性。通过后天的专门培训可以大大提升自我觉察力的水平。敏感性是人的觉察力的重要评价指标，提升对“自我经验”的敏感性很大程度上就是提升自我觉察的敏感性。提升中小学教师自我觉察的敏感性一是通过暂时离开教育现场，把已经钝化、麻木的感官释放出来，提升感官的敏感性。二是可以通过对课堂进行自我录像，由中小学教师进行自我观赏、自我评价，从而觉察出存在的问题和优点。记录一次成功或失败的教学案例，转换不同角度去理性看待一次经历或一件事情来获得感悟就是典型的“事例经验”。

2. 多角度提炼，整合成类经验

在积累了一组“事例经验”之后，系列“事例经验”之间还是相对独立和彼此分离的。对于“事例经验”，教师要学会用开放的观念去整合，从不同视角去发现问题、分析问题、解决问题，获取多路径解决问题的系列经验。“事例经验”只能孤立、线性地思考和解决某一问题，缺乏全方位和纵深的开放视角，这可能是不少教师教了一辈子书，感觉还是原地踏步的原因。如果教师在一个更高的平台上审视此系列“事例经验”，在对这些“事例经验”的进一步反思中，必然会对其进行分类整合，提出解决一类问题的主要思路和具体步骤，这就是“类经验”。“类经验”是指教师将大量“事例经验”整合，获取全面深刻的体验和感悟，以及多路径解决问题的能力。简单地说，“类经验”是教师根据教学现场，灵活运用教学策略，多路径解决问题的能力。是较高层次的“自我经验”，是“事例经验”发展的必然产物。“类经验”可指导教师面对同一类教学情境时如何开展合适的教学工作，在这样的教育教学实践过程当中，“事例经验”也更加完善。

在教师教育思想的形成和发展过程中，从系列“事例经验”中整合出“类经验”的这个过程是不可缺少的，它是系列“事例经验”应用于教育教学实践的必然成果，也是建构教师个人经验体系的重要部分。整合出“类经验”的一个很实用的办法是开展“同伴互助”，让教师进行“深度会谈”，相互借鉴启迪，不断改变心智模式，使各自的思想处于不断追求创新的境界。

3. 凝练“个人经验体系”，生成个人教育思想

体系泛指同类事物按照一定联系组合而成的整体。“个人经验体系”是指教师将大量“类经验”进行凝练、纵横联系，形成一个具有强大功能的经验库。经过从体验到反思，从反思到感悟，在整合出系列“类经验”之后，系列“类经验”之间也还是相对独立和彼此分离的。这就需要进一步使系列“类经验”之间产生相互联系，从而体系化，打上个体标识，赋予鲜明个性。“个人经验体系”不是“类经验”纯数量的简单叠加，也不是无中生有的虚构，而是在不同“类经验”的基础上，设计和构造一个全新的系统集合，系统集合中的经验现象与经验规律之间必然存在映射关系，是一个教师个人教育教学思想的内在表现，一个外在标志就是能够独立撰写研究论文。这个时候，如果教师能够透过教育教学现象对其本质形成全面、清晰的认识，在教师个体类经验的指导下，针对本质问题设定适宜的解决技能、方法和步骤，就能建立起个人经验体系。教师个人经验体系的建成就会使得各种教育教学工作化繁为简，标志着教师专业发展的质的飞跃，即教师能全面认识教育教学实践。

教师凝练生成“个人经验体系”，首先学会做课题研究。教师要把经验或经验所解决的问题当课题，通过分析、探究与反思，进行整合、提炼和建构。将一个个零散的“事例经验”，穿成一串串“类经验”，连成一片片个人经验体系，逐渐凝练形成教师个人的独特思想，再应用推广到教学实践中。其次学会写课例研修。课例研修是一线教师最深最好的反思，课例研修以课例载体为切入，为教师提供一个自我批判、自我反思、自我生长的平台，不仅能展示教师个人思想成果的最佳结果，更重要的是能呈现教师个人思想成果的最美过程。它能将教师个人教学思想积淀固化，实现分享共赢。

4. 实践与理论相碰撞，生发实践智慧

教师的“个人经验体系”处处蕴含着教师对教育教学问题的独到见解，基本能折射教师个人独特个性的教育教学思想，自然也包含了教师对教育教学基本规律等的个性化解读。以教师个人经验体系为工作纲领，能够充分独立地开展教育教学工作，撰写教育科研论文，也能取得良好的教育教学效果，达到了现代意义上的教师“合格”水准。但教师个人经验体系并非教师“自我经验”形成和发展的终点，距“专业化教师”、“卓越教师”还是有距离的。如果教师继续不断地开展教育实践，反复将个人经验应用于变化的教育实际情境，则会进入一个更高境界，一是可以防止教师“自我经验”停滞不前甚至退化，因为在反复应用教师自我经验时，能时刻用实践来检验、修正自我经验，理论联系实际来论证观点的正确与否。二是反复运用个人经验，也会“转识成智”，产生实践智慧，使自己更加专业与卓越。这是因为，一方面，随着教师个人经验渗透教育实际情境的各个方面，以及对个人经验体系的持续改进和不断完善，教师的教学经验就会从感性经验上升为理性经验；另一方面，随着教师学会了“专业化学习”，尤其是学会了“校本学习”，养成了自我反思的习惯，改变了精神面貌，教师专业精神就会得到良性发展，教师的“智慧”会越来越多，甚至达到“慧”如泉涌的状态。这一过程必将促进教师的个性化发展、整体性发展、和谐发展与可持续发展，对自己的教育教学产生持续而深远的影响，形成独特的“专业自我”。

在14年多的时间历程中，课题组经过100多所学校几轮的实验尝试，初步完成了自主生长式教师专业发展理论的建构，其理论及实现形式主要体现在潘海燕及其科研团队创建的自修—反思式的校本研修模式、“自主生长课堂”的教学模式、“自主生长取向”的师范生培养模式上。武汉市教育科学研究院主办的《成才》杂志从2015年第5期开始辟“自主生长式教师专业发展”专栏予以展示及研讨其成果；2015 年与 2016 年分别召开了两次全国性学术研讨会。发表的成果已构成系列，在核心概念与基本操作技术层面已取得突破；有关后续研究在进一步展开。相信基于教师“自我经验”的自主生长式教师专业发展理论会给教师教育领域带来一股新思维，让教师动起来，真切地、逐步地形成自己的教育观、教学观、学生观、课程观。

参考文献：

[1] 田慧生. 时代呼唤教育智慧及智慧型教师 [J]. 教育研究，2005 (2)：52-56.

[2] 田慧生. 时代呼唤教育智慧及智慧型教师 [J]. 教育研究，2005 (2)：52-56.

[3] 叶澜. 教师角色与教师发展新探 [M]. 北京：教育科学出版社，2001.

[4] 潘海燕. 让教师思想自主生长 [N]. 现代教育导报，2009-11-23.

[5] 朱旭东. 教师专业发展理论研究 [M]. 北京：北京师范大学出版社，2011.

[6] 王枬：教师发展：从自在走向自为 [M]. 桂林：广西师范大学出版社，2007.

[7] 潘海燕. 自主生长式教师专业发展理论的主要创新 [J]. 成才，2016 (12)：28-30.

[8] 于泽元. 自我统整的教师 [M]. 北京：教育科学出版社，2012.

[9] 陈庆礼，等. 提升中小学教师对自我经验的敏感性 [J]. 成才，2016 (10)：28-30.

[10] 潘海燕. 引导教师在“行走”中改变行走方式——在行动中构建自主生长式教师专业发展理论 [J]. 成才，2015 (5)：16-18.

[11] 潘海燕. 教育案例是教师教育思想形成的有效载体 [N]. 现代教育导报，2005-10-17.

[12] 李志厚. 教师校本学习论 [M]. 广州：广东高等教育出版社，2006.

[13] 潘海燕. 自主生长式教师专业发展理论的主要创新 [J]. 成才，2016 (12)：28-30.

（原载《中国教育学刊》2017 年第 5 期，人大复印资料中心全文转载）

自主生长式教师专业发展理论的生态学解读

从研究取向看，国内外教师专业发展研究可分为三种取向：(1) 以“理念—更新”为主的“外铄”型研究取向，即主张在外部社会组织的推动和制度的规约下，以技术能力的训练提升和知识的充实完善为目标，通过各类培训和讲座，向教师传播各种现代教育理论，使教师通过更新理念实现专业发展。(2) 以“实践—反思”为主的“内塑”型研究取向，即主张以教师个体自身需要和价值追求为动力，以个性情感的陶冶和整个生命的体验提升为目的，通过自觉地对自我教学经验进行总结和反思实现专业发展。(3) 以“生态—优化”为主的“外铄＋内塑”型研究取向，即主张将教师专业发展置于教师所处的社会生态系统中，通过优化系统中的各个要素之间的关系，调动教师自身和外部环境两个方面的积极因素促进教师专业发展。由于“外铄”取向中教师个体处于被动消极状态，“内塑”取向中忽视了外部环境对教师个体发展所形成的激励与引导，或者阻隔与抑制作用，因此“生态—优化”取向的教师专业发展研究成为当前教师专业发展研究的重要方向。

湖北第二师范学院潘海燕教授及其团队提出的自主生长式教师专业发展理论，将教师专业发展建立在“自我经验”基础上，同时还强调了校本研修与教师发展共同体，概括了教师专业发展的基本路径（首先通过对教学实践经验的内省反思，优化放大为“事例经验”，其次将相关“事例经验”整合成能深入全面认识问题的“类经验”，再次将各种“类经验”凝练升华为指导专业教学实践的“经验体系”，最后再将“经验体系”与专业实践相结合形成具有鲜明教师个性特点和艺术特征的“实践智慧”）；进而提炼出自主生长式教师专业发展的三个实现范式：自修—反思式的校本研修模式、“自主生长课堂”的教学模式、“自主生长取向”的师范生培养模式。可以说，该理论从自主生长的视角探讨教师专业发展问题，既强调了教师在专业发展中的主体能动性，又突出了校本研修中团队合作在理念更新中的“外铄”作用，是一种“生态—优化”取向的教师专业发展理论。

然而，在该理论实验推广的十几年中，一些实验学校因校长更换、缺乏有效组织、没有专业团队等因素而中止实验，一些教师也随着时间消逝，因缺乏外部激励或发展成就不被认可等原因渐渐失去了生长动力，迷失了生长方向。为此，从生态学生态系统理论出发，关注和研究教师专业自主生长的外部环境，建立教师专业自主生长的生态系统，分析和探讨生态系统与教师个体专业发展之间的互动关系和规律，是自主生长式教师专业发展理论体系建构的一个重要方面，是要着力研究的。从生态系统角度看，自主生长式教师专业发展并不是教师独立生长，而是处于一定的社会生态系统中，受系统中其他影响因素和整个系统文化的影响。对自主生长式教师专业发展理论进行生态系统分析有助于全面发现教师专业自主生长的规律，有助于理解教师专业自主生长的实现条件和生长环境，为促进教师更好地专业生长创设良好的氛围和环境。

生态系统理论主要基于三个基本假设：(1) 生物与环境是不可侵害的整体。(2) 在自然界的一定的空间内，生物与环境构成的统一整体，称为生态系统。(3) 世界上的任何生物都是在一定的生态系统中，通过自身与外部环境的物质与能量交换，完成孕育、生长与成熟的生长过程。因此，生态系统本质上是由生物与非生物相互作用结合而成的结构有序的系统。本文主要从要素结构、功能结构与时空结构三个基本维度对自主生长式教师专业发展进行生态系统分析。

一、自主生长式教师专业发展生态系统的要素结构

要素结构分析主要是从生态系统的生态要素出发，分析生态系统中的基本生态单元种类、数量及其在生态系统中的分布。显然，对于生态系统中的个体来说，生态系统中的各个要素对个体发展产生的影响是不同的。依据分析目的不同，生态系统的要素可以分为直接影响要素与间接影响要素、主要影响要素与次要影响要素等不同类型。

任何生命的生长都是在一个生态系统中通过生命体与外部环境不间断的能量交换实现的，教师个体在社会生态系统中的专业成长过程与树在自然生态系统中的生长过程是同构的。在生长树生态系统中，生长树的生命是从种子（根和苗）开始的，苗从何处分枝，开什么花，结什么果，除去源自基因的遗传因素外，主要是在太阳、狂风、暴雨、大雪、杂草、落叶、土壤、水分等共同构成的生态系统中通过自主选择性适应决定的。同理，教师的专业

发展是从对人生的价值追求和对专业与职业的选择开始的，教师的专业发展动力、发展过程与专业成就是在复杂的社会系统中经历名利、地位、诱惑、压力等的各种考验，经历多次艰难的自主建构、适应与选择，通过实践活动实现的，体现着个体的价值取向、人生态度和职业追求。

在自主生长式教师专业发展生态系统中，影响教师自主生长进程的要素主要包括：(1) 教师的专业初心。它是决定教师自主生长是否发生，能否持久的“基因”性根本要素，支持教师克服发展中的一切困难，不断超越自我。(2) 教师的专业经验（特别是“自我经验”）。它是决定教师自主生长能力大小的“根系”性要素，也是最活跃的要素，会使生长伴随着“自我经验”的生长变得更加强壮，能够帮助教师建立起自我强化的良性生长正循环。正如生长树的挺拔树冠，其大小实际上是由深埋地下的根系决定一样。教师的专业能力和行为从根本上说是由教师的专业经验决定的。(3) 教师的学习能力。它是决定教师自主生长潜力大小的“土壤”性要素，能将外部的各种资源吸引、吸收、沉淀在自己周围，随时为“根系”提供所需要的营养，促进“自我经验”的生长。(5) 教师的阅读习惯。它是保持教师自主生长活力必不可少的“水分”性要素。教师几天不阅读可能感受不出什么，但时间长了，专业生长之“树”必将慢慢枯萎、落叶。(6) 教师的生活因素。它是教师自主生长不可或缺的“杂草”性要素，既可以默默地帮助教师整合所得的各种学习资源，又可以在关键时候为教师自主生长提供意想不到的支持。(7) 外部的激励。它是促进教师自主生长的“太阳”性要素，为教师专业发展提供外部支撑力量。教师专业自主生长的外部激励与学校校长的领导能力，学校的管理制度、奖罚制度等密切相关。(8) 外部的困难。它是砥砺教师自主生长的“暴雨、狂风、大雪”性要素，既是对教师自主生长的考验，同时为教师自主生长带来营养，使教师在逆境中变得更加强大。(9) 外部文化。它是教师自主生长感受不到却也无法躲避的“空气”性要素，它以家庭文化、学校文化、班级文化、社会文化等形式潜移默化地影响着教师自主生长的全过程。

二、自主生长式教师专业发展生态系统的功能结构

功能结构分析主要是从生态系统中子系统的功能出发，分析生态系统的子系统构成及子系统之间的作用关系对个体发展的影响。美国心理学家布朗芬布伦纳提出的生态系统理论认为，个体发展总是嵌套于相互影响的一系列环境系统之中，在这些系统中，系统与个体相互作用并影响着个体发展。通

过优化和改变系统结构和运行就可以有效影响个体的生长进程，实现所期望的发展目标。

依据生态系统理论，教师个体专业发展所处的社会背景是一个生态系统。自主生长式教师专业发展生态系统中由小到大包括微观系统、中间系统、外层系统以及宏观系统四个嵌套式系统。（1）微观系统是指生态系统中与个体活动和交往直接相关的那部分环境，是生态系统的最里层。具体来说，影响教师自主生长的微观系统主要包括学校系统、班级系统、家庭系统、社区系统等。显然，各个微观系统也是影响个体发展的直接因素。（2）中间系统是指与个体活动和交往直接相关的各个微观系统之间的联系或相互协同关系。具体来说，影响教师自主生长的中观系统主要是指家庭、学校、班级三者对教师自主生长产生的影响力的相互作用。显然，如果各个微观系统之间是协同的，具有较强的积极的正向联系，那么教师自主生长就可能实现最优化。相反，各个微观系统之间是非协同的，或者说是对立的，微观系统之间就会形成内耗，产生非积极的复杂联系，那么教师自主生长就会受到不良影响，产生消极后果。（3）外层系统是指处于中间系统之外，对个体发展产生间接影响的因素构成的系统，包括了对微观系统产生直接和间接影响的各种因素。具体而言，影响教师自主生长的外层系统是复杂的。例如，影响教师家庭的因素可能有父母的工作单位、子女就学的学校、家庭所在小区的物业等；影响教师所在学校的因素可能有学校的上级主管部门、同城的其他学校、与学校有合作关系的各单位等；影响班级的因素可能有学生的父母、同年级的其他班级等。（4）宏观系统是指存在于以上三个系统中直接或间接地影响个体发展的文化、亚文化和社会环境等意识形态因素。具体来说，影响教师自主生长的宏观系统泛指教师所生活其中的各种文化，经历接触到的各种文化以及通过各种途径了解到的各种文化。

三、自主生长式教师专业发展生态系统的时空结构

时空结构分析主要是从生态系统的时空存在出发，分析生态要素在空间上和时间上的分布、配置和形态变化特征。生态系统的空间结构随着时间变化而变化。生态系统在一定的空间和时间内不断运动变化，生态系统的各个生态要素之间相互影响、相互制约，在一定时期内处于相对稳定的动态平衡状态，表现出一定的封闭性和独立性。但生态系统是开放系统，需要不断地与外部环境进行能量和物质交换，以便维系自身的平衡与稳定，否则就会崩

溃分解，因而也表现出一定的开放性和协调性。

从时间维度看，在自主生长式教师专业发展生态系统中，教师专业发展可划分为三个时间量度：(1) 短时间量度（1～3 年）。教师能够掌握自主生长的基本方法，感悟到专业发展的重要性和必要性，初步形成了属于个体的比较稳定的专业发展生态系统。(2) 中时间量度（3～10 年）。教师对专业发展有了更高层次的认识，积累了更加丰富的专业发展资源，建立起更大的专业发展生态系统，具备了更强的自我效能分析能力和自我调节能力，从而表现出坚强的自主生长能力。(3) 长时间量度（10 年以上）。教师专业发展生态系统更加开放、强大、稳定，已经形成自主生长的专业发展习惯，不仅能够实现系统内的信息融合，而且能够与外部系统进行更有效的信息整合，从而表现出较高的专业水平和能力。

从空间维度看，在自主生长式教师专业发展生态系统中，对教师专业成长存在间接影响的外层系统和宏观系统在较长时间内是稳定的，除非发生诸如学校"撤并"那样的重大事件，对教师专业成长的影响是长期的、持续的、稳定的。但在对教师专业成长具有直接影响的微观与中间系统中，教师个体与微观系统、中间系统的相互关系都是双向的。教师个体对学校、家庭、教室、社区四个微观系统分别扮演职员、父母（子女）、教师、公民四个角色，在整个微观系统内发挥着不可替代的作用，但学校文化、家庭文化、课堂文化、社区文化又直接影响着教师的情感、态度、行为。例如，学校同事之间关系融洽则会促进教师专业发展，反之则会打击、抑制教师的发展意愿和积极性。家庭中夫妻关系不和、儿女比较叛逆等不和谐因素则会直接导致教师无心发展。课堂上学生不配合教师的组织和指导，甚至顶撞老师，教师就会在心理上产生一种挫败感，从而丧失自主发展的动力。相反，如果以上关系都是正向的，则会为教师专业自主生长注入强大的正能量，促使教师专业水平不断提升。当这种交互反应很好的关系经常地、稳定地发生时，就会对教师专业发展产生持久的作用，形成教师专业自主生长习惯。

需要特别指出的是，校长在自主生长式教师专业发展中具有至关重要的作用。例如，在校本研修中，学校是研修的主阵地，校长是第一责任人。一个好校长会依据教师自主生长的需要，通过制定管理制度、奖罚制度、研修制度等一系列制度和有效的组织建设，把学校的发展与教师的发展融为一体，充分发挥骨干教师在教师自主生长中的引领和示范作用，有效激发全体教师的主体意识，促使教师全员参与到学校的发展目标和本岗位的工作目标的制定和实施过程中，关注教育教学实践中的真问题、急问题，在实践中认识自我、定位自我、评价自我，发现自身的不足和缺点，找到自主生长的方向，获得自主生长的动力，从而使得校长与教师在共同的自修、反思、交流、欣赏、共进活动中和谐相处，共同发展。

综上所述，通过对自主生长式教师专业发展生态系统的分析可以得出如下结论：（1）自主生长式教师专业发展理论不仅关注教师自身的“事例经验”、“类经验”、“经验体系”的转化和提升，同时要重视教师个体与其有直接或间接联系的社会生态环境之间的互动——相互影响和相互制约，而社会生态环境又复杂地影响着个体的发展。（2）影响教师专业自主成长的因素不仅来自学校、课堂、家庭，还来自社会生活的各个领域。要把这么复杂的社会系统影响有效地引导到促进教师专业成长的方向上来，需要教师自我与其他社会角色的协调一致和密切配合，需要善于协调学校教师、家庭成员和社会角色之间的各种影响。（3）教师自主生长是有条件的，但它不是杜威所说的个体“未成熟状态”，也不是生命初始状态和消亡状态的自然“落差”，而是要兼具能够生根发芽的“种子”和能够吸纳外部营养的“土壤”，二者缺一不可。种子植入适宜的土壤中，自主生长自然发生。没有种子，或者种子没有植入适宜的土壤，生命就不会开始，即使生命凭借种子自身的生长物质开始了生长，也会很快夭亡。（4）教师专业自主生长是一个连续的、动态的社会化发展过程，其间会面临各种因素、困境、危机的干扰和阻碍，需要学校校长承担起领导责任，确立明确的发展目标、组建稳定的专业团队、制定可行的规章制度、营造良好的自主生长环境，以便形成和维护持续性的教师专业发展动力。（5）自主生长式教师专业发展生态系统是复杂的，如何建立和不断优化生态系统中的各个生态要素，与教师专业生长之间形成良好互动，是教师主管部门和学校管理者应该重点思考的课题，也是自主生长式教师专业发展理论研究者的一个重要研究领域。

（原载《成才》2017 年第 8 期，王成营参与了该文的写作）

自主生长式教师专业发展理论相关概念界定——兼答一线教师的一些困惑

2017年7月30日上午，武汉东湖高新区李明菊工作室导师李明菊校长、成员李建设主任、吴刚老师等与潘海燕教授相聚一茶馆，共同探讨自主生长式教师专业发展理论在实施中的一些困惑问题。现整理如下：

问：如果用一句话来概括自主生长式教师专业发展理论，该如何表达？

潘海燕：立足教师的“自我经验”，依托教师专业发展共同体的力量和智慧，将其经验转化为成长的动力和独特的思想，促成其自主学习，灵锐思考，持续生长，并运用自己的教育思想指导教学实践及其他工作。

问：您是如何提炼出“自我经验”这一概念的？

潘教授：这个“自我经验”是我在阅读优秀教师传记作品、与一线教师互动中获得的灵感，当然也受到有关理论成果的启发。它是教师对自己亲身的“体验（感受）”进行“反思”后，自己获得的属于本人的独特“感悟”或某种从“经历”中凝练而来思想的“验证”。这种“感悟”客观存在，但又往往稍纵即逝，故常常被我们忽视。我们及时对“自我经验”进行了定义，一步步深入研究，不断解析其价值与内在结构，同时又一直在实验的学校进行实验探索，慢慢形成了我们今天的理论。

问：您为什么要强调“依托教师专业发展共同体”？

潘海燕：我们强调教师的专业发展要尊重教师的“自我经验”，这有利于发挥教师在专业发展中的主体性作用，但我们在实践中发现，也不能片面强调教师的主体性作用，走所谓“内铄型”发展道路。同时我们应该认识到，人是“群居”动物，也是“环境”的产物，外部环境也不可缺乏。应该调动教师自身和外部环境两个方面的积极因素促进教师专业发展，克服“外铄”取向中教师个体处于被动消极状态的问题，与“内铄”取向中忽视了外部环境对教师个体发展所形成的激励与引导，或者阻隔与抑制作用的问题。“学习型组织理论”、“行动研究与叙事研究方法”、“情境学习理论”都强调了“共同体”的作用。这些理论对自主生长式教师专业发展理论的最终形成与实施也有重要作用。“学习型组织理论”、“行动研究与叙事研究方法”对帮助让我们的理论构想落地生根有直接借鉴作用。“学习型组织理论”是各实验学校提高实验效果的重要理论支撑，故我们把教师专业发展共同体的建设问题看得很重。

问：“自我经验”与一般谈到的“经验”有何区别？

潘海燕：“自我经验”不是通常人们说的“经验”或望文生义所理解的“自己的”、“个人的”经验，自主生长式教师专业发展理论中所概括的“自我经验”是指通过教师自己亲身实践体验（感受），然后对其进行反思后获得的“感悟”，具有教师元认知的活动成分渗透其中。由教师的“感悟”所形成的“自我经验”不同于人们常说到的“经验”。如果不及时回味与记录，它容易被忘记。“自我经验”的形成有着一定内在规律，通过我们多年的研究，可以简单概括为“感受—反思—感悟”。

问：在教师日常的教育教学工作中，“自我经验”具体是怎样产生的？

潘海燕：教师在教育教学实践中，会产生各种感受，也许来自课题研究、课堂教学，也可能来自课下谈心、备课交流。将这些感受加以记录、不断反思整理，就会源源不断地产生“自我经验”。例如，一位教师执教一节语文课，课后自己的总体感觉怎么样，他会有一个感受。如果是课上得流畅，在关键时候，用鼓励的方式激发了学生的流畅表达，思维活跃，学生学得快乐，教师自己心情高兴，就会对“课堂鼓励”的教学方法有所感受。对这些感受进行反思所产生的“感悟”，这便是教师的“自我经验”的形成。再例如，课堂的哪个环节设计得累赘，让学生顿失兴趣、怨声载道？这种反思在内心所产生的感受，“将教学环节设计得更加简洁会让学生学得更高效”的感悟就会出现，如果反思的次数多了，教师的“自我经验”就会更加明晰。

问：通过您的长期研究，将“自我经验”如何进行分层次比较合适？

潘教授：我们可以将教师的“自我经验”规整为“事例经验”、“类经验”、“经验系统”、“实践智慧”四大部分，即四个层级。“事例经验”就是指教师从某个具体的事例中获得的“感悟”。一堂课中一个教育方法的运用以及和后进生的一次谈话等都可以成为独立的“事例经验”。可以把“事例经验”看成是教师众多经验中的一个个的点。“类经验”就是指教师在反思中总结、归纳，将一个类别、一个方面的经验总结成一个“类经验”。例如，课堂教学中各种教育方法在学生不同时间、不同情绪、不同环境等方面的运用，形成一个一个“类经验”，可以把这些“类经验”看成一条一条的线。经验系统就是将自己的教学专业按照需要将所积累的各种“类经验”编结成一个网状系统。这样教师的专业素质在不断反思、归纳、总结中得到发展和提升。在实践中反复应用自己的教育思想，就会“转知成智”、“化智为慧”。

问：教师的“自我经验”总是能在教育教学实践中产生，但为何有些教师的专业发展并不理想呢？

潘海燕：这主要是“类经验”积累的问题了。教师只要进行“反思”，一般就会获得属于自己的个人感悟。很多人在这种阶段就不再往前，停留在这个阶段，或者高兴一会、幸福一时，而真正的专业成长发展，“感悟”这一步只是基础，只是开始，很多人都在这一步停滞不前。如果能依托共同体，则能进一步在比较中整合出“类”。通过长期的积累反思，就会发现“成类别”的相关联经验，将相关“事例经验”进行“加减乘除”的合并拓展，慢慢形成利于自己从事教育教学实践的“类经验”。用长期积累形成的“类经验”，再加上学习交流的纠正改善，教师实际工作就会慢慢开始轻松有序，得心应手。而长期反思归纳，慢慢养成习惯，形成归纳经验的能力。教师从成功的一个“类经验”开始，慢慢进行多个、适合自己教育实践的各方面的“类经验”，当每个方面都形成高效的“类经验”，经验系统也就容易形成。

问：如何利用“自我经验”来激发中老年教师专业发展？

潘教授：由于历史原因，学校有一些年龄较大的中老年教师，他们长期从事一线教育教学工作，遇到问题他们总能解决好，课也可以自己上好，但是让他们进行推广交流，让他们带新老师却做得还不够，也并不是他们不愿意，只是他们一时也说不上来，毕竟不是遇到具体的事，说起来便不能成章。

这种情况的原因一般都是，他们一直都在“感受”层面，缺乏“反思”的碰撞，缺少“写”的凝练。这也说明，“感受”是指导不了行为的质变，或者“感受”指导的行为只会原地踏步。如果经过反思获得了“感悟”，则是可以用“感悟”来指导富有成效的行为了。

问：激发教师“写反思案例”，您能给我们介绍几种具体的方法吗？

潘海燕：激发教师“写反思案例”可以从两方面去思考：一方面是内在动机；另一方面是外在氛围。根据学习型组织理论的研究，在很多时候，外在氛围要重于内在动机。在一所学校内，一位老师不断进行反思更多来自个人之外的因素，学校的、团队的要求或者目标更能让教师做到这一点。大家都可以根据自己的实际工作经验，让教师不断反思、乐于反思。

让教师乐意“写反思案例”的具体方法有很多，我简单给大家讲三种：

第一种是营造良好的反思氛围。在一定范围内，形成一种良好作息时间，良好的舆论氛围，良好的交流平台，良好的促进奖励机制，或许对教师的自我反思习惯的形成能起到良好的作用。第二种是进行针对性的培训。不是每个人都发现“一朵花”的美，每个人观察的角度、深浅都会有所不同，通过专项培训，懂得如何从“教育教学实践”中进行发现、反思、提炼。第三种是养成动笔的习惯。要通过多种形式促使教师用文字记录的习惯，从而在教育教学中习惯于记录。

问：通过“自我经验”促进教师专业发展，有成功的例子吗？

潘海燕：如果能做到长期写反思案例，教师专业发展就是可能的。通过“写反思案例”，不断形成“事例经验”、“类经验”、“经验体系”、“实践智慧”，教师专业自然而然地发展。在我们实验的学校里，通过“自我经验”促使教师专业发展的例子很多。远一点的，在湖北长阳的花坪小学，整个学校的教师一直在写反思案例，教师的专业发展就一直很顺利。在我们身边，武汉市光谷第三小学就有这样的例子。比如李汉明老师，他原本是名美术教师，在2016学年度，学校为李老师提供了参加市级赛课的平台。接到任务后，他运用自己多年来反思积累的“自我经验”来选课、设计、磨课、参赛，经过与大家的不断交流、改进，李汉明老师最终获得武汉市书法教学比赛的大满贯（三项赛事第一名），并将赛课发展过程写成论文在教育杂志上发表。可见，教师的“自我经验”是可以很好地激发教师专业发展的。

（原载《成才》2017年第10期，吴刚参与了该文的写作）

基于教师“自我经验”的教师培训转向

一、问题的提出

近10多年来，我国教师培训与专业发展得到了前所未有的重视，研究与实践都很丰富，研究成果可谓汗牛充栋。纵观这些成果，值得一提的是，中国教育科学研究院田慧生先生2005年就断言：“凡在一线产生大的影响、真正被大家所接受的高水平的优秀教师，基本上都是在立足于个体优秀教学经验的提炼、概括、总结中，即在实践智慧的提升中，逐步形成一套自己完整的教学主张并为大家所接受的。”但到目前为止，教师培训与专业发展领域的研究成果大都对这一论断较为忽略，更没有提出提炼优秀教师的优秀教学经验的基本路径。

从研究取向看，国内外教师专业发展研究可分为两种取向：一是以“理念—更新”为主的“外铄”型研究取向，即主张在外部社会组织的推动和制度的规约下，以技术能力的训练提升和知识的充实完善为目标，通过各类培训和讲座，向教师传播各种现代教育理论，使教师通过更新理念实现专业发展。二是以“实践—反思”为主的“内塑”型研究取向，即主张以教师个体自身需要和价值追求为动力，以个性情感的陶冶和整个生命的体验提升为目的，通过自觉地对自我教学经验进行总结和反思实现专业发展。从实际来看，“外铄”取向中教师个体容易处于被动消极状态，“内塑”取向中忽视了外部环境对教师个体发展所形成的激励与引导，因此“外铄＋内塑”取向的教师专业发展研究成为当前教师专业发展研究的重要方向。

笔者在“自主生长式教师专业发展理论与实践”课题的研究中，根据自己对“发生认识论”、“学习型组织理论”、“生态学”、“行动研究与叙事研究方法”、“自我导向学习理论”等前沿教育理论成果的研究，和长达10多年实验中积淀的经验，发现优秀教师的“优秀教学经验”实际上是一种“自我经验”。所谓“自我经验”是指教师个体通过亲身体验，在反思中获得的感悟。它是一种教师的“个人经验”、“情境性经验”、“个人理论”。常常表现为教师自己的真性情、“土办法”。一些成功教师的专业发展过程都是立足教师已有的“自我经验”自主生长的，而非“培训”的，这已是不争的事实。

在反复的实验研究中，笔者还发现，“自我经验”不仅是一种有价值的客观存在，而且拥有其特有的提升路径。一般而言，优秀教师都是经过对具体教育案例的反思，从一个个具体教育反思案例中提取“事例经验”，再集中对许多的“事例经验”进行分类整理，对同一类的经验进行再反思、再提炼，产生“类经验”；集中若干“类经验”后，凝练为自己的“个人经验体系”，再在实际应用中生发“实践智慧”。因此，最理想的教师专业发展必然是基于教师“自我经验”的自主生长式发展。我们已将其路径概括为：在亲身体验中提炼“事例经验”—在系列“事例经验”中整合出“类经验”—将系列“类经验”凝练成“个人经验体系”—在反复应用中生发实践智慧。可见，该理论从自主生长的视角探讨教师专业发展问题，既强调了教师在专业发展中的主体能动性，又突出了校本研修中团队合作在理念更新中的“外铄”作用。目前应该研究与提倡基于自主生长式教师专业发展理论的教师培训与专业发展。

然而，现行教师培训与专业发展的基本“臆念”是：优秀教师的经验或优异的教科研成果通过培训、传授就可以为受训教师所掌握。一些培训者经常把他们当成“白纸”，采取“授—受”式的集中培训方式，基本的形式是“办班”、“洗脑”，基本的方法是“你讲我听”，常见的结果是“听之激动，回去不会行动”。现在，教育界各方面都认识到了，这种培训成本高、教师负担重、思想压力大；严重者越来越自信心不足、自我否定、人格分裂。这其中的原因也许现在还不能一一道明，但笔者认为，这主要是因为这些教师培训后所拥有的所谓理念、知识，其实都是外加的或被灌输的，并不是教师从内心深处产生的，他们的大脑成了别人思想的跑马场；研究意识的缺乏，使得教师沉迷于重复的知识传递工作，进而或陷入职业倦态无法自拔，或迷信专家，丧失了对自身教学批判反思的能力，甚至患上“教师失语症”，出现“自我迷失乃至自我分裂”。我们认为，其根源在不尊重教师，不尊重教师的“自我经验”，否定教师“自我经验”的存在及其价值，否定教师个人话语权，忽视教师的自我发展。这实际上是教师教育资源的大浪费与误导教师培训及专业发展领域的方向的大问题，是很值得我们反思的。

二、“自我经验”对教师培训与专业发展的影响不可低估

教师的专业发展既有自然成长的一面，也是可以促进其科学有效发展的，影响教师培训质量的因素是非常多的，但教师的“自我经验”在教师培训中的影响虽缄默但巨大，不可低估，不可替代。这主要表现在以下几个方面：

1. 教师的“自我经验”影响着教师培训与专业发展的目标与方向

从发生学角度看，教师的教学行为实际是基于他对教学事实的认识和对教学问题的理解，都只是从他所认为的理想教学的角度出发，以自己的努力并按照自己认为最合适的方式行事，探寻着自己心目中确信的“真实的教学”。在其中，他们不是被动地接受外在信息，而是根据“自我经验”主动地和有选择性地知觉外在信息，建构当前事物的意义；他们的教育知识实际就是“自我经验”的合理化，或“自我经验”在其中就起着导向作用。忽视教师的“自我经验”，就不会考虑教师“自我经验”的价值向度，就可能实际上背离了教师发展的方向，影响教师的专业发展的实效。

2. 教师的“自我经验”是教师从“他主”走向“自主”的关键

“教是为了不教”（叶圣陶语），教师培训也要追求让教师不断从“他主”走向“自主”。尽管中小学教师自主发展的途径与形式是多样且复杂的，但行动研究与叙事研究的理论与方法为提供新的思路很经济实用，也就是立足自己遭遇到的具体真实的教育问题，叙述其事件原委，分析问题现象，建立观念假设，求证教师教的行为和学生学的行为与教学效果之间的联系，找出原因，明确问题。而这都是以教师的“自我经验”为基础展开的，从一个个教学反思案例中提取的经验就是“事例经验”。在这个过程中，就不知不觉以教育教学中的实际问题为研究对象，通过与研究对象和同行互动，对其行为获得自己的理解，在反复琢磨中恍然大悟，在左右比较中自然流露出自己的想法，在百思不得其解时茅塞顿开，这些有利强化教师的“自主”意识。

3. 教师的“自我经验”是教师教育智慧形成的起点

“知识型”教师是我国的传统，学富五车是高水平教师的象征，但在新时代，真正被大家所接受的高水平教师是“智慧型”教师，他们的主张与做法，不是从书本上搬来的，而是自己在实践中反复提炼、概括出来的、包含“实践逻辑”的实践智慧，特别管用。教师的智慧固然可通过学习获得，但外来的知识只有在和教师个体的“自我经验”相结合时，才能被内化为“实践智慧”。成功的优秀教师也不是“一步登天”的。在很大程度上，教师的“实践

智慧”是个体“自我经验”不断积累的产物。一般而言，他们都是经过教育反思，从一个个具体教学反思案例中提取“事例经验”开始的。因此，教师教育智慧的最初的形态就是他的“事例经验”，这是一种典型的“自我经验”或“自我经验”的初级形态。

三、立足“自我经验”的教师培训与专业发展之策略

中小学教师“自我经验”的独特性决定了他们无法按照统一的模式进行培训与专业发展，也不能够完全照搬“成功教师”的专业发展路径，基本的原则是唤醒他们审视“自我经验”，利用好“自我经验”，走“立足教师自我经验的教师专业发展”之路，也就是走自主生长式教师专业发展之路。所谓“自主”，即“自我导向”，就是指教师处于主人翁状态，主动的选择性、主体性体验与感悟、积极地创造。所谓“生长”，是指在反思引导下的，立足“自我经验”的个性化发展、整体性发展、和谐发展、可持续发展，而不是违背规律的标准化生长、拔苗助长。“自主生长式发展”，就是以唤醒师生的主体意识，对“自我经验”的敏感程度为前提，以教师个人的“自我经验”为起点，以激发师生的内在动机、激活师生的潜能为重点，以教育反思为手段，以促进师生可持续发展的教育。我们课题组经过 15 年的时间，100 多所学校的几轮实验尝试，几十场研讨会、现场会的打磨，建构了体现本理论的三个基本实施范式，即“自修—反思”式的校本研修模式、“自主生长课堂”的教学模式、“自主生长取向”的师范生培养模式，分属于在职教师培训领域、教学研究领域与师范教育领域。武汉市《成才》杂志自 2015 年 5 月为此开办了“自主生长式教师专业发展”专栏，一直在逐一展示与研讨我们的成果，2015 年、2016 年、2017 年已召开三届全国性专题学术研讨会。目前，我们还将此理论扩展应用到新教师培训、职业教育教师发展、专业教育硕士培养等领域。

根据我们前期的研究成果，就教师培训领域而言，笔者认为，我国的教师培训应基于自主生长式教师专业发展进行转向，其具体策略如下：

1. 以教师个人的“自我经验”为培训起点

培训前，要引领教师深入、持久地对自己的教学实践进行反思、分析，提升教师对自己的“自我经验”的敏感性，敏锐发现自己的优点与不足，积极反思，积累“事例经验”。要让教师意识到，培训过程就是系统化自己的“自我经验”，使“自我经验”不断增值，进而形成一定的操作体系，并使之成为教师个人行之有效的教学方法和教学设计的理论，对自己的教育教学能

产生持续而深远的影响。

培训者要注意发掘和保护教师的个人特色，鼓励教师更多地表现自己的真性情、“土办法”；培训设计尽可能将教师个人的“自我经验”作为其专业发展的起点；培训过程中尊重教师的个人话语权，让教师想发言、有言发、多发言，让教师讲自己想讲的话，做自己想做的事；尽可能多地开展个别化教学、情景教学、案例教学。

2．以真实问题为主轴来架构研修内容

时代发展快，知识更新频率高，要教师参加的培训内容很多。首先要让教师明白，他们参加各种专业发展活动的直接目标就是借助外力将自己的经验提升与系统化，以形成自己的个人教育理论，也就是在培训者的帮助下系统化放大自己的已有经验，使“小”的变“大”、“丑”的变“美”，而不是仅仅接受培训者提供的结论性知识。

研修内容就要以教师最困惑、最关键、最有价值的问题解决为主线来组织，以问题的解决为中心来调集培训资源，尽量使用问题驱动教学、案例教学、现场教学，直指问题的解决，力戒学科思维和满堂灌。

3．以“校本研修”为主要培训形式

“校本研修”，即基于教师任教学校的实际情况与学校资源，以问题为中心，通过反思自己的教学行为，找出其中存在的问题，然后分析问题、解决问题，进而再发现、再分析、再解决……如此循环反复，螺旋上升。教师在解决自己真实的教育问题的同时，生发个人新的“自我经验”，进而建构自己的教育理论。“校本研修”是教师专业发展的重要组织形式，也是能够实现理论知识与“自我经验”深度对接的有效模式和实践经验向理论嬗变的实践捷径。从世界趋势看，“校本研修”最被看好。

教师的培训形式很多，传授—接受式教师专业发展模式有一个天然缺陷，即容易脱离教师当下的教育活动，无法适应教师教育体验的丰富多样性和个体差异性，难以为教师的专业成长提供切实有效的帮助。基于自主生长式教师专业发展的培训思路是建立一套激活教师专业发展的主动性、能动性的有效措施和“校本研修”制度；唤醒教师的发展意愿；激励教师自我学习、自我更新、合作学习、不断地超越自我，追求卓越，从根本上改变教师“被学习”、“被培训”的发展困境，使专业发展成为教师的职业自觉；改变理论与实践“两张皮”的认知困境，使理论知识的引领作用与实践经验的现实基础能够相互促进，实现理论知识与“自我经验”深度对接。

4. 以“教育反思”为主要培训方法

自主生长式教师专业发展理论认为，生长的根本动力来自有机体自身，生长的方向、路径、模式归根结底取决于有机体在特定环境下的自主选择，任何外部动力只有内化为教师意愿才能有效地发挥作用。教师的专业发展是一个在反思伴随下的内在的自我生成过程，即教师在丰富的教育体验基础上进行反思，生发出自己的教育思想，整理出自身的教育体验成果，因此，反思是各种培训不可缺少的方法。在各类培训中都是可以将这一方法设计进去的。

我们在实践中发现，撰写反思案例简便易行，案例是写论文的前提和必要准备，案例起到提供素材、提出问题引发思考、积累“事例经验”的作用。写论文就是先将“事例经验”归类成“类经验”，再凝练成“个人经验体系”，然后才开始写论文。从先写反思案例到写论文这条路看起来走得慢，但实际上是一条可控的途径。

5. 以教师当下的教育实践活动为培训载体

教师的专业情感和专业精神要在专业实践活动中养成，教师的专业声望和专业水平依赖教师的专业实践成果，教师提出的理论和观点也需要专业实践效果的支撑才有说服力。

“在职”意味着有份养家糊口的工作必须要做，这对教师参加培训而言，看似缺点（工学矛盾），但实为优势。如果我们通过把教师的工作场所变成教师的学习场所、合作场所、研究场所，把教师当下的教育实践活动变为培训载体，学习与工作融为一体，使教师自身的思想、观念、行为始终处于一种追求创新的境界，这不仅可以防止教师“自我经验”停滞不前甚至退化，而且在反复应用教师“自我经验”时，能时刻用实践来检验、修正“自我经验”，理论联系实际来论证观点的正确与否，而这一状态必将促进教师的可持续发展，真正让教师自主生长自己的教育思想，形成个人教育理论与独特的“专业自我”。

6. 以教师专业发展共同体为组织依托

古人云：“独学而无友，则孤陋而寡闻。”现实生活中，一个人走得快，但一群人走得远。教师培训也是这样，需根据培训目标与内容，支持教师建立起各种类别的专业发展共同体，团队研修是教师自我经验生长的最高效方式，也是唤醒、激励教师坚定信念，持续发展的重要保障。这体现了国际教师专业发展理论研究的宏观转向，即现代主义的教师专业发展理论发生了

“后现代转向”与教师发展“从自在走向自为”的必然。

基于自主生长式教师专业发展的培训思路是依托教师任职学校构建各种教师专业发展共同体，让教师有团队、有平台，有互动机制与相互激励的氛围，增强培训活动的情境性、针对性、实效性。尤其让教师的专业发展与学校理念、学校特色，同事的资源、学生的发展等挂钩。

参考文献：

[1] 田慧生. 时代呼唤教育智慧及智慧型教师 [J]. 教育研究，2005 (2)：52-56.

[2] 潘海燕. 重视自我经验在教师专业发展中的作用 [J]. 成才，2016 (3)：30-32.

[3] 潘海燕，等. 教师“自我经验”的特征与发展过程 [J]. 成才，2017 (3)：15-17.

[4] 于泽元. 自我统整的教师 [M]. 北京：教育科学出版社，2012.

[5] 潘海燕. 论教师的“自我经验”及其作用——基于中小学教师专业成长的教育科研转向 [J]. 中国教育学刊，2017 (5)：95-99.

[6] 潘海燕. 引导教师在“行走”中改变行走方式——在行动中构建自主生长式教师专业发展理论 [J]. 成才，2015 (5)：16-18.

[7] 潘海燕. 自主生长式教师专业发展理论的主要创新 [J]. 成才，2016 (12)：28-30.

[8] 陈庆礼，等. 提升中小学教师对自我经验的敏感性 [J]. 成才，2016 (10)：28-30.

[9] 李志厚. 教师校本学习论 [M]. 广州：广东高等教育出版社，2006.

[10] 潘海燕. 教育案例是教师教育思想形成的有效载 [N]. 现代教育导报，2005-10-17.

[11] 朱旭东. 教师专业发展理论研究 [M]. 北京：北京师范大学出版社，2011.

[12] 王枬. 教师发展：从自在走向自为 [M]. 桂林：广西师范大学出版社，2007.

（原载首届西北五省教师教育学术研讨会编辑的《西北地区教师教育变革与发展论文集》，2017 年 7 月）

活动积累体验　体验激发感悟
——教师教育思想生长的心理逻辑与机制

教师的教育思想，是教师在教育实践中形成的对教育现象的个人理解和认识。教师的教育行为和态度，深受其教育思想的影响。教师的教育思想是内生的，他人的教育思想只有经过教师个体的践行、建构、认同和内化，才能真正变成教师本人的教育思想。止于言说层面的他人的教育思想，对教师自身来说，是虚假而非真实的，不能产生现实的教育力量。任何教师都会有自己的教育思想，但在错误与正确、贫乏与丰富、散乱与系统等方面差异极大。生长出正确、丰富和系统的教育思想，是高水平教师专业发展的重要标志，也是教师培训所致力的主要目标。

如何避免教师产生错误的教育思想，引导教师形成正确的教育思想；克服教师教育思想的贫乏，丰富教师的教育思想；帮助教师自行打通零散的教育思想，实现教育思想的体系化，是教师专业发展理论必须厘清的三个问题，也是长期困扰教师专业发展实践的三大难题。自主生长式教师专业发展理论和实践对此做出了自己的探索和回答。其诸多举措都是建立在对教师教育思想生长路径的创造性认识上。

自主生长式教师专业发展理论主张“教育活动—教育体验—教育感悟”是教师教育思想生长的心理逻辑和机制。教师在教育活动中形成教育体验，累积的教育体验生发出教育感悟，三者相互影响，螺旋上升。

一、教育思想是教育体验累积萌生的教育感悟

教育思想包括教育理论、教育学说、教育主张、教育观点等诸多形式。教师个人的教育思想最初总是表现为一些具体的教育观点，这些教育观点是经由感悟而得来的。也就是说，感悟是形成教育观点的心理机制。

感悟是人对特定事物或经历在反思中所产生的感想与领悟，是一种心理上的觉悟。感悟属于理性认识，是对一类事物或经历的概括。感悟有“不期而遇”、“瞬间降临”的特点，所以通常被称为“顿悟”。其实任何感悟都不是

凭空产生的，而是源于大量累积的体验在某种内外刺激的启发下而促生的，其本质上都是“渐悟”。

体验是亲身经历，实地体会，即通过亲身实践而获得的直接经验。心理学认为，体验是与一定经验关联中发生的情感融入和态度、意义的生成，是感知、记忆、理解、想象、直觉、情感、态度等诸多心理因素共同参与的结果，具有亲历性、主观性、情感性、生成性、主体性和整体性等特点。体验是感悟之源，但并非一事一悟，需要同类体验积累到一定量的时候，由合适情境的诱发而达到领悟。体验有积极和消极之分，其划分标准是对个体成长的导向作用。积极体验引导个体健康成长，消极体验则误导个体的成长。这与愉快体验和痛苦体验不同，愉快体验和痛苦体验的划分依据是个人的主观感受，两者都可能是积极的，也可能是消极的。

教师教育思想的正确或错误，源于其教育体验的积极或消极。一个教师若经常简单粗暴地对待学生问题，且满足于表面的管理效果，就极可能产生错误的感悟。由于教育思想来自教师本人的切身体验，教师自然对其深信不疑，坚行不移。灌输和批评实难撼动教师已形成的错误教育思想，反而极易导致其口是心非、阳奉阴违的两面做派。教师错误教育思想的更正，必须通过大量的积极教育体验取代原有的消极教育体验，从而产生新的教育感悟。这只能是一个内在的觉悟过程，这种觉悟过程，可能很难、很慢，但舍此无他途。

教师教育思想的丰富或贫乏，取决于其教育体验的数量与结构。如果说积极与消极是教育体验的质的规定性，它决定教育思想的正确与否，那么数量与结构则是教育体验的量的规定性，它决定教育思想丰富与否。一个教师如果教育体验贫乏、肤浅，就难以产生教育感悟，难有自己对教育的理解和认识；如果在某一方面的体验充分、深刻，就会在这类教育问题上有自己独到的见解；如果教育体验丰富且涉及教育实践的多个方面，就可能形成丰富而全面的教育思想。所以教师个体真实的教育思想是学不来的，只能在丰富的教育体验上，在反思中生长出来。

二、教育体验源于教育活动的亲身经历

教育体验不是无源之水，它来自教师亲身的教育实践活动。活动是共同目的联合起来并完成一定社会职能的动作的总和。教育活动则是以教育为目的的活动。教育活动有广义和狭义之分，从广义上讲，一切活动都会对参与

者的身心发展产生影响，皆可称为教育活动；狭义的教育活动则专指学校教育活动。本文所谓的教育活动主要是狭义上的教育活动，是指教师参与的学校教育活动。

教师教育体验的积极或消极，取决于其教育活动的得当或失当。作为教育活动的主导者，教师在教育活动中的想法和行为并非总是恰当的，难免出现不当甚至是极其错误的应对，部分教师可能经常出来这样的情况。研究发现，教师教育行为的形成会经历一个尝试—选择的过程，即在几种探索基础上比较选优。如果都是几种错误方法的尝试，或者其中虽有正确的方法，却对其结果判断有误，就可能形成消极的教育体验。一位语文教师在讲公开课时，板书中写错了一个字，有学生指出来，老师"急中生智"："我就是故意把这个字写错的，看你们上课专不专心，能不能发现。"学生似乎信以为真，而且听课的教研员赞赏了这位老师的"教育机智"，老师尝到了不诚实的"甜头"，从而形成消极的教育体验。只有帮助教师优化自己的教育活动，才会使教师有机会产生积极的教育体验。例如，帮助教师分析自己教育行为存在的问题，提供教师观察和借鉴榜样教育行为的条件，鼓励教师进行更多更有效的教育行为的尝试，引导教师对教育效果做全面长效的评估等。

教师教育体验的丰富或贫乏，取决于其参与教育活动的数量和质量。从量上讲，从教时间较短的新教师，其教育体验自然相对贫乏；从教时间较长的老教师，若只是置身于学校情境之中，游离于教育活动之外，回避教育活动，对教育活动作壁上观，其教育体验也必定贫乏。从质上讲，教师虽身在教育活动之中，心在教育活动之外，或心理的专注和投入不够，教育体验必然不足且肤浅；教师若只是一味重复过去的劳动，几本老教案，一套旧说词，以不变应万变，得过且过，教育体验必定浅薄和单一。教师只有全身心地投入教育活动，不断变革和创新教育活动，才能获得丰富的教育体验。

三、自主生长式教师发展理论关于教师教育思想生长的基本主张

基于对教师教育思想生长路径的认识，自主生长式教师发展理论关于教师教育思想有如下基本主张：

(1) 教师的教育思想是教师在反思中自主生长的产物。所有帮助教师产生教育思想的外部努力，都应该是为促进教师自主生长提供条件。这种生长是内在的、渐进的，因而是相对缓慢的。企图采用"洗脑"、"移植"、"嫁接"

等方式来替代和繁荣、催化教师的教育思想，其结果难免事与愿违。

（2）教师生长教育思想的基本模式是“做中学”。“坐中学”虽然也是教师教育思想生长所必需，但只能起辅助作用。“坐中学”得来的东西，若不能与教师当下的“做”相结合、相契合，便只会是正确的知识，而非实在的思想。“纸上得来终觉浅，绝知此事要躬行”，所以自主生长式教师发展理论强调，教师即研究者，教室即研究室，教学活动即研究行为，学生个体即研究个案，教师群体即研究共同体，行为变化即研究的开始，教师成长即研究成果。

（3）教师教育思想的生长必须依循其内在路径。有效的教师培训的契入点和着力点应该是：帮助教师不断优化和创新教育活动，积累积极和丰富的教育体验，促成正确和系统的教育感悟，实现循环上升的专业发展。通过组织和引导，帮助教师走出专业成长的自发状态，避免教师反向成长，帮助教师实现高效成长。优化和创新教育活动，要以教师当下真实的教育活动作为体验和感悟的源头，通过自身教育行为中的问题的察觉、明确和解决来改进教育活动，通过反思来优化教育活动，通过自主生长的教育思想的应用来创新教育活动。积累积极而丰富的教育体验，要重视教师个人在反思中获取的“自我经验”，鼓励教师的真性情、“土办法”，组织教师互动分享各自的经验。促成正确而系统的教育感悟，帮助教师提炼“事例经验”，整合“类经验”，凝练“经验体系”，生发“实践智慧”，从写案例到写论文，尊重教师的个人话语权，探索自己隐性的教育思想，将个人的经验提升并系统化，以形成自己的教育理论。

（原载《成才》2017 年第 12 期，王文参与了该文的写作）

下篇:自主生长式教师专业发展理论形成后的相关应用研究

试论新课程背景下的中小学教师继续教育课程开发

一、什么是中小学教师继续教育的课程开发

中小学教师继续教育的课程开发，这个术语对一些从事中小学教师继续教育，尤其是在县级以下工作的培训者来说，似乎还有点陌生，但这又是培训者不能回避的问题。所谓中小学教师继续教育的课程开发，就是培训者将教师的培训需要与培训资源进行整合的过程。如果说完成了这一整合过程，就意味着一门课程开发取得阶段性的成果。

这里，首先必须弄清楚培训需求，什么是培训需求，简单地说，是“要求具备的”减去“现有具备的”，剩下的就是培训需求。如果将中小学教师继续教育的培训需求放在基础教育课程改革这样一个大背景下来考虑，目前，中小学教师的培训需求大致是三个方面：

一是社会发展对教师的需求。在新的世纪，建构 21 世纪的中小学教师教育体系，为国家培养更多适合社会、经济、科技、文化发展需要的高水平师资队伍是摆在教师队伍面前的紧迫任务，如今经济全球化，可持续发展，知识经济及以此为基础建构的人的终身教育已成为当今世界的主流，教师教育正在由追求数量向追求质量转变，但在计划经济的体制下，我们的师范教育尤其是高等师范教育仍然是沿用老的一套模式，毕业生专业口径窄，专业基础薄，综合素质低，创新能力差的问题十分突出。在教师的继续教育问题上由于应试教育的种种压力，其效果大打折扣。随着基础教育课程改革的不断推进，对教师的素质提出了新的要求，除了教育教学观念的更新，新知识的拓展和教学方式的变革外，对教师的法律意识、民主意识、服务意识、科研意识的要求也越来越高，这些日益受到社会、学生和家长的普遍关注。教师的能力不够、素质不高而造成基础教育课程改革偏离预期的方向或使教育改革大打折扣已是不争的事实。社会发展为中小学教师的培训需求提供了强大的动力，培训者的课程开发一定要考虑社会发展对中小学教师的要求。

二是专业发展对教师的要求。教师作为一个专业人员，其发展内涵是多层面、多领域的，空间是无限的，教师的培训不可能像工业产品那样一次成型，其培养和修炼是一个长期的反复学习与提高的过程。现在社会上不少人（包括教师自己）常常错误地认为学历与能力同等，教师的学历越高，能力就越强，一旦高学历到手，就可以高枕无忧，不需要任何系统的培养与进修了，还有的教师则认为教学时间长，经验就自然丰富起来，只要不怕吃苦，肯卖力就可以成为一个好老师，这些都是认识上的误区，导致教师对专业发展需求的偏颇。如何认识“专业发展需求”？一方面我们不能再停留在“给学生一杯水，教师就要一桶水”，只要学分、文凭到手，培训就终止了的陈旧观念上。社会在发展，专业也随之拓展延伸，比如新材料、新能源的开发和利用，生物技术工程的发展，人类基因遗传密码的破译，信息工程技术的高速发展，等等，这些高科技无时无刻不在直接或间接地影响着教师自身所学的专业和所教的学科，会使教师渐渐感到自己原有的知识越来越不够用。因此，更新知识结构，拓宽学科领域的要求会与日俱增。另一方面，基础教育的课程改革是一项前所未有的改革，改革的六项具体目标是一个复杂而系统的庞大工程，仅就课程功能的转变、课程结构的调整、课程内容的变化以及学习方式的变化等方面来说，对教师的专业发展也提出新的内容和要求，如何最大限度地满足培训者的专业发展需求，以便更好地服务于新课程改革的需要，这也是中小学教师继续教育课程的开发需要，是需要认真考虑和严肃对待的。课程开发切不可偏离这个轨道。

三是教师自身个性发展的需求。过去，教师教育的课程开发比较强调社会功能，忽略教师的个性要求，所以适当的课程开发还必须对教师个体需求结构做周密的分析，并以满足教师个性发展为归宿。首先教师的个性发展是随着条件的变化而变化的，一个教师需要担负起相应的教学任务，必须具备相应的学历层次，因此任何一个教师总是把高层次的学历作为自己追求的一个目标。而一旦达到这个目标又会出现另一个新的追求目标，在基础教育课程改革中，教师要适应新的课改要求，要懂得并粗略知晓现代科学技术和市场经济的形势，需要及时学习和掌握本学科的前沿知识，需要改进教学方法，转变自身的角色行为，所以需求是不断变化的，这也是教师参与继续教育的内驱动力，课程开发一定要根据教师需求的客观实际，来确定开发计划、方向和内容。其次教师的个性需求又是分层次的，由于其知识结构、专业结构、职称结构的不同，各自的社会阅历、工作环境的差异等不同会凸显不同层次的特征。比如刚参加工作的教师需要接受适应新岗位的培训，掌握基本的教学技能，具有一定教师职务要晋升高一级职务需要接受晋升职务培训，具备相应的知识和能力，还有高级研修班的培训，班主任、图书管理员、实验员等不同类别的培训，所以课程开发又必须兼顾教师个性发展的层次性、多元性，具有鲜明的个性特征。

再次，教师的个性发展具有渐进性。一个优秀教师的优秀品质是逐步形成和不断积累的，就整体和大局而言，课程开发必须循序渐进，由浅入深，梯度推进，滚动发展。曾就读于华东师范大学的王枬在其博士学位论文中谈到，目前教师队伍中存在着“三多三少”，而处于“搬运工”、“教书匠”、“经验型”层面的多，而“专家型”、“反思型”、“研究型”的少；游离于教育研究之外的被动旁观者、机械执行者、盲目模仿者多，而自觉地将教育研究作为自己的职业生活方式的主动参与者、勇于探索者、积极创造者少；怀抱着惯例，热衷于操作训练，满足于技艺水平的多，以审美的心态从职业生活确认生命的价值，体验生存体验生活的意义，享受创造快乐的少。所以培训也是满足教师自身发展尤其是个性化发展的需要，一个优秀教师的品质是逐步发展和积累起来的，比如有一些素质在职前的师范教育中初步具备和基本成型，而另一些素质则是在教师岗位上逐步养成的，所以，在终身学习的时代，我们的培训机构必须完善在职教师的继续教育体制，使教师成为“终身学习者”。因此，在课程开发的内容途径、手段等方面要从单一走向多元，重视教师自身个性发展的需求。

那么，什么是培训资源？教师的培训资源是指用于支持和帮助学习活动有关的物质的总和，有关“物质”包括人、财物、时间、空间以及信息等领域，就基础教育课程改革背景下的教师培训资源来说，培训资源除了一般意义的教室、实验室、教材、教参、各种视听材料、计算机软件外，还要包括这样几个方面的内容：一是前沿科学发展过程中产生的对基础教育有影响的相关知识，比如计算机信息知识、生命科学知识、新能源新材料的开发利用等，这些相关的知识已经渗透到基础教育的教材中，必然也应成为教师培训的课程开发资源；二是基础教育课程改革中形成的具有推广应用价值的科研成果，如在课改实验中，本地、外地的比较成功的实践经验、作法、方案，名、特、优教师的教学理论及成功个案等；三是培训者以及被培训者个体的教科研成果；四是被培训者所在的社区、学校的社情、校情等。尤其是被培训者，大多有着丰富的实践经验，他们不仅是课程资源的摄取者，同时也是可以开发利用的极其宝贵的课程资源，在这一点上，往往有一些课程开发者的眼睛总是盯着文件、教材、资料，而目中无“人”。之所以一些课程开发的地方特色不浓，说服力和感染力不强，目中无“人”是其中的原因之一。

因此，课程开发实质上是培训者将被培训者的需求与课程资源多方面因素收集加工，倾注自己的情感，按照一定的目的、要求加以整合的过程。

二、课程开发的意义

静观近几年的中小学教师继续教育的课程开发，应该是有一定成效的。比如以上海为中心的“成功教育”的课程开发，哈尔滨市的“教学基本功训练”的课程开发，对推动和提高中小学教师继续教育的课程开发的进程和质量都起到良好的示范作用。但客观地讲，课程开发的理念和意识并没有在培训者尤其是县级教师进修学校的教学工作人员中形成共识并引起重视。长期以来，教师的继续教育工作是靠教育行政部门推动的，教学计划、教学内容、课程设置等都由相关的教育行政主管部门来制定，因此，不少老师认为课程开发是领导的事、上级的事，主讲教师的职责就是“吃透教材”，然后“传经送宝”。课程开发与己无关。在新的课改理念下，中小学教师的角色已经从“传道授业解惑”这样一个单一的知识的传授者转变为教学的组织者，教材的开发者和建设者，学生学习的引导者、合作者等多种角色上来了，那么，作为培训者的角色怎样定位，可能仁者见仁，智者见智，但其中的一种角色被大家公认，即从事继续教育的培训者应该是继续教育课程的开发者，开发课程是每一个培训必须具备的一项基本技能和必须完成的一项重要任务。

就基础教育课程改革背景下的中小学教师继续教育而言，无论是教育思想、教育观念的变革等，还是人才培训模式和教学内容体系的改变，或是学习方式的变革以及教师行为角色的变化，最终都要围绕于课程改革上，都必须通过具体的一系列的课程开发来具体体现和落实，因此课程开发是提高教师教育质量的关键，事实上，由于体制等方面的因素，目前大部分市县中小学教师培训机构不仅对课程开发认识不足，缺乏必要的措施，而且即使开发了一些课程，由于开发者的能力所限，课程开发或观念陈旧，缺乏时代气息，或脱离实际，针对性不强，或学科中心思想严重，前瞻性较差等，课程开发滞后已成为当前教师培训中制约培训质量的瓶颈，所以广大的培训工作者不仅要提高对课程开发意义的认识，而且要不断学习，提高开发课程的能力和水平，只有这样，才能不负时代赋予的使命。

三、课程开发的一般原则

就一般的中小学教师教育课程开发而言，其开发原则可以归纳出许多如“体现现代的教育观念”、“能够反映人类优秀的文化成就”、“有助于促进教师的专业发展并成型合理的知识结构”、“促进教师综合素质的提高”，等等。但从当前基础教育课程改革等的要求出发，中小学教师的继续教育的课程开发除遵循教师教育课程开发的一般原则外还必须注意以下几个方面：

1. 体现当代课改的教育理念

这次基础教育的课改体系是以邓小平同志“教育要面向现代化，面向世界，面向未来”为指导的，具有鲜明的时代特色，从国际视野看，知识经济初见端倪，经济全球化步伐加快，人类的生存面临困境，可持续发展摆上了议事日程；从国内看，我国的综合国力日益增强，加入 WTO 后，改革开放的步伐不断加快，物质文明和精神文明建设更加协调发展，这些都对基础教育提出新的要求，因此，这次基础教育的课程改革顺应了我国政治、经济发展以及国际形势发展的客观需要，这次基础教育课程改革的基本理念和主要目标是：一是改变课程过于注重知识传授的影响，强调形成积极主动的学习态度，使获得基础知识与基本技能的过程同时成为学会学习和形成正确价值观的过程。二是改变课程结构过于强调学科本位，门类过多和缺乏整合的现状，是课程结构具有均衡性、综合性和选择性。三是改变课程内容繁、难、偏、旧和偏重书本知识的现状，加强课程内容与学生生活以及现代社会科技发展的联系，关注学生的学习兴趣和经验，精选终身学习必备的基础知识和技能。四是改变课程实施过于强调接受学习，死记硬背，机械训练的现状，倡导学生主动参与，乐于探究，勤于动手，培养学生收集和处理信息的能力，获取新知识的能力，分析解决问题的能力以及交流与合作的能力。五是改变课程评价过分强调评价的甄别与选拔的功能，发挥评价促进学生发展、教师提高和改进教学实践的功能。六是改变课程管理过于集中的状况，实行国家、地方、学校三级课程管理，增强课程对地方、学校及学生的适应性。

作为基础教育课程改革服务的中小学教师继续教育的课程开发者，必须认真学习和领会《基础教育课程改革纲要（试行）》的内容和精神，学习和掌握各学科的课程标准，广泛吸取国内外专家学者在这方面的研究成果，这样，我们的课程开发才具有新时代的教育理念，才能与国家基础教育课程改革的方向精神相一致。

2. 适应当地课改的发展水平

这次课改的一个重大特点是，先建实验区，逐步推进，滚动发展，不搞“一刀切”。由于各实验区的情况千差万别，所以在课程开发时，开发者应该深入本地实验区了解、调查实验过程的普遍性和特殊问题，尤其是善于捕捉和寻找“开发点”。开发者要知晓实验区领导、校长、教师、学生、家长所关注的热点、难点、疑问，比如“教师对课程改革意义的认识程度，这次课改与前几次的不同之处，课改的基本内容及目标，师生对课改所持的态度，现行教材有哪些不足。课改与中考、高考的关系，与课改相适应的评价体系如何建立，等等，如果从这些实际问题如何来开发课程，那么教师的培训，就能更好地贴近学校教育教学工作实际，贴近教师自身发展的实际。

从武汉市武昌区（国家级）、江汉区、硚口区等实验区的实际情况来看，要适应当地基础教育课程改革发展的实际需要，在课程开发内容和策略上应该多层次、多样化，尽可能满足不同时段、不同层次的需求，做到“三个结合”、“三个为主”；课改之初与课改之中的培训，可以“知识课程”和“学科课程”开发相结合，以学科课程开发为主；课改年级与非课改年级的培训应将专题课程与综合课程开发相结合，以专题课程为主；面对大面积突击式的培训，长远课程与应急课程开发相结合，以应急课程开发为主。在一般职务培训方面，修养性课程与实践性课程相结合，以实践性课程开发为主。这样一来，在基础教育课程改革背景下的教师继续教育课程开发，就应该淡化学科要求，打破年段界限，突出地域特色，使教师继续教育的课程开发呈现出富有鲜明个性，充满活力，能满足不同对象需求的课程。

3. 兼顾实验区教师的一般特点

从调查了解的情况来看，首批参加课改实验的地区教师的整体素质比较高，领导力量比较强，与一般教师相比，课程开发需顾及三个方面：

一是有较强的自律力。课程开发应着重调动教师参与实验的积极性，使之能够融入课程的规划、设计和评价过程之中，并将他们自身的需要和要求融入课程开发之中，充分着重教师的独立人格，视为学习的主体，而不是由培训机构和开发者代表成人学习者决定学习目标、内容、进度以及评价学习效率，这些应该与被培训者一道完成，课程开发者不能成为课程的“操纵者”而统治开发的全领域。

二是有较丰富的实验经验。这是课程开发的重要资源。开发者在开发某一课程时，应该有意识地将新经验的学习与学习者原有的经验联系起来，并可能根据和利用他们有效的学习资源，同时直面他们在课改中所面临的各种实际问题，使之融合到大的开发背景之中，从而提高开发的效益。

三是有较强的创新能力。创新是这个时代的主旋律。课程开发要有利用激发教师的创新潜能，要把培养学习者的创造能力作为课程开发目标之一，在开发之中，不应把已有的知识技能作为接受的终点，而应当以此为起点，有意识地培养他们创造性地分析和解决问题的能力，尤其是应对课改复杂局面的能力。

4. 有一定的功利性

参加课改的教师，除了同其他教师一样承担社会、职业、家庭等一般角色外，他们肩负着领导、同行、学生、家长以及社会的多重压力，要出成果的责任感，使他们难免成为一个功利主义的学习者，因而在培训过程中常常伴随程度不同的焦虑感，这些会弱化其学习动机，降低其培训效果，这就要求课程开发应该设计合理的学习内容和学习过程，紧密联系其工作和生活相关的内容，帮助他们去除学习障碍，关注他们的情感世界，充分利用学习者有限的学习时间，设计富有成效的自学和自我导向的学习方式，提高学习效率，同时，积极创设条件，提供机会，使他们能施展才艺，交流意见，发表见解，使之具有一定的成就感，这些都是一个成功的课程开发者所必须考虑的。

四、课程开发的流程与策划

1. 确认培训需求

培训单位不能为开发而开发，在课程开发之前，我们一定要明白为什么要开发。开发什么课程，不能仅由领导说了算，也不能由开发者主观臆断，必定是“出现了一些问题”，才有培训的必要，所以开发课程的第一步，就是确认培训需求，即“这一培训到底有没有必要”，“是什么导致非要培训不可”。培训依据的确立，主要从以下几个方面考虑：目标、管理者的支持、价值与成本、资料、被培训者的支持等。

分析培训需求是开发课程的前提。如何分析培训需求呢？从广义上讲，有分析法，可分为确定一定范围内的组织层次分析；可按一定年级，职位划定的岗位层次分析；可根据个人表现，考核业绩来进行个人层次的分析。可就目前和未来的发展趋势进行时段层次分析。

从狭义上讲，具体到某一个层面，又有不同的分析方法，有面谈法、问卷法、观察法、开会法等。通常情况下，这些分析方法是交叉使用的，不可能绝对划分，开发者视具体情况而定。

试以《学科课程标准》培训为例：

分析需求可以从下列方面着手：

(1) 找有关领导、教师、教研员开会了解学习要求、体会；

(2) 深入教学第一线进行现场观察；

(3) 让一线教学人员进行自我评估，提出培训要求；

(4) 研究书面文件（教案、会议记录、作业、教材等）在此基础上，特邀培训对象就下列问题做出判断：①是否有培训的必要；②主要有哪些问题；③采取怎样的方法培训最好；④在什么时段培训效果最佳；⑤需要收集哪些资料、信息。

课程开发者将这些情况作认真深入分析确认之后，才可能确立选项、专题、方式，有了这些前期准备，就为后面的进一步开发打好了基础。

2. 设定课程目标

课程目标就是通过培训所要达到的结果。这个结果既是学习者学习的方向和学习过程中所要达到的目标，又是课程开发者在开发过程所要瞄准的目标。通常用“了解”、“掌握”、“熟悉”、“提高”、“达到”等行为术语表达。目标的设定一方面由组织需求和学习者个人需求共同决定，另一方面因多方面培训资源的制约而不断发生变化，所以开发者不能一味锁定目标，应综合各方面的因素，随时对目标做出必要的修正，开发进程中随时都要思考下列问题：

(1) 课程目标的可接受性，有哪些有利和不利因素？

(2) 学习者的需求如何在开发过程中得到最大的满足？

(3) 通过什么样的形式和途径最大限度地开发和利用各种培训资源？

(4) 要拟定目标，开发的顺序如何确定，哪些应当优先考虑？

(5) 目标能否达到，如果是开发小组，人员怎么分工、调配等。

3. 编制培训方案与内容

制定培训方案，首先要阐明培训目的，其次是说明培训内容、顺序、教师类型及培训对象、培训形式、时间安排，最后是实施措施等。

例如：

武昌区基础教育课程改革小学语文学科师资培训班培训方案（2003年春）

一、培训目的：

以党的十六大精神为指导思想，以《语文课标准》为主线，以教版材料为范例，以教学实践为主要途径，通过学习课程改革纲要，学员进一步加深对课改意义的认识，把握语文课程标准的基本理念，明确教学内容及各个阶段教学要求，掌握苏教版相关年段教材的编写意图和教学重难点；学习和运用新的教学理念和方法，不断提高课堂教学艺术；力求使每一位参训学员基本胜任小学语文学科的教学任务。

二、培训时数：

60 学时，其中学习课程标准 18 学时，教材分析 3 学时，课堂教学及专题研讨 36 学时，机动 3 学时。

三、具体安排：

课程项目	内容	主讲（持）人	学时	地点
课标理念讲析	重点讲析语文课标的四条基本理念	主讲教师	9	教校
苏教版新教材分析	讲析编排意图、重点、难点等	教研员	3	教校
各板块教学内容研讨与实践	1. 识字和写字教学研讨及教学实践活动	主讲教学学员	9	教校　中山路小学分片
	2. 阅读教学研讨及教学实践活动	主讲教师学员	9	教校 二师附小 实验小学
	3. 口语交际教学研讨及教学实践活动	实验班教师	6	中华路小学分片
	4. 习作教学研讨及教学实践活动	实验班教师	3	昙华林小学
	5. 语文综合实践活动研讨及教学活动	实验班教师	6	付家坡小学分片
	6. 小学语文教学的发展性评价及实施建议	实验学校校长	3	首义路小学
七嘴八舌	以“语文备课新视觉”为中心话题讨论如何进行教学设计	教导主任	3	教校
专家问诊	将学员在实践中提出的疑点、难点问题汇总，邀请专家现场解答疑难	实验区专家教师	3	教校
自我展示	由学员自荐或推荐上汇报课，专家点评	主讲教师	3	待定

四、主要措施及要求：

指导教师在充分调查研究、广泛征求意见的基础上，做好培训方案，方案力求全面，有针对性和可行性。

组建由培训教师、教研员、参训学员等多方参加的学科培训指导小组，实行首席指导教师负责制，立足学员实际，开展评教评学，提高授课的针对性；注意多种培训方式的有机结合，充分调动学员的参与意识，促进学员的教育理论水平、教学技能和教育教学科研能力的同步提高。

培训期间，每位学员必须完成“三个一”，即“上一堂研讨课（或说一次心里话）”、“写一篇课例与评析”、“写一篇心得体会”。

组织好班委会，选好片长，采取学员自己管理自己的办法，严格考勤，注意将学员在培训期间的表现及时反馈给其所在单位。

采取集中与分片相结合的组织形式，注意运用好激励和制约机制。

编制课程内容在应该成为课程开发的重中之重。编制课程内容之前，开发者必须广泛收集与课程内容有关的信息资料，可以充分利用图书馆、阅览室上网和利用多媒体视听设备等，从中寻找自己所需要的信息，可以征询培训方面的专家学者的意见。尤其是要善于发现、捕捉、收集、整理被培训者自身的经验、教科研信息等，使之转化成开发成果，还可以借鉴已开发出来的类似课程。

课程内容的编制必须与课程目标相一致。所以对收集到的信息资料以及可利用其他课程资源必须经过筛选、分类、排序和鉴别，内容的选择安排必须考虑成人学习的一般特点。课程内容的编制，还应该注意合理选择培训条件，这里所指的“培训条件”主要是设备、材料、人员、经费和时间。在编制课程内容时，必须考虑课程内容和形式是否受到设备、材料、人员、时间等方面的制约和限制，费用学员可不可以接受，相关的培训教师能否请到，被培训者的组织管理能否落实到位，这些问题顾及不到，再好的课程内容也只是纸上谈兵。

4. 选择培训策略

在课程开发时，我们必须考虑的另一个重要问题是：“需要采取什么样的策略才能实施课程目标?”这个问题是广大培训者一直关注并着手解决的一个问题，这方面的文章、经验、体会比比皆是。限于篇幅不可能逐一论及。培训策略的选择从总体上应该注意以下几点：

（1）必须树立被培训者是学习的主体的思想。以被培训者为中心，最大限度地调动其参与的积极性，彻底改革主讲教师“一讲到底”的局面，真正做到双向互动。把讨论式、对话式、沙龙式、观摩式、参观式、研讨式等行之有效的培训形式运用到教师培训尤其是基础教育的师资培训之中。尤其是要针对不同的培训对象选择不同的培训方式，这样才能切实提高培训质量，更好地实现培训目标。

（2）必须与培训内容相一致。比如知识性的培训、学科知识性传授以讲授或讨论为主，技能性的培训以示范、演示、表演等方法见长，情感态度的培训如以情景模拟为主效果可能更好。所以培训策略的选择与培训内容的选择是相辅相成的。

（3）必须在客观条件的允许范围内。教师培训容易受时间、场地、人员、教学设备等客观因素的制约，比如大面积、应急式的全员培训，因时间短、内容多、学习人数相对集中，不易采取观摩式、研讨式，以讲授为重，多媒体课件教学形象直观、生动，但制作成本高、教学设施要求高、不宜大面积推广等，所以培训策略的选择一定要具备可行性，切不可盲目套搬或相互攀比。

5. 实施课程

到这一步，可以说课程开发的任务已基本完成。在课程实施的过程中，课程开发者一定要密切关注，参与培训组织的全过程，收集反馈信息，及时进行评估，对已发现的偏差进行修正，对可能出现的问题进行预测，主要是看培训的预期目标是否能达到，课程的目标、内容以及实施的策略应该做出怎样的修改，以便更好地完成既定的开发，为新的课程开发提供可资借鉴的经验。

附录：“读式”教学科研成果转化为小学教师继续教育课程的开发实践

我区目前实施的“读式”教学模式培训课程是由一项教学科研成果转化的。这个课程的开发经历了这样几个阶段：

一、课程的提出

“读式”教学科研成果是：汉阳区钟家村小学已故校长，著名特级教师，省市劳模，市管专家郑祖读老师在37年的小学语文教学的改革实践中，创造的“从语言文字入手，以思维训练为核心，以读为主的语文基本功综合训练”的教学经验总结。这一教科研成果曾以《我与“读式”教学》、《别了，我爱的中国（教案）》等论文和文章发表。并以六万余字的篇幅载入《中国著名特级教师思想录》（丛书）、《小学语文分卷》，在海内外发行。

“读式”教学模式具有科学性和先进性，针对性和实用性。它是汉阳地区进行时间最长、规模大、效果好、影响广的教学科研成果。正如全国小学教育专家、全国小学语文会理事、华中师范大学著名教授杨再隋所评价的：“读式”教学实验切中时弊，对端正小学教学思想，改革小学教学内容，改进小学教学方法，都有着十分重要的意义。由此可见，把“读式”教学作为小学教师继续教育的培训内容，并逐步使科研成果师训课程化，具有坚实的基础和教学改革的实践指导意义。

二、培训需求确认

当前，中小学教师继续教育课程开发，一方面存在脱离中小学教育教学和教师实际需要的倾向，受学历教育的影响，课程设置表现出较强的理论性，缺乏教学改革的针对性和实用性；另一方面过于表现出“缺什么，学什么”。课程开发存在较大的随意性和应急性，缺乏先进性和科学性，显然这两种倾向都不利于激发教师自身的学习积极性、主动性，不利于教师队伍整体素质的提高，难以实现继续教育工作的最终目的。针对上述问题，我们经过反复论证，大胆尝试，将产生和形成于武汉市汉阳区这块沃土上的教科研成果——“读式”教学模式直接转换为小学语文教师继续教育的培训内容，在教科研成果的师训课程化方面作出新的尝试，以便探索中小学教师继续教育培训的新思路、新内容和新方法。

三、制定开发方案实施

开发过程共分为四个阶段：其主要工作是组成课程开发组，制定研究方案，收集、归纳、提炼“读式”教学科研成果资料，统一思想认识。继续教育培训内容的改变是对继续教育认识观的根本改变，把教育教学科研成果作为教师继续教育的课程。首先必须转变继续教育观念。要培养新型的教师，必须更新教师继续教育的内容、方式、方法，开发更先进的教育培训课程。

把教育科研成果纳入教师继续教育培训内容涉及到各个方面，必须改变传统的由教师进修学校单独承担课程开发的管理模式。我们成立了由区教委朱立德副主任牵头，由教委各有关部门业务科室负责人和教校校长组成的领导小组，行政部门全方位协调，教科研部门直接参与，教校具体组织实施，初步形成了行政、教科研、教校“三位一体”的开发格局。领导小组多次召开会议，研讨开发方案。教校将开发方案积极申报到小学教师继续教育培训中心审批、备案，得到小学教师培训中心的充分肯定和大力支持，并纳入集中培训的年度计划，教学和教科研部门根据继续教育的特点，结合本地区的教育教学实际情况，对“读式”教学进行了新的认识，提炼出“读式”教学的精髓，辅以最新的教改信息、教研成果。形成“读式”教学课程。让受训学员能够获得“读式”教学的真谛和最前沿的教研信息，感受到继续教育培训内容的实用性、新颖性、可学性。为了使课程内容在理论上进一步得到提高，我们请有关专家学者进行专门的研究，拟订出以郑祖读“读式”教学思想为核心，包含郑祖读教学生涯以及“以读为主，综合训练”等内容的专题，聘请本地区的知名教授、专家、学者亲临课堂讲学，其中华中师范大学雷实教授从世界教育发展的高度，以素质教育为核心，作了题为《谈“读式”教学的形成，发展与展望》的报告，其新思想、新观点引起了学员们的积极思考，具有前瞻性；请长期关注和指导“读式”教学的小学语文教学研究专家，武汉市教育学会孙建成秘书长阐述了“读式”教学的内涵与教学风格，并从全市教育教学改革发展的角度，详细介绍了特级教师黄建业结合郑祖读的语文教学实践，做了《读的学问与艺术》的专题报告。每次讲座中，我们都组织学员大胆质疑，与专家面对面地进行研讨，气氛十分活跃，形成良好的教研氛围。

四、选择教学策略

在培训策略上，我们采取研究式、讨论与自学相结合的形式进行理论学习培训，设计了研讨、赛课、设计优秀教案、撰写论文、制作课件等多种活动，在实践中提高教学水平和技能，“读式”教学是一种先进的教学方法，结合小学语文课程改革的新要求，我们在培训过程中注重受训学员在教学实践中灵活运用，做到学以致用。将60个学员分到四个片要求每一个学员上研讨课，然后在每片中推选出两节汇报课，在全班进行交流、研讨。每个学员都极为重视这样的机会，精心准备，充分调动每个学员的主动性、积极性、创造性。

五、效果分析

为教师继续教育的课程开发开辟了一条新思路，将科研成果开发为教师继续教育课程，一方面使先进的、科学的科研成果尽快地得以推广应用，缩短了周期；另一方面，来源于教学实践的教科研成果也能够适应中小学教育教学和教师的实际，帮助教师们解决教育教学中的实际问题，满足教师在新形势下的新需求。具有较强的实用性和针对性，从而使教师继续教育与教育教学科研成果的推广应用紧密结合形成“研训一体”的培训模式，为实现教师教育创新提供了新的途径.

将教育科研成果开发为教师继续教育课程，有利于促进“经验型”的老师向“科研型”的教师转化。本课程开发主要是针对小学语文教学成果的运用和推广而开发的，目的是提高教师用科研成果指导教学实践的能力，它属于专题研究式的培训。因此，在课程目标上也非同以往，实现了由培养“经验型”教师向培养“科研型”教师的转化，进一步推动了小学语文教学改革，提高了教师综合素质。在培训后期，我们召开学员座谈会，请他们谈谈自己的学习体会和收获。他们认为，“读式”来源于本区。这种课程开发极大地满足了教师们新形势下培训的多方面需求：首先，提高了教师的人格魅力。郑祖读老师对事业的专注精神，对教学精益求精的钻研精神以及生命不息、奋斗不止的拼搏奋斗精神都深深地震撼着受训学员，他对学生的一片爱心，对教学的一片痴情，对事业的一片真诚也净化了学员的心灵，使学员受到生动的师德教育。其次，提高了教师的教学水平。这种培训有很强的针对性，培训的知识更贴近他们的教学体验，能够解决他们教学中的实际问题，因此激发了他们学习的兴趣，提高了学习的积极性，从而提高了培训的效率。

将教育科研成果开发教师继续教育的课程，有利于促进科研成果的增值与运用，在培训中我们发现，通过学员与学员之间、学员与专家之间的充分交流，相互间的思维不断碰撞，“读式”教学也得到进一步发展，显示出新的生命力。在培训学习和研讨过程中，许多学员对“读式”教学提出规律新的思考，如“如何将‘读式’教学法转化为‘读式’学习法”、“‘读式’教学在不同的课型中如何运用”、“如何在‘读式’教学中保留就的个性”等。这些为“读式”教学的发展提供了更广阔的空间。

六、总结与反思

在实现“优秀教师科研成果课程化”问题上作了一些大胆的尝试并取得了一定的效果。这一课程的开发成功进一步开阔了我们的视野，坚定了我们开辟教师继续教育的新思路、新内容、新方法的决心。

通过本课程的开发，我们认识到有些问题有待进一步深入探讨。如何把教育科研成果开发为教师教育课程，其中课程内容的编制难度较大，主要是开发者对于相关的理论基础和有关的最新信息尚未涉及，因此必须提高开发者的开发能力。只有根据教育科研成果和教师学习的需要编制合适的课程内容，才能真正将优秀的科研成果课程化。

再则，将优秀的教育教学科研成果转化为教师继续教育课程，不应仅限于某一项科研成果，还可以包括更多的内容，如启发式教学法、讨论式教学法等研究成果，也应该纳入课程开发的范畴，成为课程开发的重要内容，这样，才能建构科学、合理的继续教育课程，教学内容体系，实现优秀科研成果课程化。

此外，还必须建立一套切实可行的评估方案。我们认为，教师继续教育培训，适当的理论考核仍然是必要的。要求老师们理论结合实践来书写相关论文也应该是一种有效的评估方式。此外，长期的追踪调查，重点探究受训者在工作中学习内容的运用，创新及取得的业绩，也应该作为评估的内容之一，以便全面正确评价培训效果。

（武汉市汉阳区中小学教师继续教育培训中心课程开发小组）

参考文献：

[1] 李其龙，陈永明. 教师教育课程的国际比较［M］. 北京：教育科学出版社，2002.

[2] 黄健. 成人教育课程开发的理论与技术［M］. 上海：上海教育出版社，2002.

[3] 湛新民，徐汪奇. 员工培训方案［M］. 广州：广东经济出版社，2002.

[4] 国家基础教育司. 走进新课程：与课程实施者对话［M］. 北京：北京师范大学出版社，2002.

（原载《中小学教师培训》2004 年第 2 期，胡松林参与了该文的写作）

以大学文化与现代教师教育理念引领本科层次的小学教师培养

大规模的高校与教师教育改革促成了小学教师的培养正式被列为普通高校的任务，但在全国开办小学教育本科专业的300多所高校中，有一个较为共性的现象是：它们大都并入了当地的教育学院，湖北第二师范学院、合肥师范学院等还是直接由教师培训院校改制而成。在这种拥有职后培训经验的高校如何通过大学的学科建设把职后教师培训经验加以整合提升，以先进的教师培训理念反哺、培养小学教师，克服传统小学教师培养模式的不足，走出一条新路来，这是一个很有价值的课题，对探讨本科层次的小学教师培养模式，推进当前教师教育专业的改革发展都大有裨益。

大学文化主要是一种学科文化，通过学科建设牵引专业建设、队伍建设与教学改革是大学发展的核心与特有的工作方式，已形成较为规范的要求，这是一些新改制大学正着力解决的问题。现代教师教育的基本理念是：培养目标专业化，培养机构开放化，职前职后一体化。它要求教师职前培养不要满足于“一次性培养管一生”的思维，而要关注教师的当下职业需要与终身发展，这些理念与要求在过去的职后培训院校曾已显现得较为充分，但又不很系统。我们认为，以大学文化与现代教师教育理念引领本科层次的小学教师培养，就必须树立新的培养目标观、组建新的培养运行机制、构建新的课程体系、改进教与学的方式、强化初等教育学科建设。

一、在培养目标上，既要关注基本素质的养成，也要注意职业素质、专业意识的打造，职业角色的转变，以培养符合时代要求，具有合格专业素养的新型研究型小学教师

自1897年师范学校模式引入我国后，我国小学教师的培养便逐步走上了一条经验丰富、成绩巨大的轨道。但现在对照现代教师教育理念与现实需求来看，问题还是不少的。以前教师的职前培养目标的确立，主要是以“素质理论”为指导，主要关注基本素质的养成，具体就是“专业知识”的培养，

而大面积出现基本素质好，但专业意识弱、动手能力差、职业角色进入慢、知识转化为能力的过程太长的问题。这也就是人们所概括的职业素质问题，所谓职业素质是指从业人员具有的与从事具体职业相关的、对职业活动起关键作用的内在品质和能力。职业素质的要素除了包括职业岗位直接要求的专业知识和实践能力外，还应包括职业理想、职业情感、职业道德，职业所在行业的行业眼光、知觉能力、思维方式、行为方式以及较好的专业意识和创新潜能等。良好的职业素质可以加快他们职业角色的转变，有利于他们缩短入职过程。如果这种素质得不到培养，有些人即使后来成为成熟的教师，其表层素质也停留在“广播员”、“表演者”等水平（或与他们区别不开来），专业化特征不明显。

小学教育专业具有较强的职业定向性与针对性，根据新课程改革的基本要求，新的小学教师培养，既不是训练教书匠，也不是理论家，而是要培养以符合时代要求，具有合格专业素养的新型研究型小学教师，因此，在培养目标的设置上，既要继续关注基本素质的养成，还要注意职业素质的打造。如果培养目标偏离这一目标，这就将成为应届毕业生就业的最大障碍。因为现在教师入职除笔试外，都有面试这一关，职业技能、职业情感、职业意识等职业素质也纳入了检测内容，面试这一关实际上主要是职业素质的竞争。

如湖北第二师范学院 2005 级毕业生在武汉市的小学教师招聘考试中，当时有 19 人过了笔试关，但面试只过了 9 人，仅到 50%。可见，毕业生的职业素养不仅仅是将来的适应与发展问题，首先是就业问题，因此，这一定要纳入我们的培养目标。

二、在培养方式上，要组建开放性的培养运行机制，统筹考虑校内与校外的教育资源

独立的、一次性职前培养方式基本是闭门办学，独善其身，即使有一些附属学校，但由于管理体制等原因，没有真正发挥作用。由于见习、实习渠道不畅，结果是纸上谈兵越来越多，信息来源越来越窄，培养机构与中小学的距离越来越远，教师厌教，学生厌学。

为了加强学生职业素质的打造，新的小学教师培养一定要面向实践、面向校外，与中小学和有关业务部门建立起联系渠道与交流机制，全面了解基础教育日常工作信息；全面关注基础教育改革发展动态。这在原教师培训院校已是惯例，现在应依据这种惯例，继续主动开门办学，充分利用校外教育

资源，以弥补校内资源的不足。

当前国外较成熟的办法是与中小学合作建立足够数量的“教师专业发展学校”，为学生配备实践指导教师，并形成“见习—单科实习—毕业实习”这一全程实践序列。从而实现培养到上岗的零距离过渡。我们目前的主要问题是合作机制还不完善；大学专任教师也不适应下校指导；见习学校也还不习惯接受见习学生；校内技能类课程、校外课程的师资配备难到位，学生缺少演练机会。这几方面都得靠组建开放性的培养运行机制来解决。为了使这一机制巩固下去，最好是统筹考虑校内与校外的教育资源、互利互惠，即培养院校开发面向在职中小学教师的培训课程，参与在职教师的专业发展，见习学校教师参与师范生的培养，相互聘请优秀教师进校开讲座，真正形成职前职后一体化。

三、在课程设置上，针对培养“研究型教师”的培养目标与小学教师的专业特性，构建新的课程体系

传统的培养课程基本上是“通识课程＋学科课程＋教育类课程＋教育实习”，这对以单科教学为主的中学教师的培养也许是适应的，由于小学课程以综合为主，小学教师须具备复合的知识结构，小学教师的学科课程涉及语、数、艺多学科，这样各地的培养课程计划基本上是教育学、中文、数学、艺术等专业课程的拼凑，课程呈现散、多、杂的局面，核心课程不明，实践类课程、技能类课程数量不足，开发机制、管理机制不健全。

新课程体系要针对培养“研究型教师”的培养目标与小学教师的专业特性来设计，要坚持必修课少而精，选修课宽而实，面向实践的课程设置原则，实现通识课程与学科课程平衡，学科课程与教育类课程平衡，理论课程与技能训练课程平衡，校内课程与校外课程平衡，职前课程与职后课程平衡，核心课程与一般课程平衡的格局。目前一是要针对小学教师的专业特性，加强课程的综合性，减少设置数目。二是要依托校内“教师素质训练”机构，加强职业技能训练课程的开发，形成序列与层次。目前的技能类课程少，训练项目划分不够具体，训练内容安排缺乏整体考虑，考核标准不易掌握。应根据新的形势，进一步落实原国家教育委员会颁布的《高等师范学校学生的教师职业技能训练大纲（试行）》，实行规范管理。三是各课程内容设计要有指向性、科学性，不能是有关学科内容的简单拼凑。要精心打造精品课程、特色课程，形成若干成熟的核心课程。

四、改进教与学的方式，着力培育学生的探究意识与研究性学习习惯

新型研究型小学教师的一个显著特性就是其研究性与反思性，培养这种素质正是大学文化的特长，这是过去中师层次的学校所不能比拟的。现在是要在教学过程中切实落实。

一是改进教学方法，着眼于学习能力培养。现在的培养对象都是优秀的高中毕业生，他们的学科基础知识已较全面与系统，因此在课堂上提倡读、讲、写结合，学习与研讨结合，教材学习与教育名著阅读结合。教师可有计划吸收部分学生参与有关科研课题的研究工作，让学生尝试从事科学研究，养成终身学习、研究性学习的习惯。考试方法多样化，要将口试、论文、设计、操作、社会实践等纳入考核方式。

二是提倡研究性学习。所谓研究性学习，就是强调在活动展开过程中产生生成性目标和主题，并且问题的提出和解决由学生自己完成，教师仅通过顾问、咨询、合作伙伴等方式进行有效引导，课程的实施大量采用教材和校园以外的资源，突破学科教学的封闭状态，把学生置于一种动态、开放、生动、多元的学习环境中，使他们在自主学习、自主探索中获得一种新的学习体验。

三是加强校园文化建设。通过大学特有的语言、工作习惯和生活方式，影响学习者的价值观和思维方式。

四是经常开展学术讲座。为扩大学生视野，增强理论联系实际的能力，培养自我更新的意识与能力。

五、围绕“初等教育学”开展学科建设，使初等教育在高等教育中赢得一席之地

学科是人们在认识和研究活动中针对认识对象，而将自己的知识划分出来的集合，是相对独立的知识体系。由于过去的小学教师的培养限于中师学历层次，游离于高等学校之外，尽管某些技能训练很充分，但由于无高级（一级、二级）学科做基础，教师专业意识不强，无学科归属，持续发展的后劲相对薄弱。一些独立的职后教师培训机构，虽然与中小学建立了广泛的联系，积累了丰富的经验，比较了解教师当下与终身需求，但也由于缺乏相关学科建设做基础，头痛医头，后劲不足，专业化水平不高。

学科建设是专业建设的支撑，任何一种职业成为一门专业的核心都有其赖以存在的学科做基础。小学教育专业步入大学行列，已经走过了十多年的历程，但在专业建设方面还存在重大缺陷，即缺乏支撑其自身专业发展的学科基础。据有人研究，初等教育学就是小学教育专业的支柱性学科，只有加强初等教育学建设，才能更好地引领小学教育专业的可持续的健康发展。初等教育学的基本任务是：建立形成初等教育学的理论范畴和学科体系，为儿童学习和成长创造一片崭新的天地。但由于该学科还没有正式建立起来，专业师资队伍很薄弱，许多具体工作的专业化水平就不高，如目前主要培养课程的内容设计就很不规范，有些课程名称换了，但课程内容直接源于其他学科，内在逻辑不严谨，指向性不强。下一步应基于初等教育学的基本原理，以小学实务为主线，重定课程的目标取向，重组课程的知识构成，重塑课程的师资队伍，使初等教育踏踏实实地在高等教育中赢得一席之地。

参考文献：

[1] 顾明远．我国教师教育改革的反思［J］．教师教育研究，2006，18（6）：3-6.

[2] 曹长德．教师专业化与教师职业训练［J］．当代教师教育，2009，1（2）：36-39.

[3] 黄正平．关于小学教师培养模式的思考［J］．教师教育研究，2009，21（4）：7-12.

[4] 尚丽，吴小帆．浅谈自动控制系统教学中学生职业素质的培养［J］．现代企业教育，2009（4）：95-96.

[5] 刘慧．关于初等教育学科建设的几点思考［J］．首都师范大学学报：社会科学版，2009（1）：81-85.

[6] 阮成武，刘立德．初等教育学学科诉求及课程建设新探［J］．河北师范大学学报：教育科学版，2006，8（4）：5-10.

（原载《湖北第二师范学院学报》2009年第12期）

专业教育硕士学位教育应着力教师实践性知识的生成

我国的专业教育硕士学位已开办了10多年，巨大成绩的背后，问题也不少。如有些地方虽然从形式上也开设了实践性知识课程，但教学方式仍旧是老一套，过分注重教育理论讲授与灌输，对教师的主体作用与教师专业发展的阶段性特点较为忽视，缺乏教师自己对知识的主动建构，忽视教师的知识背景及其个性化需求，这仍然不能凸现专业教育硕士着力教师实践性知识生成的特色。因此，重视实践性知识在教师专业发展中的作用，实现实践性知识课程的功能，保证教师实践性知识的生成就是一个亟须进一步研究的课题。现就这一问题谈谈我们的看法。

一、充分认识教师实践性知识在教师专业发展中的特殊作用

所谓实践性知识，即指教师自己在教育教学实践中形成与运用的知识。既包括来自个人经验的积累、领悟，同行之间的交流、合作，也有来自对理论性知识的理解、运用和扩展，以及实践性知识的生成训练而生发。从教师专业发展的历程来看，一名新教师成长为一名优秀教师甚至专家型教师，理论知识不可或缺，但实践性知识的获得是其关键，因为教师只有把各种理论知识转化为自己的实践性知识，才能保证他们的具体教育活动有效地进行，从这个意义上讲，教师的实践性知识是教师知识结构中的核心内容，教师在教育实践中成长的过程，实际上就是教师实践性知识的形成过程。

据研究，1983年英国学者舍恩在《反思性实践——专家是如何思考的》一书中首次提到，“教师的专业是具有不稳定性、不确定性，同时又是充满许多潜在价值冲突的专业。在这类专业中，执业者的知识隐藏于艺术的、直觉的过程中，是一种行动中的默会知识”。一般认为这是“实践性知识”这一概念提出的开始。紧接着，1986年，美国卡内基促进教学基金会主席舒尔曼在他提出的教师应具备的7类知识结构中，他鲜明提出了“学科教学法知识”（其余为：学科内容知识、一般教学法知识、课程知识、有关学生及其特征的

知识、关于教学情境的知识和有关教育目的、目标、价值、哲学与历史渊源的知识），并申述“学科教学法知识”即“学科内容知识与教育专业知识的混合物”，最能体现教师专业特性的知识，是教师知识结构中最核心的知识。这是首次从教师知识结构的角度来分析“实践性知识”的价值。此后，人们对教师实践性知识的特性、构成、表征方式、产生与获得的途径等进行了深入的探讨，形成了较丰富的研究成果。人们普遍认为，教师的实践性知识是相对理论知识而言的一种知识类别，是可感知、可表征的，也是可设计为一种实践性知识类课程的。过去的教师知识的单一构成论（学科知识）或双项构成论（学科知识与教育科学知识）应让位于“多层复合结构论”。在教师的多层复合的知识结构中，实践性知识处于核心地位。如 1987 年，梅耶（R. E. Mayer）从广义知识观的观点出发，在综合了加涅和安德森知识观和技能观的基础上，将专家的认知结构用陈述性知识、程序性知识、策略性知识来描述。1999 年，北京师范大学林崇德教授在《从教师的知识结构看师范教育改革》一文中，对教师的知识进行了具体划分，即“本体性知识、条件性知识、实践性知识和文化知识”。2003 年，北京大学陈向明教授在《实践性知识：教师专业发展的基础》一文中，将教师的知识分成理论性知识与实践性知识两大类，可见，在这些著名专家的研究中，教师的实践性知识的作用很一致地被重视了，并且分量被逐步提升了。

专业教育硕士学位主要是面向在职中小学教师而设立的，是具有特定教育职业背景的专业性学位（而非学术性学位），旨在培养从事基础教育教学与管理的高水平应用型人才。它属于教师职后专业发展的范畴，自然应着力于教师的实践性知识的传授与实践素质的提高，并将各种知识以实践性知识为核心，有意识地建立起有效的知识体系。但从我们目前收集的资料来看，我国目前现有的专业教育硕士培养计划中，实践性课程设置少，质量也不高，这显然不利于教师实践素质的培养，也很不利于凸显专业教育硕士的特色和培养高水平应用型人才。

二、进一步认识教师实践性知识课程的内在逻辑

实践性知识课程是以实践性知识为核心，以在实践中习得、体验、反思和分析等为主要形式进行的，以获得“如何教”的专门的实践知识和特别的技术为任务的课程。相对教师的理论知识课程而言，教师实践性知识课程的知识形式极为复杂，它既有一般知课程的结构与规范，又有自身的情境性、

活动性等特点，主要表现为为了使教育实践性知识在受训教师身上再生成而设置的课程性活动情境。它因人、因事、因景而异，内隐性强，个人色彩非常明显，有时似乎呈现出矛盾状态。但它还是有自身的“实践逻辑”的。所谓“实践逻辑”，按石中英教授的说法，就是各种教育实践共同分享和遵守的一般形式、结构或内在法则。实践逻辑是一种无意识的逻辑、情境性的逻辑、时间化的逻辑，是各种利益与力量参与生成的逻辑。这种实践逻辑既非一种纯粹观念的存在，也非一种纯粹实体的存在，而是一种介于二者之间或兼容主观性与客观性的文化的存在。我们只有尊重实践逻辑，然后，才能够去理解实践、解释实践和服务实践。同理，对实践性知识课程，我们也只有基于对教师实践性知识课程的“实践逻辑”的把握的基础上，才能推动教育硕士学位实践课程建设，这显然是一项长期的工作。但根据现有的研究成果，目前在以下几点是可以形成共识的。

首先，教师的实践性知识来源于他受到的社会、学校、重要他人和他自身的生活史、个人特性、教学经验、关键事件的影响，是一种经验知识，可被感知。

第二，教师的实践性知识一般沿着“实践—认识—再实践—再认识”的轨迹发展，有路径可循。

第三，教师的实践性知识的主要内容也是可以圈定的。据陈向明教授的研究，教师的实践性知识的内容主要涉及以下内容：（1）教师的教育信念；（2）教师的自我知识；（3）教师的人际知识；（4）教师的情境知识；（5）教师的策略性知识；（6）教师的批判反思知识。

第四，教师的实践性知识课程它超越具有严密的知识体系的学科界限，着眼于对教育教学综合能力的培养，强调以亲身体验的、集体合作的学习为教学的基本方式。强调教师、学生和教育教学情境之间的互动，注重在“教育教学实践”“反思”、“观摩”、“讨论”、“比较”、“评价”、“实验”、“探究”等一系列的活动中发现和解决问题，体验和感受具体教育教学实践情境，提高面对具体教育教学问题的决策能力和机智。

第五，教师实践性知识的课程形态丰富多彩，但也是可以规范化的。据上海等地在教师培训上的探索，他们目前就将常设的实践知识课程定为教育调查、教学观摩、模拟教学、行动研究、教师互动这几门课。

三、切实加强实践性知识课程的教学研究

实践性知识课程的性质决定了它的教学形式、方法的特殊性。我们应根

据其特点，探索规范此类课程的目标、内容、学习活动方式、学业评价、课程设计与实施的流程，力保教师实践性知识的生成，这是一个有待开垦的新领域，需要研究的问题很多。总的来讲，教师教育实践性课程的基本特征是回归实践，根据教师成长与发展的规律来设计，要变一次性的教育思想为终生性的教育思想；变封闭性的教学过程为开放性的教学过程；变单纯理论教学为理论与实践相结合的教学；变无教师参与的教学为参与式教学。在实践性知识课程的具体教学中要特别注意以下几点：

（1）要着力教育情境的营造，重视参与者的自主发展。培养者在教授实践性知识课程时，不能指望“传递”、“讲解”、“指导”之类的教学形式，而应基于实践经验的反思与相互交流。要注重培养教师的自我反思能力，发掘和保护教师的个人特色，鼓励教师更多地表现自己的真性情、土办法，尊重教师的个人话语权。让参与者有话想讲，有话可讲。

即使“讲解”，最好也要以故事或是案例的形式，把所讲的理论与实践联系起来，并帮助教师将所学知识运用到具体情境中。《学会生存》描述的教师角色很值得思考。“教师的职责现在已经越来越少地传递知识，而越来越多地激励思考；除了他的正式职能外，他将越来越成为一位顾问，一位交换意见的参与者，一位帮助发展矛盾观点而不拿出现成真理的人。”

（2）要注意让参与者有机会积累、领悟与生发。实践性知识不是通过教师教育者自上而下传授而被动生成的，而是参与者在一定学习情境和个人原有知识、经验、心理结构以及信念的基础上，借助他人的帮助，利用必要的学习资源和建构工具，通过主体主动建构的方式而获得的，是参与者以自己的语言建构出来并运用于具体教学实践的知识。

参与者不应以学生的身份、接受者的角色来参加，应该是以主动参与者、自主发展设计者、合作研究者的心态来做。直接目标就是借助外力将自己的经验提升与系统化，以形成自己的个人教育理论，也就是在培养者的帮助下系统化放大自己的已有经验，把丑的变美，使小的变大，而不是仅仅接受培养者提供的结论性知识。

（3）多在同行之间开展交流与合作。在集中教学过程中，要充分发掘、利用各种有助于教师自我专业发展的资源，寻求与同事的合作与帮助。主要是教师之间进行“深度会谈”，相互借鉴启迪，不断改变心智模式，使各自的思想处于不断追求创新的境界。

要注意发挥同行中专家教师的作用。专家教师由于与普通教师身处相似的教学环境，比专家学者更加熟悉教育教学实践，更加了解教师们在教育教学实践中普遍关心的问题与困惑；同时他们在长期实践中已形成了自己独到的认知方式，摸索出了众多的解决实际问题的方式方法，有着丰富的鲜活的教育案例和教育教学经验。他们的参与，有利于把学习内容置于中小学教师的教育教学实践情境中去，使学习者在问题解决的过程中体验和感悟，激发学习热情。

参考文献：

［1］温恒福，崔冬敏．教师实践性知识研究历程与前瞻［J］．当代教师教育，2011，4（1）：26-32.

［2］林崇德，申继亮，辛涛．从教师的知识结构看师范教育改革［J］．高等师范教育研究，1999（6）：12-17.

［3］陈向明．实践性知识：教师专业发展的基础［J］．北京大学教育评论，2003（1）：104-112.

［4］郭跃进．中西方专业教育硕士培养的观察与思考［J］．中国高等教育，2011（5）：59-60.

［5］潘海燕．中国名师成长历程［M］．北京：大众文艺出版社，2010.

［6］姜培民．教师实践课程的构建与实施［M］．上海：华东师范大学出版社，2009.

［7］石中英．论教育实践的逻辑［J］．教育研究，2006（1）：312-321.

（原载《湖北第二师范学院学报》2011 年第 10 期）

以教师专业发展学校为载体促进实践课教学

目前，由于师范院校与中小学关系的松散，高校教师、师范生、在职教师及中小学之间缺乏实质性的联系，师范院校教育实践课的教学也基本上是照搬理论类课程教学的模式，主要是“先讲后练”，即先学理论课程，再开展见习与实习；在见习与实习过程中，也主要是以师范生对“指导教师（师傅)”的观察与模仿为主，试图从指导教师的示范中抽取出具有一般性的教育教学原则并为己所用。但由于师范生仅掌握了一些普适性的公共教育理论，当他们面对学校的具体状况时，很难将理论与实践一一对应。这种实践教学已大大窄化了实践课教学的内涵，忽视了实践课程对学生个性心理、行为习惯及情感、态度、价值观的影响。师范院校教育实践类课程的教学实效低下，教育实践已成为师范生培养过程中最薄弱的环节，也是目前师范教育最为关注的课题之一。

教育实践课是师范院校的一种有目的、有计划，以获取实践知识、发展实践能力与实践智慧的学习活动。从课程类别分，包括专业观察、见习、实习、实验、论文、社会调查、社会服务与各类教育性实践活动。从课程层次分，包括观察性教育实践、参与性教育实践、综合性教育实践与研究性教育实践。相对理论类课程而言，教育实践类课程的知识形式极为复杂，它既有一般理论类课程的结构与规范，又有自身的情境性、活动性等特点，这些性质也决定了它的教学形式、方法的特殊性。我们应根据其特点，探索规范此类课程的目标、内容、学习活动方式、学业评价、课程实施的条件与流程，力保师范生实践性知识的生成、实践能力与智慧的获得，这是一个有待开垦的新领域，需要研究的问题很多。目前师范院校教育实践课实效低下的原因是多方面的，可采取的策略也很多。我们认为，根据世界教师教育的发展走向与我们最近几年的实践探索来看，最有效的办法是加强师范院校与中小学的联系，建立“合作共同体”，其中最有代表性、最成熟的做法是的是建立教师专业发展学校。教师专业发展学校最初是 1986 年由美国霍姆斯小组在《明天的教师》中提出的一个理论构想，即由大学教师教育机构与中小学合作共同培养与培训教师。现经过几十年的实践后，在英、美等发达国家已呈现出完整的实践形态，也开发出一整套成熟的运行技术。由于它呼应了世界教师教育一体化的趋势，实现了教师专业发展的情境化，关照了教师理论知识与实践知识的协调发展，较充分发挥了大学教师、在职中小学教师、师范院校学生的主体作用，已被广泛认定为为新型教师教育制度的成功范例，因而它也成为当前各国师范生培养模式改革的一个重要取向。20 多年来，美国就涌现出了 1 000 多所由中小学校和大学合作创办的专业发展学校，已有 38 个州以官方文件形式确立了这种合作方式的必要性。2001 年 4 月，我国首都师范大学教育科学学院创建了中国的首批教师专业发展学校，但他们主要是针对在职教师培训的问题进行探讨，而我国各师范院校借助教师专业发展学校来改进实践课教学及改革师范生培养模式的完整实例还没有见到。

建立教师专业发展学校，不是另起炉灶开办一所学校，而是不断开发中小学促进教师专业发展的功能。其目的是为参与教师和师范生提供丰富的研习机会、有效的研究与学习方法，发挥中小学在促进教师（包括师范生）专业发展方面的功能。2009 年 9 月，湖北第二师范学院小学教育本科专业与附近 8 所小学（武昌区首义路小学、洪山区鲁巷实验小学、洪山区卓刀泉小学、洪山区旭光学校、洪山区楚才小学、东湖新技术开发区光谷第四小学、东湖新技术开发区光谷第八小学、湖北第二师范学院附属小学）协商建立了 8 所教师专业发展学校，并举行了隆重的挂牌仪式。在近 4 年时间里，双方围绕小学教育本科专业实践课的开设等问题，接连进行了“教师专业发展学校建设研究”、“教师专业发展学校运行机制制度化研究”的两个专项实验。2009 年 9 月—2012 年 12 月间，依托“教师专业发展学校建设研究”课题，以教师专业发展学校运行机制的建立为研究着力点。具体措施为：一是以教师专业发展学校的充分利用为指向，构建新的实践课体系。即在小学教育本科专业的人才培养方案中设立“专业观察—单科实习—毕业实习—毕业论文”的实践课体系，“教育专业观察”课安排在二年级，隔周下校一次（半天），两学期共 64 课时，学生观察所得写在专用观察笔记本——《二年级教育专业观察手册》上。三年级上下两学期都设有“单科实习”课程，即每个学期集中安排一周时间到教师专业发展学校进行某课程的实习教学。四年级上学期设有为期 12 周的毕业实习，让毕业生全方位带班与教学；四年级下学期，主要是毕业生在大学与小学双导师指导下进行毕业论文的撰写与答辩。二是组建新的业务组织。即由湖北第二师范学院教育科学院组建校本研修指导组，负责指导各参与学校有效开展校本培训、校本研修、校本课程开发，班主任专业发展、课题研究、听课、评课等教师专业发展活动；从8所参与学校的在职教师中确定若干名优秀教师组成师范生见习指导教师组，负责湖北第二师范学院小学教育本科专业学生在下校进行专业观察、单科实习、毕业实习期间的教学、班级管理的个别指导工作，参与学生毕业论文写作指导。三是互办“一线讲堂”。即培养院校开发面向在职中小学教师的培训课程，下校指导在职教师的专业发展；优秀中小学教师进大学为师范生做讲座。两年来，一线中小学教师为湖北第二师范学院小学教育专业开设的讲座就有：小学教育的性质、小学教师的角色与素质、小学教学目标的行为化问题、小学校本课程开发、小学教学管理内容、小学德育内容、小学管理体制、小学的家校关系、如何做一名魅力教师、新教师应知应会、学校特色打造等。湖北第二师范学院除经常性为见习学校开设讲座、听课评课外，还为8所学校提供了多种专项业务活动指导，具体项目有：“首义文化”校本课程开发与教材编写；“兴趣教育研究”成果转化指导；校本研修制度建设指导；课堂教学问题诊断；自修—反思式校本培训模式实施指导；班主任提高的校本策略；全能教育实施指导等。

自2012年以来，主要是依托“教师专业发展学校运行机制制度化”课题，将已建立的教师专业发展学校的组织运行机制制度化，全面发挥教师专业发展学校的功能。具体措施为：一是总结前两年实践中的成功经验，提炼其中的合理性，让特例常规化，让临时措施制度化，让行动有章可循，让管理更加有序。由湖北第二师范学院、参与学校及部分师范生参与编写的《教师专业发展学校建设研究》、《师范生教育专业观察指南》已经完成初稿，大家的共识进一步增加。二是根据湖北第二师范学院师范生实践课教学整体改革的需要，将教师专业发展学校的功能与各院系开展的“师范生教师素质修炼营”活动、学校“教师素质训练中心”开展的模拟训练衔接起来，形成了“师范院校实践教学3S模式”，并获得了湖北省2012年教学改革成果一等奖。三是让教师专业发展学校的功能得到充分发挥。除了参与教师利用这个平台外，湖北第二师范学院不少学生还借助这个平台开展社会调查及爱心服务，如小学教育本科专业的学生就为附属小学有特殊需要的学生开设了“快乐童心作业屋”，各方面反映良好。

从几年的实施结果来看，教师专业发展学校不仅可以直接用于师范生的见习与实习，而且对整个教育实践类课程的教学都能起到了积极的促进作用，对提高教育实践课教学实效具有独特的功能。

1. 促进师范生实践性知识的生成与发展

现代教师教育理论研究表明，真正对教师实践、对教师的教育教学行为起实质作用的，是一种整合了理论知识和融教师的个人经验、体验、信念、情感以及对当下教育情境的直觉把握在内的、综合的知识，即实践性知识。因而实践性知识被认定为教师成功进行教学的主要知识，十分重要，是教师知识结构中不可或缺的组成部分，在师范生教育阶段就应有所关照。

但传统的教师教育把教学主要看成信息传递过程，把师范生的学习当成单纯的理论知识获取过程。实践体验被当作教师教育计划末端检验理论、练习教学技能的环节。而且，由于大学课堂中的理论学习与中小学实际的教育真实情境相去甚远，即使有见习与实习环节，但师范生往往难以将两者有效整合。而专业发展学校则将教师职前培养和在职教师专业发展活动都植根于具体的学校情境中，从而为教师“教中学”、“做中学”、“合作中学”以及“行动中认识”、“行动中反思”创造了条件。从而将理性的思考与实践的工作和生活交融在一起，通过合作开展活动和责任共享，大学教师和中小学教师的专门知识和技能（专长）都受到尊重和利用，使师范生的实践性知识与智慧的生成与发展有了平台，直接促进了师范生实践性知识的生成与发展。

2. 促进师范生专业教学能力的形成

教师的专业教学能力是指教师在教育教学活动中形成并表现出来的、直接影响教育教学活动成效和质量，决定教育教学活动的实施与完成的本领或技能。但它是不可能在虚拟的情境中最终形成的，而传统的师范大学与中小学分离的局面是无法解决这个问题的。

教师专业发展学校的真实情境使师范生有更多的机会接触实际的教育教学，拉近了师范生与未来职场的距离，深刻体会教育对象与当下教育环境的多样性与复杂性，从而也引发了师范生的理性思考。特别是一些研讨会活动，通过提出问题、讨论问题，让大学教师、一线教师与师范生协同解决问题，使学生的思维方式发生了逆转，学生发现问题的能力、动手解决问题的能力得到了提高。据我们对 2012 届、2013 届毕业年级毕业论文的选题来源了解，多数学生的毕业论文选题就源于教师专业发展学校中的问题，还有 7 篇论文是直接研究教师专业发展学校的建设的。在写作过程中，由于学生们对一些问题的解决就有很多自己的体验，因而毕业论文的写作质量普遍好于往年。

3. 教师专业发展学校是师范生专业意识与情感生成的主要来源

师范生专业意识与情感是专业素质不可或缺的组成部分，关注其发展理应是师范生专业发展活动中的应有之义，但某种意识与情感的形成不是靠说教与认识来完成的，而是基于现场经验的反思，是在实践中持续探究而形成的。这就需要他们对未来的工作环境有更早更深的了解，需要对教育有所思考，而由于我国师范院校与中小学的联系太少，师范生仅凭几周的毕业实习来接触实践，这对师范生的职业精神的培育是非常有限的。

教师专业发展学校使师范生的职业精神培育能更开放与多样化，师范院校与中小学更多的合作，师范院校与中小学联系密切，会引起师范生、中小学教师对自身、对教育的更多思考，大大提升了师范生的专业意识与情感，并促使参与学生提高了学习的主动性与自觉性，初步达到了理论与实践互动、理论知识与实践知识协调发展；大学教师与在职中小学教师在平等沟通过程中，感受到了“实践出真知”的魅力，从而促进师范生更快地成长为一名合格教师，这也有助于师范院校和中小学的改革发展。

参考文献：

[1] 石中英. 论教育实践的逻辑 [J]. 教育研究，2006 (1)：3-9.

[2] 刘旭东，吴银银. 我国教师实践性知识研究十年：回顾与反思 [J]. 教师教育研究，2011，23 (3)：17-24.

[3] 杨燕燕. 培养实践智慧的教师职前实践教学——以加拿大卡尔加里大学为例 [J]. 全球教育展望，2012 (4)：38-42.

[4] 张翔，张学敏. 教师教育 U—S 共生性合作的发生机制探究 [J]. 教师教育研究，2012，24 (1)：29-34.

[5] 谭细龙. 师范院校人才培养模式创新研究 [J]. 国家教育行政学院学报，2011 (1)：29-33.

（原载《中国高等教育》2013 年第 20 期）

师范教育中的“习明纳”实践探索

“2013年下学期，《初等教育学》课程开始采用了‘习明纳’活动。对于我们这些在小学里见习的大二学生来说，这完全是一种新颖、具有突破性的教学模式。第一次‘习明纳’活动的时候，我们在大学老师的带领下，与鲁巷实验小学的教导主任以及两位中年教师与两位青年教师坐在一起，讨论了书本第二章内容，这种平起平坐的形式，让我充分感受到了自由的气息。书本上的理论知识枯燥而繁多，我们往往找不到重点。针对我们提出的疑惑，鲁巷实验小学的教导主任总能结合她的实践经验，加上书本上的理论知识给我们以解答。这不仅加深了我对课本的理解，也让我产生了成为一名优秀小学教师的向往。”在谈及参加“习明纳”活动体会时，湖北第二师范学院的学生王雅芝这样说。

王雅芝口中的“习明纳”活动，是湖北第二师范学院教育科学学院近年来大力推行的一种教师培养模式，这种模式的最鲜明特点是将师范生的培养与在职教师的提高一并融合。

1. 建立教师专业发展学校

习明纳是seminar一词的音译，是由德国著名历史学家seminar发明的一种专题讨论式的教学方式。近年来，美国、澳大利亚等国家在教师专业发展学校中经常采用“习明纳”教学方式。主要形式是由大学教师（理论研究者）与中小学教师（实践者）组成教学小组，共同备课、合作教学，实现理论教学与实践体验相互补充和交叉。而“教师专业发展学校”这种组织形式，最早是由美国霍姆斯小组在《明天的教师》（1986年）中提出的一个理论构想，即由大学教师教育机构与中小学合作共同培养与培训教师。现经过几十年的实践后，在英、美等发达国家已呈现出完整的实践形态。

早在2009年9月，湖北第二师范学院与附近8所小学协商，建立了8所教师专业发展学校，依托小学教育专业的学生与8所实验学校的500多名在职教师开展试验研究。5年多来，他们在师范生培养、在职教师专业发展、中小学与教师教育改革几方面进行了深入的探索和实践，并初步建立起较为成熟的运行机制。

2. 用“习明纳”式思维重构师范教育教学

理论学习与实践经验脱节的教育，一直备受诟病。而“习明纳”模式最核心的思想在于理论与实践的有机融合。湖北第二师范学院在大力推行“习明纳”活动的同时，非常注重将这种思维方式和研究方式植根到师范生和在职教师身上。

在理论课教学中，湖北第二师范学院依托教师专业发展学校中的一线教师，组建一支专兼职结合的师资队伍，提升理论课教学的有效性。

例如在各理论课程中设立“一线讲堂”。各理论课程都专留一定课时给优秀中小学教师进大学为师范生做讲座。

再如，在《初等教育学》这门理论课程中引入“习明纳”教学方式，即把《初等教育学》划分为若干专题，由大学老师与一线优秀教师组成教学小组，同时也将学生分成若干小组，然后下到各专业发展学校开展研讨式教学活动。每次“习明纳”活动，坚持以问题为导引，由主讲教师主持，简要介绍章节内容。学生代表与辅导教师组陈述自学情况，然后逐一围绕问题展开研讨。主讲教师现场提供理论支持与引导，并及时点评。辅导教师组提供一线典型生动案例与实践思考。学生的理解往往有片面或不妥之处，老师及时指出，促使学生更深入思考。模块研讨后，学习内容以 word 文档、ppt 文档、视频文件等形式保存。每个小组形成学习简报。

目前这种教学模式已经推广到其他理论课程，逐渐成为小学教育专业理论课的常用教学方式之一。

在实践课教学中，湖北第二师范学院构建起“师范生教育专业观察—单科实习—毕业实习—毕业论文”的实践课体系。

所谓“师范生教育专业观察”，是指师范专业学生通过到中小学观摩这一途径，有意识、有目的地对自己所看到的教育现象进行观察分析，使自身所学的理论知识与实践建立起联结。“教育专业观察”课安排在二年级，隔周下校一次（半天），两学期共 64 课时，学生观察所得写在专用观察笔记本——《二年级教育专业观察手册》上。三年级两个学期都设有“单科实习”课程，每个学期集中安排一周时间到教师专业发展学校进行某课程的实习教学。四年级上学期设有为期 12 周的毕业实习，师范专业学生全方位参与带班、教学；四年级下学期，学生在大学教师与小学教师“双导师”指导下进行毕业论文的撰写与答辩。在这期间，学院鼓励学生借助这个平台开展社会调查及爱心服务，如该校小学教育本科专业的学生为附属小学有特殊需要的学生开设了“快乐童心作业屋”，社会反响非常好。

通过这种教学形式的变革，湖北第二师范学院小学教育专业的学生在毕业时，基本形成了“习明纳”式思维，他们对于如何让专业意识与情感在基于现场经验的反思中形成，如何践行自主、合作、探究的新课改理念，有了很多自己的想法。

3. 带动中小学教师一起成长

教师专业发展学校不仅拉近了在校师范生与未来职场的距离，也有效地促进了在职教师校本研修能力提升和专业发展成长。

一方面，湖北第二师范学院经常性为这 8 所实验学校教师开设讲座、听课评课，提高在职教师的科研素质，帮助在职教师成为研究者，能自觉地把教学与科研融为同一过程。另一方面，为这些学校提供了多种专项业务活动指导，帮助参与学校建立起校本研修制度，制度化地将工作中的关键问题设计为课题，纳入中小学教研内容。如“首义文化”校本课程开发与教材编写，“兴趣教育研究”成果转化指导，校本研修制度建设指导，课堂教学问题诊断，自修—反思式校本培训模式实施指导，班主任提高的校本策略，全能教育实施指导等。学院还积极与实验学校合作，开展课题研究、教学改革试验，及时将各种业务活动所积淀的经验显性化，转化为教师专业发展的养料，让更多的教师立足岗位成长。5 年来已合作完成多个科研课题，完成多本教材与专著的编写。

教师专业发展学校功能的实现，大学文化与中小学文化的融合与互补，离不开双方的共同努力与创新。对此，本着尊重、合作、包容的原则，湖北第二师范学院与 8 所学校建立起合作公约：

一是各校都根据教师专业发展学校的需求来调整学校内部制度，要有专司教师专业发展学校的内设机构或专人。二是在合作学校之间设一轮职权利机构，推荐确定“协调人”，让他从整体目标角度关注共性问题，在“共同协约”范围内行使日常事务的处决权。三是双方业务人员按中小学内部原业务机构对口建立合作小组或以专题组建合作小组，合作开展业务活动。

（原载《中国教师报》2015 年 3 月 10 日，第 553 期）

附　录

附 1：关于自主生长式教师专业发展理论的部分社会评价与影响

自修—反思式校本研修模式解读

张自力　武汉市硚口区教学研究室

湖北第二师范学院教授潘海燕提出的自主生长式教师专业发展理论认为，教师专业发展，“不是一个简单的接受及模仿过程，真正的内在活动是一个在反思伴随下的生长与应用过程”。自主生长式教师专业发展理论在中小学教师校本研修中的最佳实现形式是自修—反思式校本研修模式。笔者曾跟随学习和研究十多年，按照笔者的实践和理解就这一模式做一些解读。

一、基本概念

理解了以下四个观念也就把握了自修—反思式校本研修模式的精髓。

1. 研修

这里的研修是针对传统培训的弊端提出的。

(1) 研修实现了教育教学问题解决和教师专业发展的有机统一。一方面，这强调以教育教学实际问题为抓手，以参与解决问题实现教师专业发展；另一方面，它解决教育教学问题必须以教师专业发展为前提，通过教师专业发展实现教育教学问题的最终解决。教研关注课堂教学问题是其特色，但容易导致“见事不见人”、“就问题论问题”，不注重通过问题的解决发展教师，通过发展了的教师提高课堂效能。而培训关注知识缺陷和理论知识，忽视教师课堂教学实际问题。自修—反思研修模式可以看成是培训与教研的融合。

(2) 研修是以教师为主体。传统的培训中教师处于失语状态、被动状态。自修—反思研修模式强调教师是研修主体，是自我发展的设计者。他们从被动的承受者向积极主动的参与者转变，活动内容、形式、方案设计等充分重视教师自主性、主体性。

(3) 研修内容体现个性化。传统的培训重视培训内容的理论体系。自修—反思研修中教师问题、经验、体会成为主要内容，改变培训中理论话语一统天下的局面，尊重教师个人的话语权。

（4）研修方式强调互动、交流、分享。传统培训多是“我讲你听”、“我说你记”的单向信息传递方式。自修—反思研修模式采用反思、互评、研讨、交流、对话、分享等方式，教师在解决问题的对话和交流中，获得自己的认识，理解形成自己的理论，从而实现新的专业成长。

2. 问题中心

可以说，教师参与研修的过程就是一个对遇到的问题和所要解决的问题进行一系列探索和寻求解答的过程。自修—反思研修模式，就是将教师实际工作中遭遇的问题贯穿研修全过程，以问题为中心整合研修资源，实施研修活动。问题必须是教师在其教育教学领域遭遇的真实问题；以问题为研修的起点，一切研修内容是以问题为主轴所架构的；以教师为主体，必须担负起“自己的问题自己解决”的责任；在每一个问题完成时要进行自我评价和小组评价；依据行为的改进评价教师的进步。

3. 行动研究

教师开展研修的目的：一促进教师对教育的理解，如什么是有价值的教育，什么是高效课堂等；二是改进教师的教学实践。

自修—反思研修模式强调教师在反思的基础上，发现自己的问题，通过学习形成自己的解决问题策略，接下来便要引起教师教育教学实践的改进。如果教师只满足于学习他人经验而自己不采取行动，不付诸实践；如果教师只是转变自己的课程与教学观念却基本不改变自己的课程与教学实践，那么，这种学习几乎没有实际意义。

我们发现，当前学校的培训、教研比较关注当时的活动开展，而忽视了活动之后的效果即教师行为改进情况。自修—反思研修模式认为教师“成长即成果”，理解行动研究实质是理解和运用该模式的关键。

4. 教育叙事

无论是学习他人经验还是付诸行动，教师总是需要经常回头看自己的问题是否已经解决或解决到什么程度。自修—反思研修模式认为教师最好用日志、随笔、故事、感想等教育叙事方式记录并积累自己的经验。叙事的价值首先是反思自己的行动效果，以便形成新的行动方案。

每个教师都有自己的经验、个人知识和个人理论，教师需要用叙事的方式发现并向自己学习。当教师经历了自修—反思之后；当教师经历了行为改进之后，教师的个人经验、个人知识和个人理论就会增加新的内容，就会形成自己新的个人经验、新的个人知识和新的个人理论。叙事的过程就是唤醒和提升自己新的个人经验、新的个人知识和新的个人理论的过程。叙事的结果不仅使教师领会自己，也使他人学习、分享。

自修—反思研修模式引导教师关注教育事实、关注教师个人体验，并讲述行为改进过程中发生的教育故事。

在以上四点中，研修体现基本理念，问题中心反映研修内容，行动研究体现操作程序和环节的实质，教育叙事是反思、理解和改进的呈现方式。

二、基本环节

1. 基于问题的发展目标

自修—反思强调解决教师自己真实的、实际的问题。问题来自教师自己的教育教学实践，它是教师自己的问题而非他人的问题；它是教室里发生的真实的问题而非假想的问题。教师首先需要发现问题现象、呈现问题情景，将自己的工作疑难、专业困惑讲述出来。主要方式是叙述教育事件、课堂实录、案例、录像等；进而分析问题现象，建立观念假设—教师教的行为—学生学的行为—教学效果之间的联系，找出原因，明确问题。

不过，并非任何问题都构成目标，只有当教师持续地关注某个有意义的教学问题（即追踪问题），只有当教师比较细心地设计解决问题的思路之后，日常的教学问题才成为目标。教师的问题意识才上升为行为改进目标。

强调对教学问题的追踪与设计，意味着自修—反思研修不是随意性问题解决或经验性问题解决。由于缺乏必要的追究与设计，那些日常的教学问题虽然不断地被解决，教师却很难从整体上转换自己的教学观念、改变自己的教学行为。自修—反思研修中的设计意味着教师发现某个值得追究、追踪的教学问题之后，在接下来的一系列的课堂教学的设计（备课）中寻找和确定解决该问题的基本思路和方法。这样看时，自修—反思研修的设计在很多时候与教师日常的教学设计是一致的，只不过前者更强调对问题保持某种追踪（持续地关注）。

2. 基于合作的研修行动

自修—反思是一种基于教师个体自主思考的合作研修。教师们一般能够提出问题，但对于如何解决问题往往感到无计可施。教师们的困惑是不知道别人是怎么做的或者不知道他人的经验是什么。这样看来，无论是教学设计，还是教学反思，其关键都在于开放自己的眼界，吸取他人的经验，并将他人的经验转化为自己的设计和自己的行动。

自修—反思需要经常性地与中小学已经存在的集体备课、集体听课、集体讨论等教学研究制度相结合。集体备课和说课实际上是借鉴他人的经验或他人的智慧。当教师在集体备课、说课中借鉴他人的经验或他人的智慧来设计解决教学问题的基本思路与方法时，这种备课活动或教学设计活动就具有校本研修的意味。

某些有价值的他人的经验、他人的智慧已经写在他人的书本或者文章里，教师可以在某个时间读一篇自己感兴趣的文章，或者读一本自己感兴趣的书。读一本书，就是与作者展开一场谈话。他人的经验可能隐含在校外专家的报告里或者录像里，他人的经验更可能保存在同事的课堂里，教师可以听专家的报告，到同事的教室里听同事上课，听后与同事一起分享和交流自己的想法。

可见，反思除了思考自己的经验，还得要了解他人的经验。只有反思自己的经验并使自己的经验与他人的经验相互关照，教师才能真正地发现和解决问题。

正因为如此，自修—反思特别强调合作的研修，合作的方式包括教师与同事之间的同伴互助，通过读书而调整自己的人生信念、教育观念，也包括专家为教师提供的专业引领。

3. 基于事件的教学反思

在整个自修—反思的过程中，反思实际上是贯穿始终的。问题之所以能够被提出来，设计之所以可能，方案之所以能够创造性地被执行，都有反思的介入和参与。也有人因此将设计的过程称为行动前的反思，将行动的过程称为行动中的反思，将回头思考的过程称为行动后的反思。

但反思一般指回头思考，它指教师回头思考解决问题的整个过程，查看所设计的方案是否能够有效地解决问题；在行动过程中发生了哪些有意义的教学事件；如果问题没有很好地被解决，需要进一步清理究竟是由于所设计的方案本身不合理，还是因为方案的执行发生严重偏离。教师主动尝试解决自己所遇到的教育教学问题或困惑，这个过程不是一次完成的，需要在自我反思、小组评价、专家引领、行为跟进的基础上不断地调整和反复。当教师反思自己在教学及其研究的过程中发生的一系列教育事件时，教师的经验性教学转化为某种反思性教学或研究性教学。

4. 基于叙事的成果整理

当你经历了以上研修过程后，你对自己研修的问题应该有了比较深刻的体会和解决方法。此时，你需要对这一过程进行回顾、反思，我是怎样经历这一过程的？我是怎样解决这一问题的？我的问题是否得到有效的解决，解决程度如何？对这些问题的回答以及对前期资料的收集、整理、分析的过程就是成果整理阶段。

我们建议你首先采用叙事的方法，而不是论文或研究报告的方法。也就是讲述你在研修过程中发生的一件又一件真实的教育事件。比如，我遭遇了怎样的教学困境？它是怎样发生的？我是试图如何解决的？在解决过程中又发生了什么？等等。它是描述性和情景性的，而不是论证或推理。在此基础上你可以提出问题的解决策略，这就接近论文了。

在反思整个研修过程的基础上，形成具有教师个性的策略性知识。成果整理的过程就是生长自己思想的过程。叙事的本身就是反思自己，而不是努力验证别人的观点或思想。

（原载《成才》2015 年第 5 期）

探索教师自主生长的理论体系和实现路径

——第二届自主生长式教师专业发展理论学术研讨会综述

李贤智　湖北第二师范学院教育科学学院

2016年11月18日—19日，由湖北省人文社科重点研究基地——湖北教师教育研究中心举办，湖北第二师范学院教育科学学院承办的第二届自主生长式教师专业发展理论学术研讨会在武汉举行。来自湖北、广西、广东、江西、湖南等地的50多名高校教育理论研究者和中小学一线教师参加了本次学术研讨会。会议围绕自主生长式教师专业发展理论体系构建、自修—反思式校本研修模式、自主生长式课堂教学特色、自主生长取向的师范生培养模式等会议主题，进行了积极交流和充分讨论，取得了圆满的成功。

一、自主生长：构建教师专业发展的理论体系

自主生长式教师发展理论由潘海燕教授基于实验学校教师专业成长的经验提出，旨在通过唤醒教师主体意识，激发教师内在动机，激活教师潜能，以教育反思为手段，帮助教师系统化自己的“自我经验”，促进教师专业成长。参会代表围绕教师自主生长式个体发展理论的发展历程、理论特色、理论创新进行了研讨。

潘海燕在《自主生长式教师专业发展理论探索的回顾与展望》中回顾了其进行教师发展理论实验研究的历程，从基于中小学教师继续教育培训的教师成长模式、基于教师自我经验生成教育思想的校本研修模式到基于教师课堂反思的自主生长课堂模式，自主生长式教师发展理论的研究者在不同时期均进行了开创性研究。文章总结了自主生长式教师发展理论的实践特色，即具有鲜明时代特点，与教师工作有机结合，便于操作和监控。文章指出自主生长式教师发展理论下一阶段重在学科建设和成果推广，未来自主生长式教师发展理论将致力于建立教师发展案例库、完善理论体系和课程开发、创建教师发展共同体。

徐廷福在《教师专业发展：问题与策略》中分析了教师专业发展重要性得到了普遍认同、教师专业发展的举措越来越多、教师专业发展的效果并不理想等现实问题，指出教师专业发展的理论推进应该遵循三个路径：一是让自主发展意识为教师专业发展“启航”，应改变过去那种制度式的教师专业发展模式，将专业发展的权力交给教师，倡导教师的自主发展；二是让专业引领为教师专业发展“导航”，应引导不同专业发展阶段的教师，探寻适合教师个体差异的专业发展路径和方法；三是让专业情意为教师专业发展“护航”，应从专业理想、专业情操、专业性向和专业自我四个方面予以提升。

潘海燕、刘璐、曾素林在《教师自我经验形成与发展的基本路径》中指出，传统教师培训忽视教师自我经验的形成与发展，导致教师个体迷失于发展的迷雾中。文章分析了中小学教师自我经验形成与发展经受的从经历、察觉、感悟到应用的四个层次，强调教师专业发展应该重视教师自我经验，并把教师自我经验形成与发展的基本路径概括为四个阶段：从亲身体验中提炼“事例经验”—在系列事例经验中整合出“类经验”—在系列类经验中凝练形成“个人经验体系”—在反复应用中产生实践智慧。教师立足于此基本路径，方能引领教师自主深入，实现专业发展。

彭冬萍在《师性的回归：自主生长式教师专业发展理论基本理念研究》中，提出自主生长式教师发展理论中应建立四个共识：第一，重视个人经验在教师专业发展中的作用。针对传统的专家“移植式”教师培训忽视教师个体经验的弊端，自主生长式教师发展理论强调教师个人经验在教师专业发展中的作用。第二，倡导以问题为中心的教师研修模式。教师个人和教师培训者参与和组织研修培训活动要基于教师实际问题展开，教师反思内容以个体在教学中的实际问题为基础，教师培训者则要在了解教师的问题之后，量体裁衣地建构教师专业发展模式。第三，课堂渗透教师个人的教育思想。自主生长式理论主张教师在课堂上应用自己的教育思想，检验教师专业发展的成果，促进教师在教学中形成自主生长式课堂。第四，专业发展融合科研活动和教学实践。教师的科研活动和教学实践不是相互分离或谁先谁后的，二者应融合在教师专业发展的过程中，自主生长式教师专业发展理论倡导教师将科研活动扎根在教学实践中。

二、自修—反思：建立教师发展的校本研修模式

自主生长式教师发展理论强调在校本管理原则下，将教师的工作场所变

成教师的学习场所、合作场所、研究场所，通过教师自主学习、合作学习等形式，使教师自身的思想、观念、行为得到提升。围绕如何在学校中优化教师的校本研修，参会的中小学校长、教师各抒己见。

王彩云、李明菊在《搭建四位一体校本研修平台探寻教师自主生长路径》中，结合武汉市光谷第三小学教师校本研修实践经验，提出自主生长式教师发展的学校路径，即“研”、“训”、“赛”、“教”四位一体的校本研修模式。具体表现为：第一，研修中寻找问题，积极探究，生长出自己的课题。文章指出，教师个体应通过问题解决构建过程性知识，教师要在学校文化传承和教学实践中发现问题，提炼课题。第二，培训中注重反思，提升素养，生长出自己的思想。通过组建自主生长教师团队，开展校本培训，全面提升教师核心素养，引导教师生长出自己的思想。第三，比赛中凝聚智慧，助推成长，生长出自己的特色。学校组织教师积极参加磨课、赛课，教师在参加赛课活动过程中积极发展，主动生长。第四，教学中指向发展，创新教学，生长出自己的经验。学校以“约课”（教师邀约同事、领导进课堂听课）为抓手，让每一位教师都能在自己的课堂创生教学，促进教师自主生长。

冯平在《校长在“自修—反思式校本研修模式”实施过程中的角色定位》中指出，在“自修—反思式校本研修模式”实施过程中，校长的角色定位和作用至关重要。文章讨论了校长在“自修—反思式校本研修模式”中的六大角色定位：校长应是“自修—反思式校本研修模式”实施过程中的思想者、组织者、参与者、引领者、反思者、评价者。文章强调校长要明确自己在“自修—反思式校本研修模式”实施过程中的角色定位，充分发挥校长作用，使“自修—反思培训模式”校本研训健康、有序、有效地开展，真正意义上实现学校、教师、学生的和谐发展。

李明菊、张茜在《建立基于自主生长式教师专业发展的校本研修制度》中提出，建立自主生长式校本研修制度，应该从以下几方面着手：第一，明确自主生长式教师发展校本研修的组织要素；第二，创建与自主生长式教师发展相适应的系列校本研修制度，具体包括制定校长是校本研修第一责任人的制度、校本研修内在激励制度、校本研修目标成长制度、校本研修自修反思制度、校本研修有效评价制度等。

谭晓霞在《“自修—反思式校本研修模式”的行动框架》中，结合秭归希望小学教师的研修实践，介绍了以学期为周期，以“自我诊断—培训研磨—同伴互助—反思拓展”为框架的“自修—反思式校本研修模式”。具体做法包括：选对路子，让课题研究为课改实验“保驾护航”；迈开步子，让课题研究不断丰富校本研修的内涵；搭建台子，让各类校本活动为实验增加内驱力。

韩芳在《教师自主生长，学校管理者何为?》中，从学校管理者的角度，介绍了实施“自修—反思校本研修模式”中校长帮助教师自主生长的若干做法。具体包括：增强教师对“自主生长”的价值认同，唤醒教师自主生长的自我觉察，激发教师自主生长的潜能。

三、共生课堂：关注教师自主生长的教学场域

自主生长式教师专业发展理论主张形成自主课堂，创设共生课堂，把课堂变成师生共同发展的重要场域。自主生长式课堂强调在充分发挥学生主体作用的前提下，让教师在课堂上充分应用自己已有的教育思想生成新的教育思想与智慧。如何实现传统灌输式课堂向自主生长式课堂的转变，与会代表结合实践探索，分享了不少成功做法。

杜新红在《自主生长课堂的内涵、特征及实施途径》中结合武汉新洲区四所实验学校对自主生长课堂的内涵、特征及实施途径的大量实例，提出自主生长课堂的内涵与特征：基于经验反思，凸显课堂的高效；基于教育生态，促进课堂的共生；基于个性差异，展现课堂的独特。文章还结合课堂关键因素，探讨了开展自主生长课堂的三条路径：从教学设计与实施—“三实践、三反思”；从课堂观察与评价—说课、观课、议课；从课例研修与固化—积淀、分享、共赢。

王彩云等人在《引导教师深耕课堂促进教师自我建构》中从学校管理者视角强调，在实施自主生长式教师发展的过程中，要重视引导教师共同关注课堂、研究课堂、变革课堂，改变教师的行走方式和表达形式，助推教师专业自我建构，实现教师自主、自信、自动地成长。文章归纳了引导教师深耕课堂的具体做法：第一，课堂诊察，主动地发现问题，让教师自我觉察教学水平的逐步提升；第二，特色研修，着力解决问题，让教师始终处于一种追求创新的状态。特色研修包括导师引领，指导青年教师成长，将“活动＋课程＋课题”研修融为一体；立足课堂，践行“四段式”学科整合教师培训模式，让教师学会智慧行走；教研协同，依托高校智力资源，丰富学校薄弱学科课堂教学；充分信任，打造教研组长团队，努力提升学校教研的核心竞争力。第三，常态检晒，共同生发问题，让教师发现并感受更好的自己。

詹爱萍在《在课堂教学反思中凝炼教学智慧》中强调指出，自主生长式

课堂要求在充分发挥学生主体作用的前提下，让教师在课堂上充分应用自己的教育思想，生成新的教育智慧。文章结合语文课堂教学，介绍了在教学中通过反思促进教师自主成长的案例。文章强调，教师要追求实现“自主生长式课堂”，要通过不断实践与反思，在一次又一次课堂教学中凝炼出教学智慧，不断提升专业能力，提高课堂教学质量，实现学生和教师共同成长。

四、自我导向：探索自主生长取向的师范生培养模式

自主生长式教师专业发展理论提出师范生要在高等院校打好自主生长的底色。处于教师个体发展的起始阶段的师范生要掌握发展自我的知识与方法，学会自我导向学习，为终身发展做好准备。如何建立自我导向的师范生培养机制，参会高校教师对实现自我导向师范生培养机制进行了积极探索，并从不同角度发表了各自看法。

李菁在《构建“三位一体”师范生培养机制，打好师范生自主生长的底色》中，结合湖北第二师范学院小学教育专业师范生培养实践，介绍了“三位一体”的师范生培养模式。具体做法包括在实践教学层面，改进师范生的专业观察、教育实习、论文写作、社会服务等教师教育实践课程教学。在理论教学层面，依托教师专业发展学校，组建专兼结合的师资队伍，提升理论课教学的有效性。

刘晶晶在《建立师范生自我导向学习条件》中，结合《素质修炼指南》的实践经验，探讨了对师范生开展素质修炼的做法。具体包括建立专门的素质训练教室，购置教师素质训练的相关资源；与学校教务处合作，积极修订第二学分方案，将师范生在素质修炼、技能训练、专业实践等方面的自我导向学习课程纳入第二学分方案。

张炜在《开发师范生自我导向学习课程》中强调师范院校要重视自我导向学习的课程开发。文章结合师范生实践能力培养模式，探讨了面向师范生开发的自我导向学习课程，如“种子读书会”、“真人图书馆”、“爱心作业屋”、“专业观察”、“习明纳”、“表达与沟通”、“写作与创新”、“专业阅读”、“教师礼仪”等系列课程。文章还强调了对素质修炼平台、教师技能训练平台、专业发展学校实践平台等平台的互通与衔接，落实师范生全程式、参与式的专业发展。

（原载《成才》2017 年第 1 期）

自主生长视角下教师专业自我的发展过程

曾素林　赣南师范大学教育科学学院

教师从事教育职业活动的过程，是一个逐渐认识教育职业并认识其自身的过程。在这一过程中，教师基于社会的期望、自身对教育活动的认识以及教育经验的累积，逐渐建构出一个专业自我。所谓教师专业自我，是指教师在教育教学活动中逐渐形成的、对教育教学专业及其自身的自我感知形象，它使教师对教育教学问题随时处于敏感、准备状态，它强调教师自身独特的个性与教学风格，强调教师自己的感悟与反思。教师专业自我具有重要的意义，它是教师专业发展的必然结果与必经途径，是合格教师的必备要件以及优秀教师的显著标志，教师专业自我的形成有助于提高教师的教育教学水平。按理，应依据教师专业自我的独特性、阶段性、不同步性、可塑性等特征，挖掘教师自身的优势和资源，而现实中不少教师专业发展理论和教师培训理论陷入了程式化、模式化的弊端，把教师专业发展看成是一个同质化、同步调的过程，大多采取“讲授—接受”、“我讲你听”的培训模式，或者找一些优秀教师的范例，让培训者加以模仿。潘海燕教授及其团队创立的自主生长式教师专业发展理论主张“让教师立足自我经验自主生长与应用自己的教育思想”，非常强调教师自我经验在专业发展过程中的作用，即把教师专业发展的过程理解为这样的过程：从亲身体验中提炼“事例经验”—在系列事例经验中整合“类经验”—把系列“类经验”凝练形成自己的理论体系—在课堂里应用自己的教育思想—根据实际更新自己的教育思想。根据这样的思路，自主生长式教师专业发展理论就是根据教师自身的个性与独特性，深入挖掘教师自身的优势和资源，在此基础上形成教师专业自我。因此，在自主生长式教师专业发展理论看来，教师专业自我的发展经过了四个不同的阶段，分别是教师专业自我的萌芽阶段、雏形阶段、确立阶段和更新阶段。根据实际情况的不同，每个教师在这四个阶段所经历的发展速度、程度是不相同的。

一、教师专业自我的萌芽阶段

每个事物都不是凭空产生的，教师专业自我也是如此。它萌发于职前教师对教育教学专业以及自身的设想与规划。很多教师在入职前，都会对教师职业展开丰富的想象与联想，设想自己将成为什么样的教师，怎样与学生打交道，怎样开展教育教学工作，等等。这些设想便成为教师专业自我的萌芽，对于教师专业自我的发展起着非常重要的影响。这主要体现为两个方面：首先是积极的方面。很多教师带着对美好的憧憬、满腔的热情投入教育工作，对教师职业充满崇敬之情，在教育教学工作中遇到挫折也不退缩、不灰心，从而能够顺利地建构良好的教师专业自我。其次是消极的方面。由于不少教师把教育职业设想得过于完美，设定的职业目标很高，高估了自身的能力水平，对未来工作面临的困难估计不足，在教育教学工作中遇到挫折后灰心丧气，对教师职业失去信心，易形成不良的教师专业自我。例如，目前在我国一些偏远山区农村学校，条件非常艰苦，有的教师适应不了其环境而最终选择了离职。因此，在这一阶段，职前教师应准确衡量自身的能力水平、个性特征，设定合理的职业发展目标，积极深入中小学校见习、观摩，避免对职业产生过高或者过低的期待，为建构良好的教师专业自我奠定基础。从中也可以看出，教师专业自我来源于教师自身，而不是外界强加给教师的。正因为如此，那种把某个或者某种教师塑造为模型，让其他教师进行模仿、复制的培训方法难以取得成功。

二、教师专业自我的雏形阶段

正式入职后的初期，教师开始从事教育教学实践工作，把自己的教育理想付诸实施，把自己的职业目标加以实现，逐渐积累了一定的个人教育经验，这当中既有成功的喜悦，也有失败的教训。透过这些经验，教师开始重新认识、审视教育工作以及自身：教育是什么，教师是怎样的职业，怎样处理好教育教学中的问题，自己是怎样的教师，自己的优点和缺点是什么，怎样提升自己的能力水平……在对这些问题的初步反思中，教师逐渐对教育专业及自身有了初步的认识，建构起教师专业自我的雏形。例如，有的教师在大学毕业后分配到偏远山区中小学校工作，经过一两年的教学实践，认识到其理想与现实的巨大差距，发现偏远山区教育的落后、学校设备的简陋，同时也感受到这里优质师资的欠缺，于是主动调整自己的职业期望，以适应这里的环境，并开始探索适合山区学校儿童学习的教学方法。在这个过程中，教师开始塑造初步的专业自我。教师专业自我的雏形阶段起着承前启后的重要作用。一方面，它是教师职前的理想与目标在进入教育教学实践后的产物，这些理想与目标或多或少地制约着教师专业自我雏形的建构；另一方面，它是良好的教师专业自我得以确立的基础，它对构建良好的教师专业自我起着“第一印象”、“首因效应”的作用。在这一阶段，如果教师能顺利地适应学校的环境并顺利开展教育教学的业务，就能为建构良好的教师专业自我打下基础；反之则为建构良好的教师专业自我设置障碍。因此，综合来说，这一阶段的教师专业自我还是不完备的，教师对于自身的认识还不是非常清晰，对于教育教学问题的认识还不够全面，处理教育教学问题的能力还不够。教师有必要继续积累更加丰富的个人教育经验，积极参与各类校本研修活动，通过充分的反思和感悟，进入教师专业自我的确立阶段。

三、教师专业自我的确立阶段

在教师专业自我的雏形形成之后，经过较长时间的教育教学实践，教师获得了大量的个人经验。例如，怎样备课？怎样导入新课？怎样针对不同的学生提出不同的问题？怎样调控课堂学习氛围？怎样上一堂别开生面的课？怎样应对课堂突发事件？怎样对待有错误的学生？等等。教师在反复的实践摸索中，把这些经验整合为“类经验”，从体验到反思，从反思到感悟，从感性经验上升为理性经验，形成自己的教育思想与教育理论体系，对教育专业以及自身有了全面、清晰的认识，最终良好的教师专业自我得以确立。在教师专业自我的确立阶段，教师对于教育教学问题有了深刻的认识，能采取适宜的技能方法解决这些问题；能得心应手地应对各种教育教学工作；能全面认识自己，并采取适宜的方法使自己获得发展；对教育教学问题有自己独到的见解，在教育教学工作中确立了自己独特的个性和风格；能自觉遵循并利用教育教学的规律，提高教育教学的水平。教师专业自我的确立，标志着该教师的专业发展进入成熟、稳定的阶段，该教师拥有了独立个性、独特教学风格、自己的教育思想和理论体系，能够充分独立地开展教育教学工作，并能取得良好的教育教学效果。

四、教师专业自我的更新阶段

教师专业自我得到确立之后，并非意味着教师专业发展的停滞、教师专业自我的僵化，而是随着教育经验的厚积、教育实践的深化、教育实际情境的改变以及教师自身对教育工作的潜心钻研，教师专业自我将得到不断更新。在这一阶段，教师对教育专业以及自身的认识更加成熟、深刻、全面；教师个人的教育理论体系更加完备；对各类教育教学问题能够驾轻就熟、触类旁通、了然于心；教师的个性与教学风格更加鲜明，并能够不断超越，用于打破教育的陈规陋习，开创新的个性与风格。然而，并不是每个教师都能顺利地从专业自我的确立阶段过渡到更新阶段。如果教师满足于固守专业自我，放弃了对教育工作以及自身的进一步探索，将不能使专业自我得到更新，而处于停滞甚至倒退的状态。不少教师成为骨干教师、学科带头人之后，开始满足于已有的业绩，没有再进一步探究教育教学专业，也没有再进一步挖掘自己的潜力，所以很难取得新的业绩，在工作中缺乏创新。而有的教师成为优秀教师甚至名师之后，仍然能够坚持探索，不断推陈出新，取得新的进步。例如全国著名语文教育专家、特级教师李吉林老师长期坚持教学改革，在自己的教学探索中大胆创立小学语文情境教学理论，之后又在此基础上创立了情境教育理论体系及操作体系。2014 年，她的成果“情境教育实践探索与理论研究”，荣获了基础教育国家级教学成果奖特等奖第一名。李吉林老师在教师专业自我的更新发展上所付出的努力，值得每位教师学习和反思。

以上教师专业自我的发展过程启示我们，教师专业自我的发展不是一蹴而就、一帆风顺、自然而然形成的，而是需要每个教师付出艰辛的努力、长期的探索才能形成；教师专业自我发展的动力根源于教师自身，根源于教师丰富的个人经验以及充分深入的反思与感悟；教师专业自我的长远目标在于建构教师独特的个性与教学风格、个人的教育思想与理论体系，并能在实践中使教师专业自我本身得到不断更新；教师专业自我的发展过程是其自主生长的过程，教师在这一过程中，展示了自身顽强的生命力和对崇高教育理想的执着追求。

（原载《成才》2016 年第 9 期）

自主生长式教师专业发展理论之我见

彭冬萍　曾素林　赣南师范大学教育科学学院

教师专业发展理论自其在中国传播以来，各种教师发展理论和模式层出不穷，教师培训活动更是你方唱罢我登场。2002年以来，潘海燕教授带领的团队在研究教师专业发展理论的道路上另辟蹊径，经四所高校参与及100多所中小学实践，总结创造了基于教师“自我经验”的自主生长式教师专业发展理论。实践证明，在这种理论指导下发展的教师能够重拾教育梦想，再燃教育激情，很有必要深究这一理论。本文将在深入分析自主生长式教师专业发展理论基本理念的基础上谈谈我们的见解，以期能更好地促进这一理论的推广，并为更多的学校在促进教师专业发展上提供参考。

一、重视个人的“自我经验”在教师专业发展中的作用

针对教师在传统的教师专业发展活动中处于被动接受的地位所带来的弊端，潘海燕教授指出，教师参与各种专业发展活动，都不应以学生的身份、接受者的角色来参加，而应以主动参与者、自主发展设计者、合作研究者的心态来做，强调把个人的“自我经验”作为教师专业发展的起点。因此，自主生长式教师专业发展理论的基本理念之一就是重视个人的自我经验在教师专业发展中的作用。潘海燕教授所首倡的教师的“自我经验”，是指教师个体通过亲身体验，在反思中获得的感悟。它是一种教师的“个人经验”、“情境性经验”、“个人理论”。常常表现为教师自己的真性情、“土办法”。这是新手教师转化为经验教师的过程中对于教育教学的最直接的思想来源，也是一个教师在其职业生涯中必经的心路历程，对教师专业发展有着举足轻重的作用。自主生长式教师专业发展理论以教师的个人的“自我经验”为起点组织安排教师专业发展活动，使教师在培训者的帮助下系统化放大自己的已有经验，从而形成自己的个人教育理论。教师的整个发展过程起于个人的“自我经验”，即经过在亲身体验中提炼“事例经验”—在系列事例经验中整合出“类经验”—在系列类经验中凝练成个人“经验体系”—在反复应用中产生“实践

智慧”这四个环节，而不是像传统的“移植式”教师培训一样，只是接受培训者提供的结论性知识，这一整套“智慧型教师”的养成路径充分体现了自主生长式教师专业发展理论重视个人“自我经验”在教师专业发展中的作用。

二、倡导以问题为中心的校本研修

自主生长式教师专业发展理论的基本理念之二就是倡导以问题为中心的校本研修，体现在其具体的实现形式：自修—反思式校本研修模式中。自修—反思式校本研修，顾名思义，自修，就是自我修养，包括自主学习和合作学习；反思，就是教师把自己的教学行为当作案例，从一个研究者的视角去反思自己的教学行为，从而找出其中的问题并加以修正，进而发展教学能力，形成教师自己的教育思想，不断循环反复，使教师始终处于螺旋式上升的状态；校本，就是基于教师任教学校的实际情况与学校资源。因此，自修—反思式校本研修的基本主张就是在校本管理原则下，在教师的自主学习、合作学习基础上，用教育科学研究的方式对自己所做出的行为、决策以及由此产生的结果进行审视和分析，主动地获取知识、应用知识、解决教师实际问题。由此可见，问题研究贯穿研修培训的始终。以问题为中心的校本研修倡导教师自身要在研修过程中善于反思自己的教学行为，找出其中存在的问题，然后分析问题、解决问题，进而再发现、再分析、再解决……如此循环反复，螺旋上升。教师专业发展引领者（通常是校长或专家），也要帮助教师发现自己的问题，在熟知教师个体的主要问题后，能够以问题为中心来架构研修内容，组织研修资源，量体裁衣式地建构教师专业发展模式，教师个人和专家都要围绕教师存在的问题来安排研修活动。

三、课堂教学中渗透教师个人的教育思想

基于教师发展是学生有效成长的前提考虑，自主生长式教师专业发展理论所采取的教学模式是自主生长课堂，倡导在课堂教学中渗透教师个人的教育思想，这也是自主生长式教师专业发展理论的又一基本理念。自主生长课堂是指在充分发挥学生主体作用的前提下，让教师在课堂上充分应用自己已有的教育思想、并生成新的教育思想。在自主生长课堂上，教师应用的是自己总结出来的独特教育思想，是接地气的，而不是教育学专著上介绍的某某知名教育家的“阳春白雪”，让人望尘莫及。自主生长理论下的课堂不再仅仅是学生的课堂，同时也是教师的学堂，教师从课堂里学习教育教学的规律，

反思自己的教学行为，从中概括升华出自己的教育思想，然后又应用到课堂中，使课堂真正成为教师自己的课堂。自主生长课堂也是自主生长式教师专业发展理论在大量理论研究与实践探索中创造出的又一实践范式。在课堂中渗透教师个人的教育思想的理念，与重视个人经验在教师专业发展中的作用相呼应，使教师基于自我经验生长出来的教育思想最终又回归到课堂。课堂渗透教师个人的教育思想，一方面可以在课堂中检验教师专业发展的成果，另一方面也体现了教师在教育教学中的主人翁地位，尊重教师的话语权。这一理念与传统课堂中教师简单机械地将知识传授给学生形成鲜明的对比，摒除了传统课堂单方面关注学生成长的弊端，让教师也关注自我成长，激发教师的教育热情，让教师体验自己就是自己教育生涯的主人翁的感受，而不是完成任务的工具，促进教师师性的回归。这既保证了学生的主体地位，也有利于教师主导作用的发挥，促进和谐师生关系的构建。

四、发展过程融合教师的科研活动与教学实践

自主生长式教师专业发展理论认为科研活动与教学实践不是相互分离或谁先谁后，两者是相互融合在教师专业发展的过程中的。教师在进行教学实践的同时也是在完成科研活动，向研究型教师前进。这一理念同时体现在自主生长式教师专业发展理论的两大实践范式：自修—反思式校本研修以及自主生长式课堂中。首先，在自修—反思式校本研修中，反思就是一种科研形式，同时教师反思的就是自己的教学实践，教师不需要冥思苦想地思考别人的教学情况，自己本身就是材料。其次，在自主生长课堂中，自主生长式教师专业发展理论认为课堂不仅是教育教学的主渠道，也是教育研究场所与教师成长发展的场所，教师在课堂中又进一步反思与生长了自己的教育思想；同时，教师在课堂上应用的教育思想也是教师在前一阶段基于自己的课堂概括升华出来的，完全将科研活动与教学实践融合起来了。除此之外，针对中小学教师教学任务繁重，无暇兼顾科研，不适合用高校教师和专职科研人员的要求去要求中小学教师进行科研活动，撰写表达自己教育思想的论文这一现状，自主生长式教师专业发展理论主张使用行动研究和叙事研究的方法，将科研活动与教学实践融合。撰写案例是中小学教师开始研究的最初形态，也是最佳形态，案例是写论文的前提和必要准备，案例起到提供素材、提出问题引发思考、积累“事例经验”的作用。“教师互动”主要是整合出“类经验”；写论文就是将“类经验”凝练升华成教育思想。教师撰写的案例都是自

己的亲身经历的课堂实录，不再需要绞尽脑汁想题目、找资料，自己的教学实践就是最好的论文材料，人人都有话可说。在这一理念的推动下，有些山区教师从不会提笔到基本会写作，有些学校从从来没有科研成果到出现研究型教师群体，尤其是，不少学校通过这次活动，建立起了教师合作机制、学习型组织，学校获得了长足的发展，并形成了持续发展的后劲。由此可见，自主生长式教师专业发展理论把教师的科研活动与教学实践融合在了其发展过程当中，这无疑完美地解决了当前中小学教师教学与研究相脱节的问题，是培养研究型教师的首选路径。

总之，自主生长式教师专业发展理论作为一个教师专业发展的新兴理论，在科学理念的指导下和实践的基础上创造性地开辟了一条全新的教师专业发展道路，但新事物的发展道路是曲折的，我们唯有理性、辩证地看待，才能更好地将这一理论推广并付诸实施。

（原载《成才》2017 年第 6 期）

论自主生长式教师专业发展理论关于教师自我经验提升路径的合理性

刘璐　曾素林　赣南师范大学教育科学学院

潘海燕教授及其团队创立的自主生长式教师专业发展理论主张“让教师立足自我经验自主生长与应用自己的教育思想”，强调教师的自我经验在专业发展过程中的作用。该理论将教师立足自我经验而发展的基本路径概括为：在亲身体验中提炼“事例经验”—在系列事例经验中整合出“类经验”—将系列“类经验”凝练成个人“经验体系”—在反复应用中生发“实践智慧”。

马斯洛需要层次理论是人本主义科学的理论之一，该理论提出人类需求像阶梯一样从低到高排列为五个层次，分别是生理需求、安全需求、归属和爱的需求、尊重需求和自我实现需求。在人的需要层次中，最基本的是生理需要；在生理需要得到基本满足之后，便是安全需要，即表现为个体要求稳定、安全、受到保护、免除恐惧和焦虑等；这之后是归属和爱的需要，即个体要求与他人建立感情联系，如结交朋友、追求爱情等；随后出现的是尊重需要，它包括自尊和受到他人的尊重。这四种需要统称为缺失性需要。在上述这些低一级的需要得到基本满足之后，追求高层次的需要就成了驱动行为的动力。自我实现也称生长性需要，包括认知、审美和创造的需要。作为一种最高级的需要，自我实现是指完满的人性和个人潜能的充分实现。在教师的专业发展过程中，可以说教师的生理需求、安全需求、归属和爱的需求、尊重需求基本都是得到满足的。从教师发展心理的角度看，自我实现是教师自我经验提升的一个重要动机，即教师自我经验提升过程中出于教师主体自我实现的需要产生的内驱力对发展的激励作用。本文试图从教师自我实现需要层次理论和激励理论视角分析自主生长式教师专业发展理论关于教师自我经验提升路径的合理性。

一、提炼“事例经验”的需求

教师为了在教学中更加得心应手，对于怎样备课，怎样导入新课，怎样针对不同的学生提出不同的问题，怎样调控课堂氛围，怎样上一堂别开生面的课，怎样应对课堂突发事件等问题都有反思总结的需要。所以很多教师对亲身体验过的教学案例进行反思，以提炼事例经验，而提炼事例经验是教师自我提升的低级层次需要，是形成教师自我经验的开端。所以，教师能就教学经历中常见问题、困扰事件和成功之处记录形成教学案例，转换不同角度去理性看待一次经历或一件事情，完成在亲身体验中提炼事例经验这一过程。在事例经验的指导下，教师的教育教学工作水平有所提高，但是仅满足于此是远远不够的，这一阶段的教师对于教育教学所反映的问题还认识不到本质，解决教育教学问题的方法还无法灵活变通，教师对于经验的认识还不是非常清晰。因此，教师有必要继续丰富事例经验、积极编写教学案例等，再从系列事例经验中整合出类经验。

二、整合出“类经验”的需求

系列事例经验很好地结合了经历和反思这两种成分，能借鉴系列事例经验，减少工作失误，提高教学成效。事例经验可指导教师面对同一教学情境时如何开展合适的教学工作，这当中固然对教师教育教学水平的提高有帮助，但在实际情况中，事例经验的应用情境也是十分有限的。所以教师希望自身教学水平的再度提升，也就必然生成教师自我提升的中级层次需要：在系列事例经验中整合出类经验。教师逐渐对自身的教学经验有一定的重视，系列事例经验应用于教育教学实践，通过对系列事例经验的推演归纳、规律摸索和经验总结，逐渐整合类经验：解决一类问题的主要思路和具体步骤。类经验是构建教师个人经验体系的重要部分。此时，系列类经验之间还是相对独立和彼此分离的，但教师自我经验不是零散无序的部分，而是由类经验有机组合而成的整体。因此，教师自我经验形成的下一步骤是在系列类经验中凝练成个人经验体系。

三、凝练个人“经验体系”的需求

类经验的整合成功意味着教师自我提升的中级层次需要得到基本满足，在教师个体类经验的指导下，教育教学问题均有适宜的解决技能、方法和步骤。接下来就只有教师自我提升的高级层次需要即凝练成个人经验体系才对教师自我经验的提升有激励作用。所以，必然产生形成个人经验体系的需求，个人经验体系的构建成为教师的发展目标。教师运用适当的体系构建方法，使系列类经验之间形成特殊关联从而体系化，打上个体标识，赋予鲜明个性，并凝练成个人经验体系。个人经验体系的建成能使得各种教育教学工作化繁为简，完善的个人经验体系中包含各个教学过程的最优设计，熟练运用能使教育教学工作取得前所未有的进展。同时，教师个人经验体系的形成标志着教师专业发展的质的飞跃，教师能全面认识教育教学实践，并采取有效的路径使个人经验获得发展，即形成教师自我经验。以教师专业得到极大发展为标志，意味着教师自我提升的高级层次需要得到基本满足。教师个人经验体系折射出教师智慧和思想的光芒，对教育教学问题的独到见解，体现了独特个性的教育教学思想，包含了教育教学的基本规律等。以教师个人经验体系为工作纲领，能够充分独立地开展教育教学工作，并能取得良好的教育教学效果。

四、生发实践智慧的需求

教师个人经验体系并非教师自我经验形成和发展的终点，也不是教师自我提升的最后需求。教师反复从该体系中抽离经验应用于变化的教育实际情景，一方面是研究教学设计过程中的相互联系的各部分的问题和需求；另一方面是用实践来检验、修正自我经验，理论联系实际来论证观点的正确与否。教师自我经验进入发展、成熟阶段，在这一阶段，教师追求自我提升的最高层次需要，有产生实践智慧的需求。这一需求促进了教师的可持续发展，随着教师自我经验渗透教育实际情境的各个方面以及对经验体系的持续改进和不断完善，教师的教学经验从感性经验上升为理性经验；同时，教师自我反思习惯已经养成，大大改变了精神面貌，教师专业得到良性发展，教学技能逐步提升，教学成绩越来越好。教师可以成长为骨干教师、学科带头人、特级教师等，保持活力、坚持探索，从教育研究角度提出教学设计理论、教育理论、教育思想等，成为其他教师的典范，这才标志着教师的自我实现最高需求得到满足。

教师是太阳底下最光辉的职业，选择成为一名教师，就是选择了一份责任，需要不断地提升教师专业素养来更好地承担教书育人的责任。教师自我经验形成与发展的基本路径是依据“自主生长式教师专业发展理论”而提出的，教师自我实现的需要会不断地激励着教师主动通过亲身体验获得感悟并积极地创造。教师自我经验的形成和发展需要以对教师丰富的个人经验的敏感性为前提，以激发教师自我提升的内在动机为关键，以充分深入的反思与感悟为重点，以教育反思案例的撰写与研讨为手段，同时也离不开每个教师在教学生涯上付出的努力和汗水以及对教育教学的探索。从教师自我实现需要层次理论和激励理论分析教师自我经验提升过程，自我提升的需要是高级的需要，“自我经验”的提升过程是“教师自我实现需要”由低层次向高层次逐渐满足的过程，也是教师自我实现的需要对教师自我经验提升的激励过程。本文从心理学角度分析教师自我经验提升的基本路径有其合理性；潘海燕教授及其团队从实践角度研究证实了教师自我经验形成和发展的基本路径的可行性和高效性，此路径展示出来其强大的力量将推动教师专业发展和个人教育理论形成。

（原载《成才》2017 年第 7 期）

借力理论资料提升农村小学校本研修品位

——浅谈“21世纪中小学教师继续教育教师自主培训系列教材”在农村学校校本研修中的指导价值

田开兴　孟远珍　刘玉泉　李红霞　覃远玉
长阳土家族自治县资丘镇白沙坪小学

我们白沙坪小学是长阳县资丘镇的一所农村小学，现有教师18人。近年来，虽然我们一直在坚持认真组织开展研修活动，但总是感觉在原地踏步，没有什么新的突破。

2009年春，我们向县教育督学田第元老师求教。田督学在对我们进行了悉心指导之后，给我们学校赠送了一套由湖北第二师范学院潘海燕教授主编的“21世纪中小学教师继续教育自主培训系列教材”（共5本）。此套教材的核心思路是：立足教师的“自我经验”，依托教师专业发展共同体的力量和智慧，将其经验转化为成长的动力和独特的思想，促成其自主学习、灵锐思考、持续生长，并运用自己的教育思想指导教学实践及其他工作。

教材既有理论阐释，也有行走路径，还有典型案例。收到这套系列教材后，我们如获至宝。首先班子成员和骨干教师逐本通读，然后针对学校团队进取意识强、爱读书、爱思考、爱动笔但成果档次不高的实际，学校班子经过深入地分析、研究，决定用两个学年的时间，在每周研修活动中例行的“读书说精彩30分钟教育理论学习”时间里，争取吃透这一套书。

我们首先阅读的是《新课程背景下中小学教师如何写案例与论文》这本书。我们之所以首先选择这本书，是因为这本书对促进教师的思考能力、动笔能力，形成自己的教育教学思想，具有极强的指导意义。

这本书共分五章十节，处处着眼于教师实际，为我们授业解惑、排忧解难。较为全面地阐述了如何从写教育案例到逐步形成教育思想，并形成论文的过程。本书对优秀的案例与论文发表了独到的见解，提出并论证了“从写教学案例到写论文的过程，是中小学教师完成教育科研的一条捷径”这样一个崭新的命题。全书包括教育案例概述、教育案例在中小学教师教育思想形成过程中的作用、从写教育案例到写论文、如何写教育案例、如何写论文等内容。循序渐进地指导一线教师如何开展教育研修，如何写好反思、案例和论文。给一线教师发展自己、提高教学水平、搞好教育科研指明了方向，是帮助教师在专业发展道路上努力前行的一根好拐杖。在“教育案例概述”一章中，“教育案例的定义与特性”从理论上解除了广大教师之前弄不明白，也不能说清楚的关于教育案例的理论方面的困惑。而“教育案例类型举要”又十分贴近教师实际地对教师进行了哪些东西可以写成案例，我应该怎样写教育案例，我可以写哪方面的案例等方法上的指导。在“教育案例在教师思想形成过程中的作用”一章中，又对教育案例编写的意义做了通俗易懂的阐述。“教育案例是教师生长教育思想的平台”告诉教师：一个教师，要想有所作为，就必须逐步形成自己的教育思想，而教育案例的编写，则是锤炼和打磨自己的教育思维，循序渐进地形成自己的教育思想的良好平台和途径。这些问题，老实说，是我们原来没有意识到的。

该书认为，用教育案例来表达教师的教育思想是可行的。在“从写案例到写论文”一章中，从理论和操作两个层面，告诉我们案例与论文的关系和如何将教育案例转化为教育论文。在“如何写案例”一章中，对怎样写教育案例，做了比较详尽的指导。如“选择好反思点”这一节所讲的三个问题(如何思，如何反思，如何找准反思点)，都是我们从前没有留意过的问题，通过研读本书，使我们对如何思考，如何反思，如何找准反思点的问题顿时豁然开朗了。再如“提炼出自己的真实思想”一节，使我们读了有一种茅塞顿开的感觉。写教育案例最重要的是什么？就是提炼出自己真实的教育思想。在这一节中，还对如何写出高质量的教育案例。从自己真实思想的表现方式、案例主题的分类、案例主题的提炼三方面进行了指导，非常贴近我们学校教师的实际，对我们的帮助相当大。在“如何写论文”一章中，从操作与思维两个层面，对教师的论文写作进行了周到、细致的指导。《论文写作七步操作法》中所列举的操作方法，由浅入深，循序渐进，从操作方法到操作技术，可以说是切合实际，指导有方。尤其是“论文写作要改善思维方式”一节，对改善教师的思维品质，具有十分现实的指导意义。我们选择的第二本书是《新课程背景下中小学教师如何转化与利用教育科研成果》。此书立意新颖，案例丰富，可读性强，对于教师尤其是我们农村小学教师的专业发展具有极强的指导作用。它为我们一线教师如何转化与应用自己和他人的教科研成果、如何提高自身转化与应用教科研成果的能力指点了迷津，指明了方向。

举例来说，书中所引材料“警惕‘公鸡成果’”一文，引人深思。大量科研成果的产生，是非常喜人的。但是，这些成果没有转化为实际效益就束之高阁。教育科研成果只有用于指导教育教学实践并使其取得更大的效益，才谓之转化，才有实际意义。通过阅读本书，作为农村集镇小学一线教师，对这个问题豁然开朗，那就是：教育科研成果只有在教育实践中得以应用，并提高了教育的决策水平和办学质量，推动了教育事业向前发展，才能达到它最终的目的。科研成果不转化是极大的浪费，科研成果不转化等于没有成果。可见，我们搞教育科研，就是利用我们掌握的教育理论，把自己的科研假设用恰当的研究方法，在教育教学实践中去探索、总结和提炼，找到未知的教育规律，形成对我们的工作具有指导意义的教育理论。并使之得以转化和应用，让其功能显现出来。

孔子曾说“学而不思则罔”。我们战斗在一线的教师，有着丰富教育教学经验。可长期以来，我们习惯了年复一年的重复工作，而忘记了反思自己的得失。使得自己教了一辈子的书，水平却没有实质性的提高，永远是一个“匠”没有成为“家”。怎样才能打破“研究者在天空自由翱翔，实践者在地上艰难跋涉”的局面，为教育科研范式提出一条“回归生活世界”的新路呢？让我们一线教师的水平有实质性的提高呢？读完此书，让我们教育人更有了“一日三省吾身”的渴望。我们每天和学生打交道，长年累月的立身三尺讲台，校园是我们的天地，课堂是我们成长的摇篮，在我们的身边每天上演着无数的精彩。我们若在每天用自己的心去透视自己和洞察课堂并深度地思考，倾听自己心灵深处的声音，站在自己的角度审视和挖掘自己，就会让我们形成自己独到的教育思想。那我们这些小教书匠，就会在一个个案例的反思中不断成长为一个有自己教育思想的教育家的。

读完此书，让我们有信心去做有关教育教学理论研究的事。长期以来，我们一直认为一个一线的小学教师，去做教育教学理论研究是不可能的事，那都是专家、学者们做的事。读完这本书，看了里面的42个案例，这都是战斗在一线的教师的作品。他们以自己的教育教学活动为思考对象，对自己的行为、决策及由此产生的结果进行审视和分析，把自己在教育教学实际工作中的所思、所想、所做、所得等这些看起来点滴、零散的东西，凭借自己的认识和经验整合起来。这样所得出来的东西就是最原始、最真实的，同时也是最宝贵，最有说服力的。其实书中所写的有的案例，在我们的教学生活也碰到过，只是没有把它们形成文字。看完了这本书，让我们克服了搞教育教学研究的畏难情绪。让我们更加自信，我们从现在就可以加入研究者的队伍了。用我们的笔记录下教育教学中的案例。

读完此书，还让我们明白了写好案例与论文的方法。怎样才能写出闪着教育人智慧的好案例，又怎样才能将写案例上升到写出高水平的论文呢？本书也一一给我们讲述了方法。长期以来，我们只停留在能写一个完整的教育教学故事，而一旦要写论文就束手无策。读完本书，我们知道可以从事例中提取经验，再从事例经验中归纳类经验，然后从类经验中形成经验体系；将我们案例中的实践智慧转化为理论智慧，将规律的运用转化为规律的认识，这样就可以写好论文了。如果有了我们平时案例的积累，就有了思想的积淀，写论文也就有了素材；有了教育案例，论文就是“有源之水”、“有本之木”；有了案例，论文就是“水到渠成”、“木即成舟”，看来平时写好案例是写好论文的关键。

作为一线教师，我们觉得此书编得很科学，也很朴实。它没有空泛的谈理论，有的只是一线教师参加实验的经验；没有枯燥的说教，有的只是激发教师内在创造潜能的教学故事与案例。特别是帮助中小学教师学会如何正确地将教育反思案例和写科研论文有机地结合起来，从而促使中小学教师沿着科研之路前进，使之产生质的飞跃。

曾有人说，要给学生一碗水，教师得有源源不断的活水做源头。这促使一名教师不仅要常常更新自己的知识结构，更要深入研究自己所从事的工作，并在一个个问题的研究与解决中成长起来，一步步向“专家型”教师靠近。然而，一名习惯于埋头苦干的教师，如何去深入研究自己早已习以为常的工作？如何在司空见惯却又烦琐的日常事务中找到研究的方向？又如何在研究中促进自己的成长？这一团团迷雾，都在《新课程背景下中小学教师如何选课题与做课题》这本书的引领下一一拨开。

《新课程背景下中小学教师如何选课题与做课题》是一本论述中小学教师如何选课题与做课题的专著。全书从当前中小学教师在选课题与做课题中普遍出现而又渴望得到解决的实际问题着手，采用案例与现象结合、论述与探索互动的方法，准确反映了教师在教科研中出现的问题，并探讨解决这些问题的途径和方法。本书共分四章，分别就中小学教育科研课题的特点及开展教育科研的意义、中小学教育科研课题的来源、选取教育科研课题的方法、中小学教师如何做课题几个方面进行了简明而深刻的论述，为急于在教育科研中找到方向、取得实效的一线教师提供了极为贴心的指导。

读完此书，我们首先想到的是：这绝不是仅仅为了获取名利而仓促编写的培训教材。正像本书后记中所写的：写作此书的动因主要是出于一种社会责任，是出于一种对教师培训机构应尽的责任，是出于一种对教师教育工作的责任，也是出于对推动学校校本培训工作的一种责任，尤其是对促进教师个体专业成长的责任。这些承诺不是自诩，而是切实落实到本书的字里行间了。书中的很多观点，都来自在教育科研课题研究中做出成绩的前辈们的心得与结晶，经得起考证；书中的诸多案例，都是参与教师培训研究实验的一线教师所亲历的事情，鲜活而生动，极为贴近我们所熟知的教育生活，仿佛那些事情是我们亲身经历过的。

读完此书，使得我们从未参与过教育科研的一线教师，产生了迫切想做一番研究的渴望，甚至完全拥有了做好一个课题的信心。我们小学教师来做课题研究，较之师范院校、科研院所及教师培训机构，也有着特殊的条件：我们在日常教育工作中常常会遇上棘手的问题，这些问题都可能是我们选为课题的好题材；我们不必费时费力来研究，只需将课堂当作我们的研究室，将每一节课的教学都当作我们的研究过程；我们的教育科研随时可以与同行切磋或商讨，容易形成群体性的科研氛围；我们的科研成果就是通过不断主动学习、积极反思和创新、认真解决问题促使自己的整体素质得到全面提升，更新教学观念，变革教学策略，提升教学效益，促进学生的全面发展和健康成长。每一个课题研究都是我们向专家型教师迈进的阶梯。

读完此书，我们更加明确了参与教育科研的思路与方法，不再为前路迷茫。本书通过精辟的论述与生动的案例教我们如何寻找课题来源；本书还教给我们恰当选取教育科研课题的方法，例如，初次参与教育科研的教师应该以小课题研究为主，切忌好高骛远，在选课题时扬长避短，紧密结合本职工作等；最令人感动的是，本书还以整章的篇幅细致地指导一线教师如何做课题，从课题研究方案的设计，到科研课题队伍的组建，到教育科研课题的管理，都有详细的指点，即使是一个从未接触过课题研究的外行，也能在本书的悉心指导下开始教育科研课题的研究。所有的这些，都使我们一线教师在从事教育科研的过程中不至于经受“摸着石头过河”的无奈。

不可否认，我们一线教师中有一些人只是担任了“教书匠”的角色，更不能否认的是，我们的教育队伍中有更多的教师希望在自己从教的几十年中能有所建树，从而无悔于自己坚定的选择，而从事教育科研会为我们在本职工作中做出成绩搭建起宽阔的平台，更令我们庆幸的是，《新课程背景下中小学教师如何选课题与做课题》及时为我们亮起一盏指路明灯，让我们能在教育科研之路上稳健前行。

《新课程背景下中小学教师如何开展行动与叙事研究》共五章，从教育行动和叙事研究的产生和发展、研究理论、特点意义、实施步骤以及教育叙事与教师专业发展、行动研究和叙事研究的比较与结合等方面进行阐述，内容朴实，通俗易懂。本书从新课程背景下中小学教师教学实际和理论需要出发，列举出了大量一线教师实际工作中的教育行动和叙事案例，为教师在教育实践中如何进行教育研究、克服职业倦怠、体验职业幸福指明了努力方向。

走进引论部分，我们就明白：教师已不再是传统意义上的“传道、授业、解惑”的道德角色，也不再是长者、学者所能代替的。新课改成功与否，直接取决于教师发展水平的高低。教师专业和专业化发展日益成为全社会关注的焦点。而“教师专业化发展”即“教师是研究者”，教育向生活回归、教育生活故事化、教育故事智慧化，从思想到行动又说明教师的教学研究不能离开教育生活。教育行动和叙事研究则为教师研究教育生活提供了一种全新的研究方法，是教师专业发展、不断努力成为专家型教师的有效工具。

教师在我国是一个庞大的职业队伍。教师工作的辛苦和烦琐很容易让教师迷失自我。大部分教师也都在披星戴月的劳累中渐渐老去，退隐后像流星一般划过时空，转瞬即逝。留给自己的似乎也只有一些难忍的病痛。学完第一、二章，我们的内心豁然开朗。生活着的每个教育人，在工作就在行动。为什么每个行动中的教育人对教育生活的感受存在如此大的差别呢？难道教育家真是天生的？原来，他们在研究着自己的行动并在不断改变着自己的行动。与其盲目被动的行动不如幸福主动地规划、反思、改变！我们有理由拂袖而起，向同行高呼：教育行动研究不是负担，是解决教学中的困惑，是寻找教师职业幸福的起点！

书中一个个鲜活的教育故事，又何尝不是我们曾经经历过的！原来教育叙事研究为我们提供了记录教育教学经历的机会，能使我们深刻认识到自己教育行为的优点和不足，同时也为我们整个教师群体提供了分享经验的平台，形成了群体性的科研氛围。此书还就将教育叙事的主要表达方式和主要叙事类型一一罗列出来。无论是一线教师，还是德育工作者、学校管理者都能在字里行间找到属于自己的那片栖居林。

《新课程背景下中小学教师如何开展行动与叙事研究》来源于普通教师的

日常生活。既有栩栩如生的真实故事，淋漓尽致地再现了真实的教育生活，又有基于故事的深刻分析，解析了故事背后焕发出的理性光辉和智慧魅力。同时，他又在编写者的苦心提炼中，以一套翔实可行的实施步骤回归到教师的教学活动中，为广大一线教师打开了职业幸福之门！教师幸福地驾驭着自己的航船驶向幸福的彼岸！课改的方舟将在这个美丽而现实的港湾扬帆远航，不久的将来我们一线教师将走进他的字里行间，然后又充满理想和自信地走出来，在神圣而又普通的三尺讲台觅到教师人生的真谛，满载而归！

两年中，我们在学校两个研修组内，把读这本书作为研修活动中“读书说精彩30分钟教育理论学习”的学习内容，同时，注重理论与实际的有机结合，要求教师与学习内容对应，边读书边思考（反思）边动笔，定期将自己撰写的教育案例和教育论文在组内研修活动中交流，听取同伴的意见和建议，反复修改，并择优向各级刊物推荐。事实证明，我们的做法没有错，老师们思考、动笔能力大大增强，开始出现喜人成果。一是我校教师在远程非学历培训中，所撰写的教育案例，百分之八十被辅导老师评定为优秀作业；二是2009年以来，我校教师在《中国教育报》发表教育随笔3篇；在《湖北教育》发表论文1篇、教育案例1篇；在《素质教育论坛》发表教育论文1篇；在《宜昌教育》发表教育论文2篇；教育案例获市级奖1篇，教育论文获县“三教征文”奖若干。我们认为，虽然我们所取得的成绩微不足道，但也能充分证明“21世纪中小学教师继续教育教师自主培训系列教材”这套书在促进教师专业发展上具有重要的指导作用。

（原载《成才》2017年第5期）

基于“自我经验”的有效教师培训

——学习自主生长式教师专业发展理论的思考

唐良平　李韧青　长沙教育学院

“自我经验”是湖北第二师范学院潘海燕教授“自主生长式教师专业发展理论与实践”研究中的核心概念，它是指教师个体通过亲身体验，在反思中获得的感悟。他们认为，“只有尊重了教师的‘自我经验’，才可能让每一位教师都获得自主生长式发展”。“中小学教科研和师资培训有必要运用‘自我经验’帮助教师生发教育思想与实践智慧。”认真学习、思考潘海燕教授研究团队关于教师“自我经验”的内涵以及其在教师专业成长过程中作用的观点，有利于我们深刻理解教师专业成长的特点和规律，从而有效地组织教师培训。

一、培训基于教师“自我经验”进行

“所谓‘自我经验’，就是指教师个体通过亲身体验，在反思中获得的感悟。常常表现为自己的真性情、‘土办法’。”“教师的‘自我经验’既包括对客观现象和事实的感性认识，又包括对其事实现象进行属性判断、分类梳理、特征分析和价值评判的理性思考。”

建构主义认为，学习者并不是空着脑袋进入学习的，他们在日常生活和先前学习中已获得了丰富的经验和知识，学习者是信息意义的主动建构者。他们在自己已有知识经验的基础上，通过新旧知识经验间双向的相互作用过程建构起新的意义，从而充实和改造自己的知识经验。这一理论在教师培训中的运用，就是培训者要将参加培训的教师的现有知识和经验，尤其是将经过反思获得的“自我经验”作为新知识的生长点，引导他们从原有的知识经验中生长出新的知识经验。

作为新知识的生长点，在教师培训中，参加培训的教师的自我经验不容忽视。教师培训不能无视参加培训的教师的自我经验，另起炉灶，从外部装进新知识，而应该重视他们对各种教育教学现象的理解，倾听他们的看法，

洞察、分析他们这些想法的由来，以此为依据，引导学员丰富或调整自己的理解。

我们不得不思考教师培训中忽视教师“自我经验”的问题：那种以“洗脑”、“灌输”、“格式化”为特征的教师培训，往往不关注教师的个人经验基础，大量移植专家的观点和思想，必然影响教师培训的效果。“自我经验”的敏感性和愉悦性是教师自主生长的基础，也是教师专业自主发展的动力和源泉，更是摆脱自我迷失、重塑自我的基石。

二、发展“自我经验”是培训的目标

“自我经验”是知识与能力的有机统一，又侧重于能力。它再现了教师的认知发展过程即教师的专业发展过程。聚焦教师实践性知识和能力提升目标的教师培训，根本上就是促进教师的“自我经验”的发展。提升教师的“自我经验”也就成为教师培训的应然目标，是教师专业自主发展的基本逻辑。

我们知道，教师的专业知识和专业能力最本质的表现，就是教师的实践性知识和能力。“实践性知识是指基于理论知识与教师个人经验、在特定的教育教学情境下形成的，支配着教师具体选择与判断的综合性知识。”“教师的实践性知识，很大程度上表现为教师的学科教学知识，它构成教师的关键能力和核心品质。”要提高中小学教师课堂教学能力，从根本上说就是要提升教师的实践性知识和能力，而教师的实践性知识和能力又往往表现为教师的经验性知识和能力，也就是教师的“自我经验”。因此，我们需要进一步重视教师的“自我经验”，在此基础上发展教师的实践性知识和能力，从而促进教师的专业成长。

中小学教师“自我经验”的获得，除了需要个体亲身经历以外，关键还在于他们的觉察和感悟。自我觉察力是个体与生俱来的能力。感悟意味着个体对某个问题的认识上升到理性阶段，对个体的后续行为起自觉的指导作用。先天的觉察力水平的高低有很大的个体差异，中小学教师仅仅依靠自然反应是远远不够的，需要后天的积极训练，提高对“自我经验”的敏感性。通过后天的教师培训，可以有效提升教师的自我觉察力。也就是说，教师培训有利于提高教师的“自我经验”。

教师“自我经验”的结构是发展的，可以从较低级的“事例经验”发展为“类经验”、“个人经验体系”以及“实践智慧”。一般而言，优秀教师往往要经历一个形成、积累、总结、反思和提炼的过程。他们往往从一个个具体教育教学案例中提取“事例经验”，然后对许多“事例经验”进行分类整理，对同一类的经验进行再反思、再提炼，产生“类经验”；在此基础上，他们再将若干“类经验”凝练成为个人的经验体系，又在实际应用中生发“实践智慧”。从“事例经验”到“类经验”，再到“实践智慧”，是教师的实践性知识和能力生长的过程，这正是教师培训需要完成的目标。

三、培训是教师对新信息“自我经验”的重构

建构主义认为，学习是学习者建构知识的过程，学习者不是被动的信息吸收者，而是信息意义的主动建构者，这种建构不可能由其他人代替。学习是个体建构自己的知识的过程，这意味着学习是主动的，学习者要对外部信息做主动的选择和加工。外部信息本身没有意义，知识的意义是学习者以自己的原有经验系统为基础对新的信息进行编码后所建构的自己的理解。而且，原有知识又因为新经验的进入而发生调整和改变，所以学习不是简单的信息积累，它同时还包含了由于新旧经验的冲突而引发的观念转变和结构重组。

在教师培训中，参加培训的教师的学习是一种创造性理解的过程，作为培训学习的主体，他们需要对学习活动进行积极的自我管理反思，这就需要培训对象对培训内容不断思考，对各种信息和观念进行加工转换，基于原有的自我经验进行分析综合和概括，形成新的假设和推论，并在自己真实的教育教学情境中，对自己的想法进行反思性的推敲和检验，进而能够灵活运用。即以教师的自我经验为培训起点，以真实问题为主轴来架构研修内容，以教育反思为主要研修方法，实现教师对培训过程中的新信息进行“自我”重构。

中小学教师自我经验的独特性决定了他们难以按照统一的模式进行培训与专业发展，也不能够完全照搬成功教师的专业发展路径，而必须唤醒他们重新审视自我经验，利用好自我经验。因此，教师专业发展活动最重要的思路是立足教师的“自我经验”，量体裁衣式地建构教师专业发展模式，让教师在“行走”中改变行走方式，在解决自己真实的教育问题的同时，生发个人自我经验，进而建构自己的教育理论。教师对新信息进行“自我经验”的重构，表达了教师培训的意义和价值。

四、培训是基于反思的“自我经验”提升

教师培训管理者普遍认为，教师的专业成长，包括外在的学习和内在的反思成长两个根本内容。外在的学习又包括专家的专业引领，这是培训对象

与专家的对话；向前辈请教，这是经验学习中的历史与现实的对话；在同伴互助中学习，这是学习者与同伴的对话；学习书本理论，这是理论与实践的对话。所有这些，都是学习者接收到的一种外在的刺激，其最终发生作用还需要依赖学习者的自我反思，需要学习者在反思中将“自我经验”与外在的刺激有效地连接起来。

“反思”是教师成长的有效方法，教师对自我经验进行反思是走向成功的关键所在。现代教师应是“反思性实践者”：要在行动中进行反思，获得实践性知识，在实践中变成研究者。虽然“自我经验”包括教师经过一定生活岁月、知识学习、教学反思积淀下来的客观体验和主观感悟，但它特别强调“反思”的作用和意义，具有很强的生成性、生长性和个性化等特征，是教师教育知识形成、转化和专业发展的基础与动力。

立足“自我经验”的教师专业发展，是一个在反思伴随下内在的自我生成过程：重视教师在教育过程中的感受和体验，强调教师在丰富的教育体验基础上进行反思，生发出自己的教育思想，整理出自身的教育体验成果。“反思”，就意味着对“自我经验”的肯定。

需要强调的是，外在的刺激是引发教师反思的动力。反思，正是教师“自我经验”与外在刺激的桥梁。作为外在刺激的教师培训，只有在反思中与教师的“自我经验”连接，才能促进教师“自我经验”的发展，才能促进教师的专业成长。

总之，教师的“自我经验”对于教师专业发展具有重要意义，我们必须将教师的“自我经验”作为教师在培训中自主生长式发展的“生长点”，实现教师培训理论与实践的突破，提升教师培训效果。

注释：

[1] [2] [4] [5] [6] 潘海燕. 论教师的自我经验及其作用 [J]. 中国教育学刊，2017 (5)：95-99.

[3] 唐良平. 中小学教师培训项目课程设计的逻辑 [J]. 教师教育论坛，2017 (10)：65-67.

（原载《成才》2017 年第 12 期）

从进化教育心理学的视域解读自主生长式教师专业发展理论

张艺馨 华中科技大学教育科学研究院

进化教育心理学是一种探讨人类学习和教育的新的理论视角，是进化心理学、发展心理学和教育心理学相融合的产物。进化教育心理学是21世纪初，由美国心理学家大卫·吉厄里提出的研究人类教育发展的新的研究范式，它本身作为一种“元理论”，用进化论的观点和思想来解释教育现象，从进化观点出发使教育心理学改进原有的方法论，从另外一种角度来建立新的研究方法。因此，进化教育心理学不仅为研究人类教育发展、教育心理学的理论整合提供了新方向，也为研究教育现象、教育实践提出了许多新的启示。

针对我国教师教育领域“接受性”思维积习严重，忽视教师的“自我经验”的作用，致使教师培训与专业发展的实效性受到诟病的现状，潘海燕教授及其团队经过近20年的研究与探索，完成了自主生长式教师专业发展理论的构建。本文运用进化教育心理学的研究范式，深入探讨教师自主生长理论的原理、实践等，其内涵具有重要的理论与现实意义。

一、运用进化教育心理学的研究范式，研究的是教师怎样更好地适应教师职业，更好地体现教师职业生存和专业成长的价值内涵，教师自主生长理论“生态—优化”取向正符合进化教育心理学关于选择最优化的教育学习方式的解读

进化教育心理学关于教育学习生物机制的解释是：心理就是一系列的适应器，心理是“作用于我们狩猎——采集时代祖先身上的进化过程所产生的、进化而来的适应器”。自然选择的作用在于通过重复遇到进化中反复出现的情境（长期存在的适应问题），从而对可供选择的心理设计进行检验。在我们的进化历史中，相对于其他可供选择的设计而言，那些增强了其自身生存和适应能力的设计变化被选择出来了。

因此，进化教育心理学的核心内容是适应机制，教育被认为是一种完善人类进化，使之适应社会的生存价值策略。首先，明确了教育的目的是促使人类更好的生存和发展；其次，拓展了教育研究的视野，研究生物进化的方法被引入到教育研究中；再次，开辟了重新审视教育活动的新视角。运用进化教育心理学的研究范式，我们研究的是教师怎样更好地适应教师职业，更好地体现教师职业生存和专业成长的价值内涵。以此为据来探究教师自主生长理论，深入探讨教师自主生长的原理、实践等，因此就有了重要的理论与现实意义。

教师的自主生长就是一个自我不断选择、自我适应、自我优化的过程，教师需要选择更好、更优化地专业发展方式去适应教育环境和教育对象的变化。教师需要更先进的自我经验整合方式，才能做好教师这个职业，才能更好地生存和发展。教师自主生长理论“生态—优化”取向正符合进化教育心理学关于选择最优化的教育学习方式的解读。

二、自主生长式教师专业发展理论对应了进化教育心理学所说的人类在进化的过程中形成的处理学习进化知识的机制，此种机制的运行过程正好对应了自主生长理论“自我经验”嬗变，创造新的知识经验体系的过程

进化教育心理学的核心观点是：朴素知识和初级能力与现代社会中需要的学术知识与次级能力之间存在差距。初级能力是学术性学习的基础，但对发展适应现代社会所必需的学术能力来说是不够的，教育成长的任务就是帮助人类发展生物次级能力（自我经验的整合），从而弥合朴素知识与社会职业和社交需求之间的差距。换个角度理解，是从流体智力到晶体智力的转变。教师自主生长理论的“自我经验”正是对应了进化教育心理学家吉厄里认为的，人类在进化的过程中已经演化形成了处理学习进化新知识的机制，包括工作记忆、注意控制和抑制朴素信息的机制，而这些机制恰恰是流体智力的核心组成部分，是从事新知识学习的关键。帮助教师系统化自己的“自我经验”，旨在通过唤醒教师主体意识，激发教师内在动机，激活教师潜能，促进教师专业成长。

一些优秀教师的案例证明了教师自主生长理论，成功的教师正是经过反思，从一个个具体的教学反思案例中提取出“事例经验”。再集中对许多的“事例经验”进行分类整理，对同一类的经验进行再反思、再提炼，产生类经

验。集中若干类经验后，再整合为自己的一个经验体系，并在实际应用中产生“实践智慧”。“事例经验”就是典型的“自我经验”，这种“自我经验”累积成“工作记忆”，工作记忆是在心理上操纵信息的能力，它能够修正最初的朴素系统，创造新的心理经历。更重要的是，在工作记忆中，多个初级系统及其表征同时被激活会产生新颖方式对初级系统加以联结，产生新的解决问题的方式（如图1所示）。

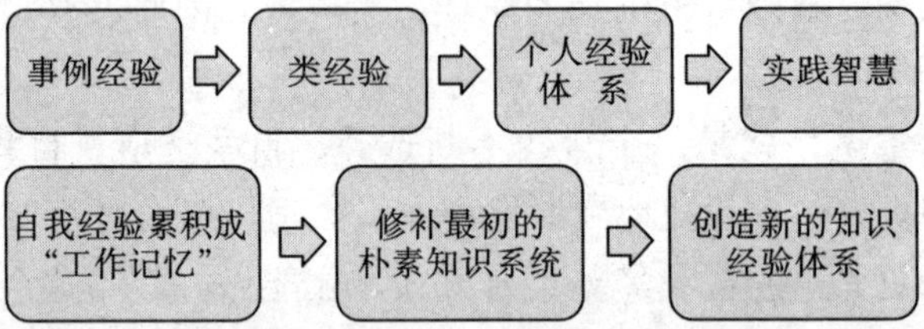

图1　自我经验的“嬗变”、进化的教育心理学机制图

三、自主生长式教师专业发展理论对应了进化教育心理学所说的人与环境交互适应的成长进程，此成长进程以教育反思为手段，促进自我经验的系统化，正好解读自主生长理论中基于“自我经验”的教师专业发展路径

进化教育心理学的前提是：心理机制是人类处理适应性问题的工具箱，人类进化过程中面临着各种复杂的适应问题。脑进化中有应对新事物的机制和能力。知识的获得使人们产生对未来不确定事件的心理表征，并获得应对的方法。这种机制包含流体智力的核心成分，并对后天学习有着重要的作用。正是由于人类拥有大量进化形成的专门化心理机制，使得人类行为具有高度的灵活性，人类的大脑进化出了一定的机制来获得和处理与生存有关的信息；这种机制在一定条件下是可以调整的；大脑进化中有应对新事物的机制和能力。

进化教育心理学研究教育领域中涉及的进化心理机制问题，教育和进化的联系主要是依靠认知结构来衔接——教育过程和认知结构之间的关联，认知结构和生物进化之间的关联。学习动机并非进化而来，人类进化了基本的生存动机以完成对必需的生存资源的抢占和控制，进而在与环境的交互过程中学会了一些生存的方式，这些学会的能力就像结构和功能各异的模块，在学习过程中产生并由遗传决定，而其发挥作用的方式是自然选择的结果。在很多情况下，认知的偏差，以及推理、归因的偏好会与次级学习的活动需要相冲突，促使人类不得不去学习，学习动机因此而产生。

自主生长式教师专业发展理论正是对应了进化教育心理学所说的人与环境交互适应的成长进程，自主生长式教师专业发展理论强调教师的专业发展过程，在立足教师已有的“自我经验”基础上，必须经历教育活动、教育体验、教育感悟，即通过“自修—反思”的途径，生长出新的经验或思想，如此循环，呈螺旋式的上升发展过程使生长从一个台阶上升到一个更高的台阶（见图 2）。

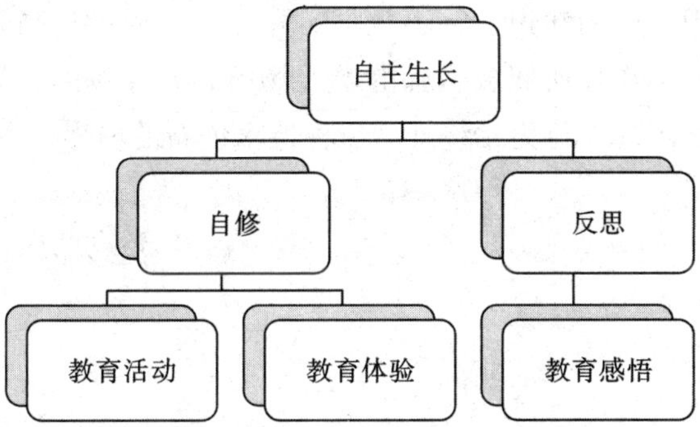

图 2　教师自主生长的专业发展路径图

四、进化教育心理学强调情境学习的重要意义，应用的环境主要是学校，学校是知识交融、过去和现代、进化与文化交流对话的场所，正好解读了教师自主生长课堂模式和校本研修模式

进化教育心理学应用的环境主要是学校。学校是知识交融、过去与现代、进化与文化交流对话的场所。社会支持和社会关系对学术知识学习的影响，使学校的教学环境与儿童的自然社会偏好保持一致（Geary，2008）。进化教育心理学强调情境、氛围、社会支持系统的重要性。比如重视课堂上的学习动机和情感氛围（Ellis，2008）。这与现代生命教育或是情感教育中的学习环境生活化的主题是一致的，体现了学生的主体性。生活化的情境体现了早期的生活环境即影响通俗的心理模块或是初级情感系统的环境，在这样的环境中能够弥合朴素知识和学术知识的鸿沟，促进次级学习的发生。进化教育心理学植入生活的情境，激发学生的学习动机和兴趣，到达主体和生命意识的回归（夏晋祥，2009；卢家楣，2006）。

自主生长式教师专业发展理论正是强调在情境教学和学习中充分体现了

教师自主生长的基本理念："让教师自主生长与应用自己的教育思想"，教师发展是学生有效成长的前提。主张"工作即学习"，"教学即研究"；课堂是教育教学的主渠道，也是教育研究场所与教师成长、发展的场所。自主生长课堂就是在充分发挥学生主体作用的前提下，让教师在课堂上充分应用自己已有的教育思想并生成新的教育思想与智慧。

自修—反思式校本研修模式则是进化教育心理学中情境学习的进一步升华，在校本管理原则下，在教师的自主学习、合作学习基础上，用教育科学研究的方式对自己所做出的行为、决策以及由此产生的结果进行审视和分析，主动地获取知识、应用知识、解决教师实际问题，通过提高教师的自我觉察水平，把教师的工作场所变成教师的学习场所、合作场所、研究场所，使教师自身的思想、观念、行为始终处于一种追求创新的境界。

（原载《成才》2018 年第 1 期）

自主生长式教师专业发展的特点及实现路径

钱彩秀　左婵娟　陈健　赣南师范大学教育科学学院

自主生长是教师专业发展新的生长域，自2006年起，湖北第二师范学院的潘海燕教授带领他的团队对自主生长式教师专业发展进行了十多年的研究，最终形成了独特且具有很强实践性的教师专业发展理论。2015年12月6日，首届自主生长式教师专业发展研讨会在湖北第二师范学院举行，其目的在于研讨自主生长式教师专业发展理论与实践，使之能够为基础教育的顺利开展提供一些指导，同时也为教师专业发展开辟了新的途径。

一、教师自主生长的内涵

自主生长式教师发展理论是一种新型的教师研究性合作学习方式，该理论强调教师的专业发展过程，一定是立足教师已有的“自我经验”而自主生长的，必须经历教育活动、教育体验、教育感悟，即通过“自修—反思”的途径，生长出新的经验或思想。这说明教师专业发展是一个以经验为基础，通过活动、体验、感悟不断提升自我的专业知识、专业技能、专业情感的过程。具体来说，教师专业自主生长的内涵包括三个核心要素：第一，活动。活动是教师自主生长的基本方式。在教育教学中，教师应尊重学生的心理需要，以“活动”激发兴趣。从学生角度出发，强调师生之间以活动为载体，旨在激发课堂氛围，调动学生学习兴趣。从教师角度出发，教师自主生长式发展的直接方式就是活动，强调教师在发展过程中能够积极主动参与，发挥自身的优势。第二，体验。体验是教师自主生长的重要方式，有意义的体验往往可以作为经验成为个体素质的重要组成部分，对人的社会实践方式及其水平产生重要影响。体验式学习的前提是活动，以活动为基础，在活动中获得体验。第三，感悟。感悟是教师专业发展的内质，它是在活动、体验的基础上产生的。新的教师观指出教师不再是书本知识的传声筒，也不再是教书匠，而是对育人活动的再创造。另外，教师每天都在进行着连续不断的教育活动，在如此纷繁复杂的教育现象中善于抓住有价值的教育资源，这就需要教师做到“边教边悟”。自主生长式教师专业发展要求教师在感悟中成长，在反思中进步。

二、自主生长式教师专业发展理论的特点

自主生长式教师专业发展理论主张教师发展要根据教师已有的经验与学校的实际，有针对性地研究教师身边的问题，密切联系教师的工作及生活，提高教师的工作理念，促进教学的有效进行。自主生长式教师专业发展理论作为一种年轻的理论，有着独树一帜的特点。

（一）具有自主、生长、反思、合作的理念

与单一传授式教师专业发展理论相比，自主生长式教师专业发展理论提出了自主、生长、反思、合作等具有鲜明时代特点的理念。首先，自主生长式教师专业发展理论认为教师在完善自身专业发展的过程中是以自主学习为主要学习方式，教师的自主性不仅意味着教师在选择促进自身发展的学习内容上具有自主权，也意味着教师在学习方式选择上的自主性，教师有权选择适合自己全面发展和终身发展的学习方式。其次，教师的发展是一个内在的自我生成过程，是通过自主学习和有效反思来实现的。教师的自我生成既不是相同学科知识的简单积累，也不是不同学科知识的拼凑，它是指教师的学习和发展是一个由外到内的升华，由简单到复杂的自我完善过程。教师的发展主要是借助外部知识的结构，通过内化，将外部知识转化为内在的知识和能力。最后，该理论具有合作共享的理念，教师不是社会中的独立个体，而是与学生、专家、学校等有着紧密联系的共同体。在这个共同体下，教师与教师之间、教师与学生之间、教师与领导之间秉承着相互关爱、合作共赢的理念，重视学习环境的营造。一个充满和谐与温馨的环境能够为教师实现自主学习以及个性化发展做好准备。

（二）针对实际情况，因地制宜

自主生长式教师专业发展理论要求教师的专业发展活动针对各自学校的实际，努力与学校现有的工作相结合。主要表现在以下两点：第一，自主生长式教师专业发展的内容主要是针对现实工作中的问题，不能脱离教师的工作和生活。主张教师通过自主学习，以从事的教育教学活动过程中的教育现象与教育问题为学习内容，在思考的过程中不断发现问题、提出问题并进一

步探求解决问题的方法，在这样一个发现问题—提出问题—解决问题的反复实践中获得新的策略，培养新的探究能力，这充分体现了理论与实践的结合。第二，自主生长式教师专业发展立足于教师已有的知识结构和经验基础，在原有经验的基础上生成新的知识，从而实现经验与知识的转化。教师要拥有一双慧眼，善于觉察和发现自己教学过程中需要改进和保留的东西，从而为新的教学理念和新的教学方法的产生提供一定空间。

（三）立足课堂，充分利用一切课堂资源

对教师来说，课堂就是他们的主战场，他们的首要任务就是扎根于自己课堂进行研究与研修。目前很多学校存在这样一个误区：为了促进教师的专业发展，它们把重心放在请全国各地专家讲学、组织教师外出学习培训等方面，着重鼓励教师在学历上的提高。自主生长式教师专业发展理论就特别强调立足课堂，充分利用一切课堂资源。2012 年潘海燕教授提出，“让教师在自己的课堂里充分应用自己的教育思想”，即“中小学自主生长课堂”的构建问题。这一理念的提出得到许多中学、小学的认可，潘海燕教授所任职的湖北第二师范学院附属小学（以下简称“附小”）就是这么落实下去的。附小根据学校实际情况，实施“课堂展示＋课堂观察＋课堂思辨＋课堂重构”四段式研修模式，这样的模式使得教师在具体的课堂情境中不断尝试和研修，在思考中得到感悟，从而生长出自己的教育理念。

三、实现自主生长式教师专业发展的路径

教师是学校教育的主力军，教师的发展直接决定着学校的教学质量以及教学成果，因此，加强教师的专业发展是每个学校所要面临的重要问题，更是需要迫切解决的难题。有学者提出实现教师自主发展，需要在相信教师的前提下，给教师创造一种积极的自主发展氛围，让教师通过不断加强身份认同，发掘和提升教师自己的实践理论，从而促进自主发展。也就是说实现教师自主专业发展的第一步就是相信教师。归纳起来，笔者认为实现教师自主发展的路径有以下几点：

（一）树立自我发展意识，促进教师行为良性发展

柏拉图曾说过：“凡是自动的才是动的初始。”人的素质中有一种自我再生、自我更新和自我完善的能力，一个不具备自我意识的人是不可能有自我的持续发展的。自我意识是发展的基础，意识支配行为，有了意识人才能发展。教师是知识的主要传授者，教师的发展直接关系到学生以及学校的发展，

所以重视教师的发展是当前教育的主要目标之一。树立自我发展意识是实现教师自主专业发展的前提，当教师有了自我发展意识后，教师的行为会不自觉地受意识支配。长期下去，教师的行为就遵循着以促进自身发展为目标的方向前进。良好行为的养成是为了促进教师多方面的发展，而教师专业发展能力的提升则是为了更好地将知识运用于实践。具有自主发展意识的教师，他们会对教师的职业表现出强烈的认同感，教师职业认同是对教师职业价值的认知、教师职业角色定位的把握、教师职业情感的建立以及教师职业责任的履行，其程度直接影响教师职业发展。

（二）主动学习和善于学习，提升教师专业自主能力

学习是教师自主专业发展的主渠道，从内部动机和外部动机出发，学习一般分为内在需求和外在需求。人类的终极学习目标旨在达到个体内在需求的学习，即个体的自我发展。教师作为一门特殊的职业，承担着育人的责任，不管是社会、学校还是教师自身对他们自己的专业发展要求更高，这意味着教师的学习要以专业发展需求和专业发展完善为导向，是一种内在需求的学习。另外，教师的学习内容应该紧紧围绕专业知识、专业能力、专业情感三个方面，其学习途径以自主学习为主。教师在自主学习中经历着从发现问题到解决实际问题再到引发新的学习问题等这一系列复杂的过程中，由此可见，教师的学习是以自我为导向的主动学习，它可以有效地提升教师专业发展的自主能力。

（三）认真进行教学反思，增强教师的专业自主性

教学反思是教师以自己的教学活动过程为思考对象，对自己所做出的行为、决策以及由此所产生的结果进行审视和分析的过程。教学反思是教师对自己先前的教学过程、教学行为、教学态度等进行认真分析和仔细思考的活动方式，它要求教师从多个视角出发去判断自身的行为，鼓励教师对于不合理的行为和观点要提出批判与质疑。叶澜教授曾说，一个教师写一辈子教案不一定成为名师，如果一个教师写三年的教学反思，就有可能成为名师。只有会反思且常反思的教师才能够成为学生喜爱和崇拜的好老师。反思型教师追求的是专业行为的不断完善，其本质是教师主动的思维过程，即教师主观上强烈的完善专业行为的自主性。通过教学反思，教师能够有效地捕捉到教学实践中的细节问题，善于找出自己的差异和不足，促进其自身专业实践能力的成长，成为会教书的实践者和会做学问的研究者，使教学与科研相互促进，实现专业的自主发展。

参考文献：

［1］韩芳．教师自主生长，学校管理者何为［J］．成才，2016（6）：21-23.

［2］李广瑞．论体验式方法促进教师专业发展的基本原则［J］．新课程研究（教师教育），2007（10）：13-15.

［3］柳忠诚．感悟，教师专业发展的内质［J］．当代教育科学，2005（10）：46-47.

［4］潘海燕，杜新红．首届自主生长式教师专业发展理论学术研讨会综述［J］．成才，2016（1）：25-27.

［5］潘海燕，李明菊．让自主生长式教师专业发展理论在学校落地生根——自主生长式教师专业发展理论现场会综述［J］．成才，2016（4）：36-37.

［6］汪明帅．从“被发展”到自主发展——教师专业发展的现实挑战与可能对策［J］．教师教育研究，2011（4）：1-6.

［7］贾颜．高校教师自主专业发展的内涵及其策略［J］．教育探索，2011（11）：84-85.

［8］王锦．自主发展：高校教师专业发展之根本［J］．教育探索，2013（3）：77-78.

（原载《科教文汇》2017 年第 3 期）

创造具有中国味道的教师教育理论

——第三届自主生长式教师专业发展理论学术研讨会综述

李贤智　湖北第二师范学院教育科学学院

2017 年 10 月 13—14 日，由湖北第二师范学院、湖北教师教育研究中心联合组织的第三届自主生长式教师专业发展理论学术研讨会在武汉举行。来自湖北、湖南、广东、广西、江西、江苏、新疆、陕西、宁夏等省的 90 多名在一线教育实践中长期践行自主生长式教师专业发展理论的中小学教师和高校学者，围绕“创造具有中国味道的教师教育理论”这一主题，结合实验学校开展自主生长式教师专业发展的实践活动及个人研究成果，进行了广泛、深入的研讨。

一、提出教师的“自我经验”，探讨其作用和意义

教师的自我经验是一种有价值的客观存在。但是近些年关于教师专业发展的研究成果中，多数人都倾向于“专家思维”，而很大程度地忽视了教师“自我经验”的作用。湖北第二师范学院潘海燕教授结合自己的长期思考与实践，创造性地提出了教师的“自我经验”概念，指出了教师的自我经验在教育教学和教师专业成长中的重要作用。他领衔的课题组通过实证研究证明，立足自我经验的教师专业发展，是一个在反思伴随下内在的自我生成过程：重视教师在教育过程中的感受和体验，强调教师在丰富的教育体验基础上进行反思，生发出自己的教育思想，整理出自身的教育体验成果；主张每一位教师在具有学习和研究主动权的基础上全面发展，强调教师和师范生学习活动的出发点是自我导向的，学习过程是自控的，学习结果是自知的。这一主张体现出现代主义的教师专业发展理论向“后现代”转向，意味着教师发展“从自在走向自为”成为必然。

教师的自我经验是教师生发教育思想和实践智慧的基石。参会的研究者指出，当下最理想的教师发展是基于教师“自我经验”的自主生长式发展，

即引领教师深入、持久地对自己的教学实践进行反思，提升教师对“自我经验”的敏感性，让教师在这个过程中系统梳理“自我经验”，进而形成一定的操作体系，并使之成为教师个人行之有效的教学方法和教学设计理论，进而对自己的教育教学产生持续而深远的影响。研究者强调运用自我经验在生发教育思想和实践智慧的相关策略时，强调中小学教师要能够做到四点策略，即敏感觉察与切身体验，发现事例经验；多角度提炼，整合成类经验；凝练个人经验体系，生成个人教育思想；实践与理论相碰撞，生发实践智慧。

教师的自我经验对教师培训与专业成长具有重要意义。参会代表一致认为，教师的自我经验在教师培训中影响巨大，其作用不可低估，不可替代。潘海燕教授提出教师的自我经验在教师培训中具有重要的意义体现在：第一，影响着教师培训与专业发展的目标与方向；第二，教师的“自我经验”是教师从“他主”走向“自主”的关键；第三，教师的“自我经验”是教师教育智慧形成的起点。代表们赞同在教师培训领域，应基于自主生长式教师专业发展进行转向，其具体策略如下：以教师个人的“自我经验”为培训起点；以真实问题为主轴来架构研修内容；以“校本研修”为主要培训形式；以“教育反思”为主要培训方法来培养教师的专业水平。

二、倡导成为智慧型教师，阐释其路径和策略

智慧型教师是自主生长式教师专业成长的目标。近年来，对教师专业发展的目标问题，各方莫衷一是，到底是成为专家型教师，还是成为研究型教师，尚未取得一致意见。本次会议围绕自主式教师专业发展的目标问题，参会代表一致认同，将成为智慧型教师作为一线教师专业发展的目标，并围绕教育智慧和成为智慧型教师进行了热烈的讨论。研究者提出，教育智慧是教师教育理念、知识学养、情感与价值观、教育机智、教学风格等多方面素质的综合体现，具有更广泛、丰富的含义。以智慧型教师作为对教师专业发展的总要求，将从客观上对教师的理论素养和综合实践素质提出更加全面的要求。提倡智慧型熟师，一定程度上会使教师的专业发展更为协调、完整和全面。代表们也认为，智慧型教师的教育智慧是教育科学与艺术高度融合的产物，是教师在探求教育教学规律基础上长期实践、感悟、反思的结果，也是教师教育理念、知识素养、情感与价值观、教育机智、教学风格等多方面素质高度个性化的综合体现。

智慧型教师的核心素质是智慧型才能。参会的华南师范大学李志厚教授

指出，培养智慧型才能的关键要使教师将他们的知识和思维过程落实到行动上。教师的教育理念和实践智慧是可以通过学习、交流、思考、实践等的积累和融通以及转化获得发展。智慧型教师成长需要良好的策划、技术、资源、生态、团队以及机制等。他通过分析国内外关于智慧型教师的研究，提出了智慧型教师需要具备创造力、思维力、实践力等关键素养，指出教师需要创造性技巧来产生想法，需要分析性技巧来判断和决定所产生的想法是否有价值，需要实践能力使自己的想法产生作用并让别人看到其价值，需要智慧地让这些想法在短期和长期对自己、对他人、对学校（学生）产生效果。

智慧型教师的形成路径是多样的。与会代表指出，在实践中，教师的教育智慧的构成是多类型、多层面的，因而智慧型教师的形成途径是多方面的。一是要重视教师的实践。真正的智慧来自实践，真正高水平的理论成果也都来自实践。而真正的教育家、教育大师也只能是来自实践。二是要重视教师高品质的反思。教师的教育智慧很多来自对教学工作深层的、理性的思考和把握，如果理性认识是片面的，是有局限性的，教师的教育智慧很难得到提升，很难进入一个较高境界。三是重视教师的自我经验。尽管教师的智慧可以通过学习获得，但这种学习首先必须立足于个体的自我经验，外来的知识只有在和教师的个体的自我经验结合的时候，才能被内化。现在教师缺乏具有自己特色和个性的经验，一个重要原因就是现在有一种忽视教师个体的自我经验，不尊重教师个人风格的倾向，再加之经过各种外在强加的“格式化”培训，教师像被洗脑一样，最后变得都一样，失去了个性和个人风格。就教师个体而言，他最可宝贵的财富，就是他的自我经验，特别是那些值得总结、挖掘、提炼的优秀教学经验。

三、研讨自主生长实践，交流其成果与经验

自主生长式教师专业发展课题组在实验学校已经持续开展了15年的实验研究，取得系列研究成果。本次与会代表中，来自武汉光谷升华小学的李明菊、武汉市新洲区教师发展中心的杜新红、武汉市光谷第九小学的张茜等一线教师代表，相继结合岗位工作和专业发展实践，分享了自主生长式教师专业发展理论对实验基地教师发展带来的巨大变化及取得的实践成果。

其一，校长要做自主生长式教师专业发展的领跑者。李明菊指出，要充分发挥校长在教师专业成长中的作用。她结合自己运用自主生长式教师专业发展理论的实践经验，指出校长作为一个领跑者，要激励整个团队，鼓舞团

队成员，培养更多的跑者，一起朝目标和成就努力，创造自主生长的空间，不断刷新学校。她分享了自己对教师团队分类引领、助力成长的成功经验，具体为：帮助步行者——入门适应期教师，让他们精力充沛，成为新秀；鼓励慢跑者——快速成长期教师，让他们出类拔萃，成为优青；助推跑者——高原突破期教师，让他们开拓创新，成为学科带头人。她还从自主生长式教师专业发展理论视角下，分享竞赛课的探究与实践，认为用自主生长式理论指导教师竞赛课教学彰显出优势：让竞赛课去“果”存“过”，让竞赛课去“他”存“我”，让竞赛课去“专”存“整”，让竞赛课去“伪”存“真”。自主生长式教师专业发展理论视角下的竞赛课促使教师成为研究者，引领着常态课堂教学的发展方向，转变着教师的教育教学观念，更重要的是促进了教师的自我经验向自我理论的转化与提升，改变着教师的行走方式，使教师的专业自主式成长和持续发展成为可能。

其二，一线教师要在课堂上自主生长出自己的教育思想。杜新红指出，从内在机制角度看，自主生长课堂就是教师个体的自我经验在课堂中不断应用外化，在与他人讨论交流中不断总结升华，在反思中进一步固化和系统化。从外显特征的角度看，自主生长课堂具有高效、独特、共生的特征。他提出了建构自主生长课堂的三个主要环节：第一，寻找捕捉课堂上个体的自我经验；第二，提升“事例经验”与“类经验”，形成“个人经验”并应用于课堂；第三，概括形成个人理论。他结合课例《将军和蜘蛛》教学案例，反思一名语文教师的教学思想从原来的“习文练句”、“品文悟情”到“随文激情”的变化，展示了一个教师教学思想自主生长的过程，并提炼出自主生长课堂实施的“三实践三反思”范式。具体而言，从教师的自我经验到形成教师的教学思想，要经历：实践一：教学设计，立足自我经验；实践二：教学实施，应用自我经验；实践三：课后对话，提升自我经验。反思一：教学设计调整，放大自我经验；反思二：教学行为调整，优化自我经验；反思三：撰写课例研修，初步形成个人思想。

其三，建立自修—反思式校本研修制度，以促进教师自主生长。校本研修意味着把教师的工作场变成学习场、合作场、研究场，形成一种强大的气场，促使教师自省自觉，悄然蜕变，让教师始终处于一种追求创新的状态，唤醒其内心的潜力。张茜强调，学校在自主生长式教师专业发展的校本研修制度建设中，首先建立老师们便于操作的自修—反思式校本研修制度。她运用自主生长式教师专业发展理论指导教师校本研修，强调在教师日常的教学活动中，要求对自己所做出的行为、决策以及由此产生的结果进行审视和分析，主动地获取知识、应用知识、解决教师实际问题，通过提高教师的自我觉察水平，让教师把听到的做出来，把做到的写出来，初步培养老师积累事例经验的习惯。在具体操作层面，她指出，校本研修目标成长制度为老师提供成长的途径。第一，特色研修——着力解决问题，让教师始终处于一种追求创新的状态；第二，导师引领——指导青年教师成长中心将“活动＋课程＋课题”研修融为一体；第三，专家引领——亲近名师，让教师学会智慧行走；第四，建立有效的评价制度，让老师定期关注自己的发展程度，为自主生长校本研修提供保障。

在大会总结陈述中，潘海燕简要回顾了15年的研究历程，解读了该理论的内容要点，指出随着教师“自我经验”概念的提出，自修—反思式校本研修模式、中小学自主生长课堂模式、自主生长取向的师范生培养模式三种实践范式的探索完成，一系列研究成果的发表，自主生长式教师专业发展理论基本成型。潘教授向参会代表介绍了自主生长式教师专业发展理论建设2018年的研究任务和选题，提出了今后发展的主要措施：申报课题，深入研究；物色力量，合作研究；成立联盟，系统研究。指出了未来发展的方向：不忘初心，继续努力，做好理论建构和实验研究，将自主生长式教师专业发展理论打造成具有中国味道的教师教育理论。

自主生长式教师专业发展理论具有广泛的适应性与生命力

——武汉市洪山区2006—2008年自修—反思式校本研修推广实验的回顾

周勤慧　汉江师范学院

20世纪初，基础教育课程改革全面开展，教师作为改革的执行者，成为课程改革成功与否的关键。但近几十年来，教师专业发展策略基本属于“传授—接受”说，即把教师的专业发展看成对外界成熟经验的接受过程，教师发展方法也很简单，办班、洗脑、灌输、格式化培训之法大行其道，大量移植别人的东西。其结果是，很多教师所拥有的所谓理念，其实是外加的或被灌输的，并不是教师从内心深处产生的，他们的大脑成了别人思想的“跑马场”。有些本来很优秀的教师，最终因为研究意识的缺乏，使得他沉迷于重复的知识传递工作，进而或陷入职业倦态无法自拔，或迷信专家丧失了对自身教学批判反思的能力。人们对整个教师专业发展活动诟病较多。

湖北第二师范学院潘海燕教授及其团队认为，这主要是缘于教师专业发展的研究基本忽视了教师是有“经验”的人，并在教学过程中不断面对新情景而不断产生新经验，尤其是经过反思产生“自我经验”这一事实。潘海燕教授于2002年则提出了让教师立足“自我经验”自主生长式发展的构想，并随即组织了50多所中小学开展了自修—反思式校本研修实验。洪山区的马房山中学就是其中一员，并取得了很好的成绩。这一成功个案，引起了洪山区教育局及区内同行的高度重视，并成功召开了现场会。区教育局领导希望以点带面，促进全区校本研修的展开，推进教育改革，提升教育质量。2006—2008年，在区教育局的统筹安排下，遴选了13所中小学（即卓刀泉中学、洪山中学、英格中学、鲁巷中学、花山中学、新桥中学、石嘴中学、旭光学校、武珞路小学金地分校、楚雄学校、花山小学、楚才小学、建设中心小学），依托潘海燕教授的研究团队以及洪山区教师进修学校的各方面资源，开展了自修—反思式校本研修推广实验。

本人偶然获得当年记录和总结此次研修实验的 3 期《工作简报》。这 3 期《工作简报》忠实记录了实验学校参与课题研究以及专家们下校指导的全过程。老师们虚心求教，专家们答疑解惑的情景历历在目，《工作简报》本身也可以看作自修—反思的范本。同时，我采访了此次研究实验的主要参与人，受益匪浅。特对这些历史材料和访谈资料进行了梳理和总结，以期将他们珍贵的历史经验保留和传承下去，为其他地区的教研推广提供一些可参考的经验。

一、自修—反思式校本研修推广实验的主要做法

1. 教育行政部门搭建“机构、经费、制度”多层保障体系

自修—反思式校本研修推广实验确立后，教育局从机构、经费、制度等多层面发力，以确保课题的顺利开展。首先是成立以分管局长为组长的区推广领导小组，下设自修—反思式校本研修推广办公室，要求各校也要成立相应的机构来实施，成立领导小组并创办《工作简报》；其次，区教育局每年拨专款 3 万元，用于此模式的推广研究工作；此外，湖北第二师范学院与教师进修学校为各实验校培训 2～3 名熟知本模式理论，熟悉本模式操作程序的业务骨干，并对学校进行跟踪辅导，每个环节都派专家到校指导，不定期举行交流研讨会，为各校提供互相交流学习的平台；教育局还规定参加“湖北第二师范学院”与“教校”举办的各类培训的教师均根据市教育局规定记入相应的学分。

2. 专家的“理论引领”与“过程性指导”双管齐下

2006 年 9 月 20 日，教育局在教师进修学校召开了 13 所中小学校长“师训工作研讨会”，会上陈国安副局长（原马房山中学校长）做了题为《自修—反思的校本研修模式初探》的报告；潘海燕教授介绍了自修—反思式校本研修模式推广过程中要注意的问题。与会校长反应热烈，一致认为此模式具有针对性、可操作性，并纷纷表示参与推广。

在“人人知晓、积极参与”的研修气氛形成后，潘海燕教授及其团队根据参与学校各自特点进行量体裁衣，每季度 2～3 次，通过讲座、答疑、案例分享等形式，为参研学校提供过程性指导。

3. 学校的“常规制度”和“考核评价”两手抓

在教育局大力支持和科学管理下，学校也成立专班，通过各类会议制度、教研活动制度、专家引领制度以保障课题研究落到实处，主要做法有：

（1）成立以校长为组长，教学副校长、教科主任为副组长，学科试验组长为成员的课题领导小组。召开了领导小组会议，研究了计划、实施方案。

（2）通过教师大会，校长对自修—反思式校本研修进行动员和重要性进行宣传。

（3）召开学科备课组专门会议，布置了学科实验组活动工作，对校本研修的实施提出了具体的要求。组织学习了自修—反思式校本研修相关知识和要求，并进行了讨论。规定集体的研修活动每周一次，教科主任或教学校长参加。

（4）实验小组的活动由教科处直接负责指导、检查、落实、监督。实验小组的活动教科主任必须到场参加。学科实验组将计划、方案在学期初上报教科处，每月定期将教师学期报告册收取、检查、批阅。

（5）所有研修相关的活动，均与教师年终考核挂钩。

此次参研学校包括 7 所中学和 6 所小学，在两年多的探索过程中，逐渐形成了成立“专班”→专家论坛→自修—反思研究→成果及评价的研修流程。

二、百花齐放，各具特色的校本研究成果

3 年实践表明，其有投入低、收效大，切入点准（以提高教师觉察能力为切入点）的三个主要特点，是开展校本培训的有效方法。经过近 3 年的推广实践后，教师的觉察水平、反思能力、合作研究能力有明显的提高；学习、合作型备课组、和谐学校初步形成；同事关系、师生关系有明显改善；学生的学习方式与成绩有明显提高。

各个学校在现有资源及研究基础上进行个别化的发展定位，呈现了“百花齐放、各具特色”的成果。

楚才小学举办了洪山区小学数学单元整组教学研究活动；教师在第十届进取杯教学比武中取得突破，1 人获一等奖，6 人获二等奖，9 人获三等奖。教师公开发表论文 1 篇，教学案例与设计获市级一等奖 3 人，区级一等奖 9 人；数学组被评为区优秀备课组，初步构建“教、学、研、训一体化”校本研修的实施模式。鲁巷中学向区课题推广组申报了题为《初中教师潜能开发的方法和途径研究》的课题。教师上交了近 40 余篇论文和案例，其中陈芳老师的《心理健康乃幸福之源》、杨红梅老师的《“问题学生”的问题分析与对策》、罗云老师的《缓解中学教师心理压力的几点思考》等论文和案例在《武汉教师教育动态》杂志上发表。英格中学依托学校所承接的市级重点科研

课题“学困生转化”，确立了自修—反思的主题是“学困生转化的教师策略研究”，该课题通过“中心”专家组评审，正式立项。这一模式使自修—反思课题与学校市级科研课题有机融合起来，形成了全校教师围绕“学困生转化”定向反思的格局。组织了课题研究阶段性成果评选，评出优秀个案报告4篇，并编入学校教育科研专刊《英格教科研通讯》中。洪山中学申报了课题“自修—反思式校本研修模式在教学中的应用研究”，并在市教科规划办立项，以解决课题教学中的点滴问题为突破口，以反思和解决教育教学中的实际问题为基本点，将自修的理论与方法应用于教学实践。真正做到提高教师的实际教学能力，促进教师个人的成长。

2008年3月26日召开了洪山区中小学校本培训工作研讨会，2008年5月7日在洪山区楚才小学召开了自修—反思式校本研修模式现场研讨会。大家一致认为，自修—反思式校本研修模式课题打破了原有的闭门搞课题的现象，而是教师人人可参与的一种课题研究模式，它具有与教师教学密切相关，可持续研究的价值。现在提高教学的有效性，关注教师个体发展日益成为校长的共识，自修—反思课题正是顺应了这种需要，在学校总目标的指导下，让每位教师根据学校要求和自身发展实际确定自我成长子目标，让教师在自修和实践中不断反思、不断修正、不断合作交流，继而生长自己的思想，达到快乐共享学习的境界。

三、几点体会

1. 推广过程难题不少，须精心设计与组织

俗话说，“看似寻常最奇崛，成如容易却艰辛”。课题推广更是这样，看似寻常重复的事，实则困难重重。最普遍的三个问题莫过于教师不愿意做，教师能力有限以及教师工作时间紧张。洪山区教师进修学校曾针对这一情况，进行了专题探讨。经过近一年的调查分析，认为问题大多不是出在教师们的主观方面，而是学校虽然给了教师们比较好的学习条件，但没有从专业上给教师帮助。于是学校从帮助教师选题入手，进而到专题的提纲、专题的资料准备、中小学教学现状的调查等多方面都提供贴心的支持。从联系安排教师到中小学听课、上课，取得第一手资料，到形成初稿，反复修改，最后定稿等，每一个环节都邀请专家跟踪指导，每一个环节教师们都开展互评，结果在短短的两个月之后，教师们的能力大有提高，专题研究进展很快。教师高兴，领导满意，之前的不愿意做、能力有限、工作时间紧张等问题都一

一化解。

因此，自修—反思看似是教师们的事情，实际上，首先是学校管理层上的事。学校管理的思路必须改进，必须营造相信教师、依靠教师、开发教师的氛围，必须是在对工作存在的问题进行不断反思的基础上推进。在制度保障的前提下，逐渐降低行政干预，激发教师们参与研修的内部动机，才是研究常做常新、永葆生命力的关键。

2. 结合学校特点，一校一策是成功的关键

每一所学校有着各自不同的研究基础和学校发展现状，都是独一无二的，就是同一所学校，不同的任课教师承担着不同科目的教学任务，所遇到的问题也是独一无二的。而如何结合学校以及教师的特点进行研修，课题研究的目的是通过教师间的互动，从他人那里获取一个新的思维方式，而非以获取专业知识为第一目的。

因此，洪山区参研学校各有各的课题方向，有研究“学困生”的，有研究数学教学活动的，有研究心理健康的，研究课题的方向各有侧重与不同。参与课题研究的每一位教师都有自己的目标，以语文研修为例，有“如何进行作文教学”、“如何进行阅读习惯培养”、“识字教学的有效方法”、“骨干教师的成长规律”等，无论各自的目标是大还是小，都正好适合自己，都折射出教师们活跃的思维，都在朝着自己的目标努力。

3. 充分说明自主生长式教师专业发展理论接地气，具有广泛的适应性与生命力

当前，校本研修已成为广大教育工作者关注的热点，这种伴随着新课改而生的学校教师培训新模式，被称为学校教师专业成长返璞归真的智慧选择，是学校发展、教师发展的一个重要支点。自主生长式教师专业发展理论从初期的实验探索到如今，已经走过十五个年头，实验学校也达到了100多所，继自修—反思校本研修模式之后，又研制了“自主生长课堂教学模式”与“自主生长取向的师范生培养模式”等；团队成员已经发表论文150余篇，著作30余本，一大批一线教师获得了健康成长。2017年，该成果已获得湖北第二师范学院第八届校级教学成果特等奖。这些已充分说明，自主生长式教师专业发展理论具有广泛的适应性与生命力。不仅在实验阶段能获得成功，而且还能在各类学校成功推广。

（原载《成才》2018年第2期）

附2：参与自主生长式教师专业发展理论实验的中小学名单（排名不分先后）

1. 武汉市洪山区武珞路小学
2. 武汉市洪山区广埠屯小学
3. 武汉市洪山区弘光学校
4. 武汉市洪山区旭光学校
5. 武汉市马房山中学
6. 武汉市洪山区卓刀泉中学
7. 武汉市洪山区洪山中学
8. 武汉市洪山区英格中学
9. 武汉市洪山区鲁巷中学
10. 武汉市洪山区花山中学
11. 武汉市洪山区新桥中学
12. 武汉市洪山区石嘴中学
13. 武汉市洪山区武珞路小学金地分校
14. 武汉市洪山区楚雄学校
15. 武汉市洪山区花山小学
16. 武汉市洪山区楚才小学
17. 武汉市洪山区建设中心小学
18. 武汉市洪山区南望山小学
19. 武汉市洪山区卓刀泉小学
20. 武汉市洪山区石牌岭小学
21. 武汉市武昌区中南路小学
22. 武汉市武昌区首义路小学
23. 武汉市武昌区八铺街小学
24. 武汉市武昌区保安街小学
25. 武汉初级中学
26. 武汉市硚口区常码头小学
27. 武汉市硚口区古田路小学
28. 武汉市硚口区水厂路小学
29. 武汉市硚口区井冈山小学
30. 武汉市硚口区辛家地小学
31. 武汉市第26中学
32. 武汉市硚口区第17初中
33. 武汉市硚口区舵落口小学
34. 武汉市硚口区双环小学
35. 武汉市硚口区汉西小学
36. 武汉市硚口区建乐村小学
37. 武汉市硚口区跃进村小学
38. 武汉市硚口区六角亭小学
39. 武汉市硚口区星火小学
40. 武汉市江汉区红领巾小学
41. 武汉市江汉区唐家墩小学
42. 武汉市第一初级中学
43. 武汉市69中学
44. 武汉市52中学
45. 武汉市新华下路中学
46. 武汉市汉阳区江汉二桥中学
47. 武汉市建港中学
48. 武汉市东西湖区桥头小学
49. 武汉市东西湖区吴家山一小
50. 武汉市青山区新沟桥小学
51. 武汉市青山区建九小学
52. 武汉青山区钢花小学
53. 武汉青山区吉林街小学
54. 武汉青山区钢城十八小学
55. 武汉新洲区邾城中心小学
56. 武汉新洲区第三中学
57. 武汉新洲区阳逻三中

58. 武汉新洲区旧街中心小学
59. 武汉市光谷第九小学
60. 武汉市光谷第三小学
61. 武汉东湖新技术开发区升华小学
62. 湖北省仙桃市第四中学
63. 湖北省仙桃市沔州小学
64. 湖北省潜江市王场镇小学
65. 湖北省潜江市高石碑小学
66. 湖北省潜江市积玉口小学
67. 湖北省潜江市园林三中
68. 湖北省潜江市刘岭中学
69. 湖北省潜江市徐李中学
70. 湖北省潜江市熊口镇小学
71. 湖北省孝感市玉泉小学
72. 湖北省长阳县一中
73. 湖北省长阳县津洋口小学
74. 湖北长阳县花坪小学
75. 湖北长阳县实验小学
76. 湖北省老河口市第八小学
77. 湖北省老河口市实验小学
78. 湖北省石首市回民小学
79. 中国葛洲坝集团葛洲坝实验小学
80. 湖北宜昌市夷陵区平湖小学
81. 湖北秭归县实验小学
82. 湖北秭归县希望小学
83. 湖北秭归县茅坪小学
84. 湖北秭归县茅坪中学
85. 湖北秭归县机关幼儿园
86. 湖北秭归县职教中心
87. 湖北秭归县第二中学
88. 湖北秭归县实验中学
89. 湖北秭归县九里中学
90. 湖南岳阳市第九中学
91. 湖南岳阳市鹰山中学
92. 湖南岳阳市十二中学
93. 湖南岳阳市第十中学
94. 湖南岳阳市第六中学
95. 湖南岳阳市洞纺学校
96. 湖南岳阳市东方红小学
97. 湖南岳阳市站前小学
98. 湖南岳阳市东升小学
99. 湖南岳阳市鹰山小学
100. 湖南岳阳市洞氮小学
101. 湖南岳阳市长炼小学
102. 湖南岳阳市金鄂小学
103. 湖南岳阳市许市中学
104. 湖南岳阳市华容县终南中学
105. 湖南岳阳市华容县隆西中学
106. 广东珠海香洲区第二小学
107. 新疆农五师高级中学
108. 新疆博乐市第八中学

后记：努力创建具有中国味道的教师教育理论流派

蓦然回首，深感韶华易逝，光阴荏苒。10 多年来，我与这 100 多所学校，风雨相随，故事连连。好在一直有领导支持、同志相伴，仔细梳理，收获还是可以圈点的。

人生是弯弯曲曲的水，世事是重重叠叠的山，做成一件满意的事其实是很难的。这些年我们之所以能坚持下来并小有收获，我首先想到的，主要还是因为一路有贵人相助。教育部原人事司张仁贤司长亲自到珠海、秭归我们的现场指导，教育部民族地区教师培训项目办万福主任亲自到我们的首次现场会授课，北京师范大学顾明远教授欣然为我们的《教育专业观察》教材作序，还有北京师范大学的朱旭东教授，华中师范大学杨再隋教授、董泽芳教授、王坤庆教授都是多次不吝指教……真是春风十里，不如一路有贵人啊。感谢一路相伴而行的朋友，感谢在各种场合伸出援助之手的贵人，感谢我们的团队成员与家人默默做后盾。

创建具有中国味道的教师教育理论流派是时代的召唤，也是我们的使命，这对我们研究者而言，是必须的，也是有益的。当然，创建具有中国味道的教师教育理论流派将是一项长期的工作，要达此目标，还要进一步研究我国的国情，做有的放矢的扎实的实验研究，积累丰厚的、生动的第一手材料；要进一步吸纳广大一线教师的智慧，扩大应用面，让理论在实践中扎根，并生长出来；还要站在学科建设高度，借助多学科视角，对其进行更多角度的透视。总之，我们还在路上，我们还需要进一步完善与提高。现将我个人 10 多年来的一些相关思考汇编成册（某些文章的参与作者已随文一一注明），目的是以便于下一步的研究能够进一步展开，更是希望读者不吝赐教，共圆我们的教师教育梦。

时代是思想之母，实践是理论之源。让我们紧跟新时代，不忘初衷，踏梦前行，不负此生，活出自己的使命，不负这个精彩的时代！

潘海燕

2018 年 2 月